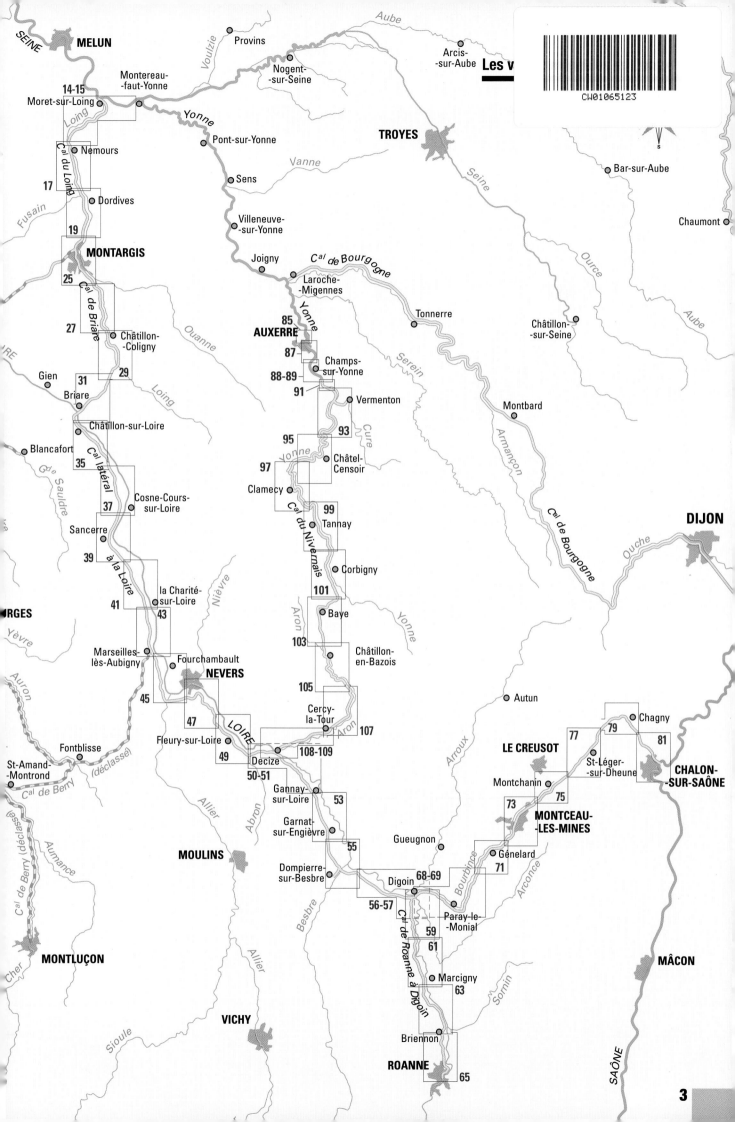

SEINE

MELUN

Provins

Nogent-sur-Seine

Aube

Arcis-sur-Aube

Les v

CW01065123

Montereau-faut-Yonne

14-15

Moret-sur-Loing

Voulzie

Yonne

TROYES

Bar-sur-Aube

Loing

C^{al} du Loing

Nemours

Pont-sur-Yonne

Vanne

17

Fusain

Dordives

Sens

Seine

Ource

Châtillon-sur-Seine

Chaumont

19

MONTARGIS

Villeneuve-sur-Yonne

C^{al} de Bourgogne

25

Joigny

Laroche-Migennes

C^{al} de Briare

27

Châtillon-Coligny

Tonnerre

Serein

Châtillon-sur-Seine

Ouanne

29

AUXERRE

85

Yonne

Gien

31

Loing

Champs-sur-Yonne

Montbard

Briare

87

Châtillon-sur-Loire

88-89

91

Vermenton

Cure

Montbard

Blancafort

35

C^{al} latéral

93

95

G^{de} de Sauldre

Châtel-Censoir

DIJON

97

Clamecy

Yonne

C^{al} de Bourgogne

Ouche

37

Cosne-Cours-sur-Loire

99

Tannay

à la Loire

Sancerre

39

101

Corbigny

C^{al} du Nivernais

Nièvre

la Charité-sur-Loire

41

43

Baye

103

Aron

RGES

Yèvre

Marseilles-lès-Aubigny

Fourchambault

NEVERS

Châtillon-en-Bazois

105

Yonne

Autun

Chagny

Auron

45

Cercy-la-Tour

107

77

79

81

47

LOIRE

Aron

LE CREUSOT

St-Léger-sur-Dheune

CHALON-SUR-SAÔNE

Fontblisse

Fleury-sur-Loire

49

108-109

Montchanin

75

St-Amand-Montrond

C^{al} de Berry

Decize

50-51

Gannay-sur-Loire

53

73

MONTCEAU-LES-MINES

Aumance

(déclassé)

Garnat-sur-Engièvre

Gueugnon

Génelard

Arconce

MOULINS

55

71

Allier

Abron

Dompierre-sur-Besbre

Digoin

68-69

Bourbince

Cher

MONTLUÇON

56-57

C^{al} de Roanne à Digoin

Paray-le-Monial

59

61

MÂCON

Sioule

VICHY

Marcigny

63

Sornin

SAÔNE

Allier

Besbre

Briennon

ROANNE

65

3

Sommaire · *Contents* · Inhalt

Les voies navigables du Centre

Pont SNCF sur le canal de Briare.

À partir de Paris, il faut choisir entre trois routes différentes pour rejoindre la Saône et la vallée du Rhône. Dans ce guide, nous suivrons la « route bourbonnaise », la plus méridionale et la plus rapide des trois.

En quittant la **Seine**, on rencontre d'abord le **canal du Loing**, avec ses petites écluses Freycinet et ses nombreux étangs. À partir de Montargis, on navigue sur le **canal de Briare**, premier canal à bief de partage en Europe. Grâce au guide vous découvrirez de nombreux vestiges de l'ancienne navigation, dont la célèbre échelle de sept écluses de Rogny.

Vient ensuite, le **canal latéral à la Loire** avec ses longs biefs et les grands espaces des plaines fluviales. Ici la navigation est facile et rapide car les écluses sont peu nombreuses.

La dernière étape se fait par le **canal du Centre**, un canal autrefois très industriel. Les petits berrichons chargés de charbon et de fer ont disparu et ce canal est devenu, lui aussi, une destination touristique très recherchée.

Si votre bateau mesure moins de 30 m et possède un tirant d'eau limité, vous pouvez rejoindre le canal latéral en passant par l'Yonne et le **canal du Nivernais**. En suivant cette route, vous ajouterez 60 km et 20 écluses mais vous serez récompensé par une navigation tranquille, sans bateaux de commerce, sur un des plus beaux canaux français.

The Waterways of Central France

Going east from Paris, you must choose between three different routes to reach the Saône and the Rhône valley. In this guide we will follow the Route Bourbonnaise, *the most southerly and the shortest of the three.*

Leaving the **Seine**, you will first come to the **canal du Loing** with its little Freycinet gauge locks and numerous lakes. From Montargis, you are on the **canal de Briare**, the very first summit level canal in Europe. The guide will help you discover some of the vestiges of the original canal including the famous lock staircase of 7 locks at Rogny.

Then comes the **Loire lateral canal** with its long pounds and gentle background of river flats. Locks are rare on this canal so cruising is easy and fast.

The last stage is completed by the **canal du Centre**, which once had a reputation as an industrial waterway. The little Berrichon *barges loaded with coal and iron have long since disappeared and this canal has also become a popular tourist waterway.*

Le canal latéral à la Loire, Sancerre.

If your boat is less than 30 m long and has limited draft you may prefer to join the lateral canal via the Yonne and the **canal du Nivernais**. *Following this route you will add 60 km and 20 locks but you will be rewarded by a quiet attractive waterway, one of the prettiest in France and quite free of any commercial craft.*

Die Wasserwege in Zentralfrankreich

Le canal du Centre.

Von Paris aus gibt es drei verschiedene Routen, um zur Saône und ins Rhône-Tal zu gelangen. In diesem Führer beschreiben wir die *Route Bourbonnaise*, die südlichste und die schnellste unter den dreien.

Wenn Sie von der **Seine** abbiegen, kommen Sie zunächst auf den **Canal du Loing** mit kleinen Freycinet-Schleusen und zahlreichen Seen. Ab Montargis fährt man dann auf dem **Canal de Briare**, der als erster in Europa eine Scheitelwasserhaltung hatte. Der vorliegende Reiseführer weist auf zahlreiche Überreste des ursprünglichen Kanals hin, darunter die berühmte 7-stufige Schleusentreppe von Rogny.

Nun folgt der **Loire-Seitenkanal**, er hat lange schleusenfreie Abschnitte und verläuft durch eine sanfte, von Flusstälern geprägte Landschaft. Da es hier nur wenige Schleusen gibt, ist das Fahren recht einfach und man kommt schnell voran.

Die letzte Etappe erfolgt über den **Canal du Centre**, auf dem früher reger Handelsverkehr herrschte. Die kleinen, mit Kohle und Eisenerz beladenen Berrichon-Kähne sind verschwunden und auch dieser Kanal ist ein beliebtes Ziel für Freizeitschiffer geworden.

Wenn Ihr Schiff weniger als 30 m lang ist und begrenzten Tiefgang hat, können Sie über die Yonne und den **Canal du Nivernais** auf den Seitenkanal gelangen. Diese Strecke ist 60 km länger und hat 20 Schleusen mehr, als Entschädigung erleben Sie jedoch eine sehr ruhige Fahrt ohne Handelsschiffe auf einem der schönsten Kanäle Frankreichs.

Voie navigable *Waterway* Wasserwege	Longueur de la voie *Length of waterway* Länge der Wasserwege	Longueur d'écluse *Length of lock* Länge der Schleuse	Largeur d'écluse *Width of lock* Breite der Schleuse	Tirant d'eau *Max. draft* Tiefgang	Tirant d'air *Headroom* Max. Brückenhöhe
Canal du Loing	49,00 km	39,00 m	5,20 m	1,80 m	3,55 m
Canal de Briare	56,77 km	38,50 m	5,20 m	1,80 m	3,60 m
• Embranchement de Briare	2,63 km	30,40 m	5,20 m	1,20 m	3,50 m
Canal latéral à la Loire	195 km	38,50 m	5,20 m	1,80 m	3,55 m
• Embranchement de Châtillon	5,00 km	30,40 m	5,20 m	1,20 m	3,45 m
• Embranchement de St-Thibault	0,50 km	30,40 m	5,20 m	1,80 m	3,50 m
• Embranchement de Givry	0,50 km	38,50 m	5,20 m	1,20 m	3,50 m
• Embranchement de Nevers	3,00 km	30,40 m	5,20 m	1,20 m	3,50 m
Canal de Roanne à Digoin	55,60 km	40,00 m	5,20 m	1,80 m	3,45 m
Canal du Centre	114,20 km	38,50 m	5,20 m	1,80 m	3,50 m
Canal du Nivernais					
• Versant Seine	106,00 km	40,00 m	5,20 m	1,40 m	2,70 m
• Versant Loire	68,00 km	30,15 m	5,05 m	1,40 m	2,70 m
• Embranchement de Vermenton	3,80 km	38,50 m	5,20 m	2,00 m	3,35 m

Conseils de navigation

Le pont-canal de Briare.

Le sens conventionnel de la descente. Pour situer un ouvrage ou un point d'accostage, nous faisons souvent référence aux termes **« rive droite »** et **« rive gauche »**. La rive droite est située à votre droite en suivant le « sens conventionnel de la descente », *i.e.* en descendant une rivière en direction de la mer ou en descendant les écluses d'un canal. La rive gauche est située à votre gauche en descendant vers la mer.

Les chômages. Chaque année, les voies navigables sont fermées à la navigation et les biefs vidés pour l'entretien.
Sur la plupart des canaux du Centre, le chômage a lieu du 11 novembre au 31 décembre. Le canal du Nivernais est fermé et les biefs vidés pendant tout l'hiver.

Les ponts. Lorsque la hauteur libre entre l'eau et le tablier est restreinte, sa cote exacte est indiquée de la façon suivante : TA : 2,60 m.

Table des distances. La table ci-dessous indique la distance et le nombre d'écluses entre deux villes. Le temps de passage approximatif tient compte d'une vitesse de croisière en canal de 6 km/heure et un temps de passage d'une écluse de 10 minutes. Par exemple le trajet de Nevers à Chalon est de 220 km, compte 84 écluses et demande environ 47 heures.

Cruising Hints

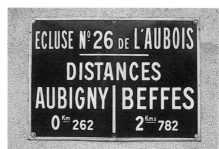

L'écluse de l'Aubois, canal latéral à la Loire.

The Official Downstream Direction. *To situate a particular site or a mooring point, we often use the terms* **"right bank"** *and* **"left bank"**. *The right bank is situated on your right hand side as you follow the official downstream direction, i.e. when you descend a river towards the sea or go down a series of locks on a canal. The left bank is situated on your left hand side as you descend the river towards the sea.*

Canal Closures. *Each year the canals are closed to navigation and the pounds emptied or maintenance purposes. On most of the central canals, the closures take place between 11th November and 31st December. The Canal du Nivernais is closed and the pounds emptied for the whole winter.*

Bridges. *When the free height between the water and the superstructure is restricted, its exact dimensions are indicated (e.g.: TA: 2.60 m).*

Route Planning. *The distance table below gives times, distances and numbers of locks between various towns on the waterways. The approximate cruising time takes into account an average speed of 6 km/hour and 10 minutes to pass through a lock. For example, the distance from Nevers to Chalon is 220 km, there are 84 locks and the cruising time is about 47 hours.*

Navigationshinweise

Die offizielle Definition der »Talfahrt«. Um die Lage eines Wasserbauwerks oder einer Anlegestelle anzugeben, benutzen wir oft die Begriffe »rechtes Ufer« und »linkes Ufer«. Das rechte Ufer liegt auf Ihrer rechten Seite, wenn Sie talwärts fahren, d. h. wenn Sie auf einem Fluss in Richtung Meer fahren bzw. auf einem Kanal talwärts schleusen. Und so liegt auf der Talfahrt auch das linke Ufer auf Ihrer linken Seite.

Schließung wegen Wartungsarbeiten. Jedes Jahr werden die Wasserstraßen für die Schifffahrt gesperrt und die Haltungen zwecks Wartung abgelassen. Auf den meisten Kanälen in Zentralfrankreich werden diese Wartungsarbeiten zwischen dem 11. November und dem 31. Dezember vorgenommen. Der Nivernais-Kanal ist allerdings den ganzen Winter gesperrt und abgelassen.

Brücken. Ist die Durchfahrthöhe (TA) zwischen der Wasseroberfläche und der Brückenfahrbahn begrenzt, so ist jeweils der genaue Wert angegeben (z. B. TA: 2,60 m).

Entfernungstabelle. Die untenstehende Tabelle gibt die Entfernung und die Anzahl der Schleusen zwischen zwei Orten an. Die Berechnung der ungefähren Fahrzeit geht von einer Fahrgeschwindigkeit von 6 km/Std. und einer Durchschleusezeit von 10 Minuten aus. Die Strecke zwischen Nevers und Chalon ist z. B. 220 km lang, hat 84 Schleusen und ist in etwa 47 Stunden zu bewältigen.

Belleville-sur-Loire, canal en chômage.

Temps de trajet en heures • Cruising time in hours • Fahrtzeit in Stunden

Tableau : triangle supérieur droit = temps de trajet (heures) ; triangle inférieur gauche = distance (km) / nombre d'écluses. • Distances • Distances • Entfernungen • Nombre d'écluses • Number of locks • Anzahl der Schleusen

Légende des colonnes : 1 Moret-sur-Loing, 2 Nemours, 3 Montargis, 4 Briare, 5 Saint-Satur, 6 Marseilles-lès-Aubigny, 7 Nevers, 8 Decize, 9 Dompierre-sur-Besbre, 10 Digoin, 11 Briennon, 12 Roanne, 13 Montceau-les-Mines, 14 Chalon-sur-Saône, 15 Châtillon-en-Bazois, 16 Baye, 17 Tonnay, 18 Clamecy, 19 Auxerre

	1	2	3	4	5	6	7	8	9	10	11	12	13	14	15	16	17	18	19
Moret-sur-Loing	•	4	12	26	33	39	44	51	59	63	71	73	73	91	62	66	78	82	97
Nemours	20/7	•	8	22	29	35	40	46	54	59	67	69	69	87	57	62	74	78	93
Montargis	55/22	35/15	•	14	20	27	32	38	47	51	59	61	61	79	50	54	66	70	85
Briare	109/53	89/46	54/31	•	7	13	18	25	33	37	45	47	47	65	36	40	52	56	71
Saint-Satur	151/59	131/52	96/37	42/6	•	7	11	18	26	30	38	40	40	59	29	33	45	49	64
Marseilles-lès-Aubigny	185/68	165/61	130/46	76/15	34/9	•	5	11	19	24	31	34	34	52	22	28	38	43	57
Nevers	212/72	192/65	157/50	103/19	61/13	27/4	•	7	15	19	27	30	30	47	178	22	34	38	53
Decize	247/81	227/74	192/59	138/28	96/22	62/13	35/9	•	8	13	17	20	23	41	11	16	27	32	46
Dompierre-sur-Besbre	290/92	270/85	235/70	181/39	139/33	105/24	78/20	43/11	•	5	12	15	15	33	19	24	35	40	54
Digoin	317/97	297/90	262/75	206/44	166/38	132/29	105/25	70/16	27/5	•	8	10	10	28	24	26	40	45	59
Briennon	360/105	340/98	305/83	251/52	209/46	175/37	148/33	113/24	70/13	43/8	•	3	18	36	31	36	48	52	66
Roanne	375/108	355/101	320/86	266/55	224/49	190/40	163/36	128/27	85/16	58/11	15/3	•	20	38	34	39	50	55	69
Montceau-les-Mines	367/113	347/106	312/91	258/60	216/54	182/45	155/41	120/32	77/21	50/16	93/24	108/27	•	18	34	39	50	55	69
Chalon-sur-Saône	432/156	412/149	377/134	323/103	281/97	247/88	220/84	185/75	142/64	115/59	158/67	173/70	65/43	•	52	57	68	73	87
Châtillon-en-Bazois	298/101	278/94	243/79	189/48	147/42	113/33	86/29	51/20	94/31	121/36	164/44	179/47	171/52	236/95	•	5	16	21	35
Baye	314/112	294/105	259/90	205/59	163/53	129/44	102/40	67/31	110/42	137/47	180/55	195/58	187/63	252/106	16/11	•	11	16	30
Tonnay	343/148	323/141	288/126	234/95	192/89	158/80	131/76	96/67	139/78	166/83	209/91	224/94	216/99	281/142	45/47	29/36	•	4	19
Clamecy	361/157	341/150	306/135	252/104	210/98	176/89	149/85	114/76	157/87	184/92	227/100	242/103	234/108	299/151	63/56	47/45	18/9	•	15
Auxerre	422/187	402/180	367/165	313/134	271/128	237/119	210/115	175/106	218/117	245/122	288/130	303/133	295/138	360/181	124/86	108/75	79/39	61/30	•

Distances • Distances • Entfernungen — **Nombre d'écluses • Number of locks • Anzahl der Schleusen**

Les écluses

Écluses de garde. Les portes de ces écluses restent ouvertes en temps normal mais sont fermées en cas de hautes eaux. Dans ce cas, elles fonctionnent de la même façon qu'une écluse normale et un éclusier est présent pour la manœuvre.

Écluses manuelles

La plupart des écluses sur les canaux du centre de la France fonctionnent manuellement et un éclusier est présent.

• En approchant de l'écluse, débarquez un membre de l'équipage qui aidera aux manœuvres.

• Dès que les portes s'ouvrent, entrez doucement et placez votre bateau du côté opposé de l'éclusier. Avec vos cordes avant et arrière, serrez le bateau contre le bajoyer sans l'attacher.

• Vous devez aider l'éclusier en ouvrant et fermant les portes, mais ne touchez aux manivelles que s'il vous y autorise car elles sont dangereuses.

Si vous êtes avalant, ne faites jamais de nœud ou vous risquez de suspendre votre bateau au-dessus de l'eau avec des conséquences désastreuses.

The Locks

***Stop Locks* (écluses de garde).** *The gates of these locks stay open in normal conditions but are closed when the waters are high. In this case, they operate the same as a normal lock and a lock-keeper is present.*

Manual Locks

Most locks on the canals of central France are still manually operated and a lock-keeper is present.

• *When approaching one of these locks, stop well short and put a crew member ashore to help with the locking procedures.*

• *When the gates are open, go slowly in and moor on the opposite side to the lock-keeper. Put ropes round bollards fore and aft and hold the boat tight against the lock wall, but do not make fast.*

• *You should help the lock-keeper by opening or closing the gates but handle the sluice gates only if you are asked to as they can be dangerous.*

If you are going downstream, do not make fast or you run the risk of hanging your boat up in the lock with disastrous consequences.

Schleusen

Sicherheitsschleusen. Die Tore der Sicherheitsschleusen sind normalerweise geöffnet, nur bei Hochwasser werden sie geschlossen. In diesem Falle funktioniert eine solche Schleuse wie eine normale Schleuse und ein Schleusenwärter ist anwesend.

Manuelle Schleusen

Die meisten Schleusen werden von Hand bedient, ein Schleusenwärter ist anwesend.

• Beim Heranfahren an die Schleuse sollte jemand aussteigen und dem Wärter behilflich sein.

• Sobald sich die Tore öffnen, fahren Sie langsam in die Kammer ein und bringen das Boot auf der dem Wärter gegenüberliegenden Seite zum Halten. Ziehen Sie das Boot mit den vorderen und hinteren Leinen gegen die Schleusenwand, ohne es jedoch fest anzulegen.

• Sie sollten dem Wärter zwar beim Öffnen und Schließen der Tore helfen, dürfen jedoch die Kurbeln nur mit seiner Einwilligung bedienen, da die Handhabung gefährlich ist.

Auf Talfahrt dürfen Sie niemals die Leinen verknoten, andernfalls kann es passieren, dass Ihr Boot bei ablaufendem Wasser in der Schleuse aufgehängt wird, was sehr üble Folgen haben kann.

Montant • *Going up* • Bergfahrt

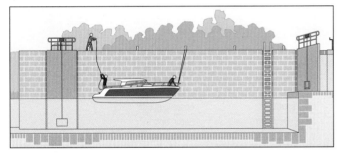

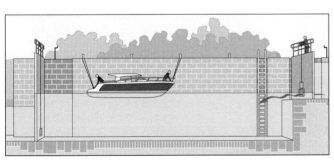

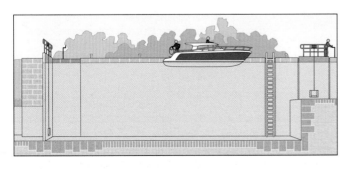

Avalant • *Going down* • Talfahrt

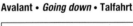

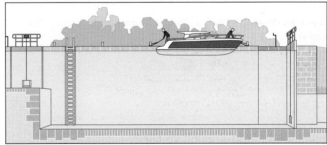

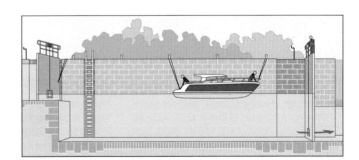

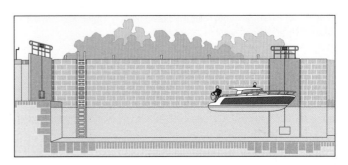

Les écluses

Écluses automatiques

Sur les canaux du Centre, certaines écluses sont automatiques et manœuvrées par le plaisancier lui-même. elles sont indiquées par un point bleu ●. Leur fonctionnement varie légèrement d'un canal à l'autre. Vous trouverez les consignes de passage pour celles du canal du Loing page 12, du canal de Briare page 22, et pour celles du canal du Centre page 67.

The Locks

Automatic Locks

Some locks on the central canals are automatic and self operated. They are indicated by a blue dot ●. Their operation varies slightly from one canal to another. You will find operating instructions for those on the canal du Loing on page 12, for the Canal de Briare page 22 and for those on the Canal du Centre on page 67.

Schleusen

Vollautomatische Schleusen

Manche Schleusen auf den Kanälen dieser Gegend sind automatisch und müssen vom Bootsfahrer selbst bedient werden. Solche Schleusen sind durch einen blauen Punkt gekennzeichnet ●. Die Funktionsweise dieser Schleusen ist von einem Kanal zum anderen leicht verschieden. Die Bedienungshinweise finden Sie Seite 12 für den Canal du Loing, Seite 22 für den Canal de Briare und Seite 67 für den Canal du Centre.

Écluses automatiques · *Automatic Locks* · Automatische Schleusen

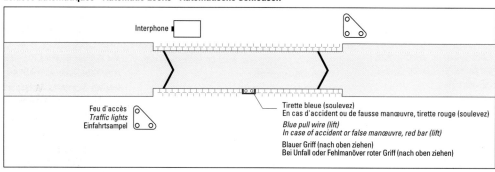

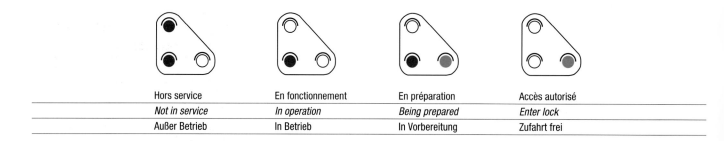

Hors service	En fonctionnement	En préparation	Accès autorisé
Not in service	*In operation*	*Being prepared*	*Enter lock*
Außer Betrieb	In Betrieb	In Vorbereitung	Zufahrt frei

Chaînes d'écluses automatiques. Lorsque les écluses automatiques sont proches les unes des autres, elles fonctionnent parfois en chaîne. Le pictogramme ci-dessous indique le début ou la fin d'une chaîne. Dans certains secteurs, un agent vous programme pour toute la chaîne, ailleurs c'est en sortant que vous êtes pris en compte pour l'écluse suivante.
Si vous vous arrêtez dans une chaîne, vous devez obligatoirement prévenir un agent de service.

Chains of Automatic Locks. When the locks are close to each other, they sometimes function in a chain. The symbol below indicates the beginning or end of a chain. In some sectors, a member of the waterways staff will programme you for the whole of a chain and in others, you will be registered on leaving a lock for the next one. If you stop in the middle of a chain you should warn a waterways employee.

Automatische Schleusenketten. Wenn die Schleusen dicht aufeinanderfolgen, werden sind sie manchmal als Kette bedient sie geschaltet. Das untenstehende Piktogramm zeigt den Anfang oder das Ende einer Kette.
Bei bestimmten Schleusenketten wird Ihre Durchfahrt vom Wärter vorprogrammiert. Bei anderen wird Ihr Boot jeweils bei der Ausfahrt aus einer Schleuse für die nächste Schleuse erkannt.
Sollten Sie in der Mitte einer Kette anhalten, müssen Sie unbedingt dem Schleusenwärter Bescheid sagen.

Les écluses

Canal du Loing, canal de Briare, canal latéral à la Loire y compris les embranchements de Dompierre-sur-Besbre, Decize, Nevers, Givry et Saint-Satur.

Dernier week-end mars > premier week-end nov.

9 h 00	12 h 00	13 h 00	19 h 00

Premier week-end nov. > dernier week-end mars

9 h 00	12 h 00	13 h 00	18 h 00

Briare, ancienne branche du canal

Mi-mars > mi-novembre

9 h 00			19 h 00

Mi-novembre > mi-mars

9 h 00	12 h 00	13 h 00	18 h 00

Les écluses sont fermées les 1er janvier, 1er mai, 14 juillet, 1er novembre, 11 novembre et 25 décembre.

Embranchement de Châtillon

Mi-mars > mi-mai (1)
Mi-mai > mi-septembre (2)
Mi-septembre > mi-novembre (1)

10 h 00	12 h 00	13 h 00	19 h 00

(1) Il faut prévenir la subdivision de Briare la veille avant 15 h en semaine et le vendredi avant 15 heures pour les passages en week-end.
(2) Un éclusier est en poste sur les deux écluses.

Canal de Roanne à Digoin

Du 1er avril au 31 octobre

9 h 00	12 h 00	13 h 00	19 h 00

Du 1er novembre au 31 mars (1) (2)

9 h 00	12 h 00	13 h 00	18 h 00

(1) Il faut contacter le Service de la navigation la veille avant 15 h au 04 77 68 27 28.
(2) Navigation interrompue le dimanche.

Les écluses sont fermées les 1er janvier, 1er novembre, 11 novembre et 25 décembre.

Canal du Centre

Mi-mars > Mi-novembre

8 h 30		18 h 30

Mi-novembre > mi-mars (1)
– Du lundi au samedi

7 h 30		17 h 30

– Dimanche (1)

9 h 00		17 h 00

(1) Il faut contacter le PCC de Montceau 48 h à l'avance pendant les horaires de bureau (les mêmes que les horaires de fonctionnement des écluses) au 03 85 67 90 50 ou sur le numéro vert : 0810 187 383.

Canal du Nivernais

Mi-mars > mi-novembre

9 h 00	12 h 00	13 h 00	19 h 00

Les écluses sont fermées le 1er mai et le 14 juillet.

En dehors de cette période, le canal est fermé à la navigation sur toute sa longueur.

The Locks

Canal du Loing, Canal de Briare, Canal latéral à la Loire including the Dompierre-sur-Besbre, Decize, Nevers, Givry and Saint-Satur branch canals.

Last week-end in March > First week-end November

9 a.m.	12 noon	1 p.m.	7 p.m.

First week-end November > Last week-end March

9 a.m.	12 noon	1 p.m.	6 p.m.

Briare, Old Branch Canal

Mid-March > Mid-November

9 a.m.			7 p.m.

First week-end November > Last week-end March

9 a.m.	12 noon	1 p.m.	6 p.m.

Locks are closed on 1st January, 1st May, 14th July, 1st November, 11th November and 25th December.

Châtillon Branch Canal

Mid-March > Mid-May (1)
Mid-May > Mid-September (2)
Mid-September > Mid-November (1)

10 a.m.	12 noon	1 p.m.	7 p.m.

(1) You must warn the navigation service at Briare the previous day before 3 p.m. during the week and before 3 p.m. on Friday for the week-end.
(2) A lock-keeper is present at both locks.

Canal de Roanne à Digoin

From 1st April to 31st October

9 a.m.	12 noon	1 p.m.	7 p.m.

From 1st November to 31st March (1) (2)

9.00 a.m.	12 noon	1.00 p.m.	6 p.m.

(1) You must call the navigation service the previous day before 3 p.m. at 04 77 68 27 28.
(2) The canal is closed on Sundays.

Locks are closed on 1st January, 1st November, 11th November and 25th December.

Canal du Centre

Mid-March > Mid-November

8.30 a.m.		6.30 p.m.

Mid-November > Mid-March (1)
– From Monday to Saturday

7.30 a.m.		5.30 p.m.

– Sunday (1)

9 a.m.		5 p.m.

(1) You must contact the Control Centre at Montceau 48 hours before setting out during normal office hours (the same as the lock opening hours): 03 85 67 90 50 or on the free number: 0810 187 383.

Canal du Nivernais

Mid-March > Mid-November

9 a.m.	12 noon	1 p.m.	7 p.m.

The locks are closed on 1st May and 14th July.

Outside that period, the canal is entirely closed to navigation over its whole length.

Schleusen

Canal du Loing, Canal de Briare, Loire-Seitenkanal einschließlich Zweigkanäle nach Dompierre-sur-Besbre, Decize, Nevers, Givry, und Saint-Satur.

Letztes März-Wochenende > erstes Nov-Wochenende

9.00	12.00	13.00	19.00 Uhr

Erstes Nov-Wochenende > letztes März-Wochenende

9.00	12.00	13.00	18.00 Uhr

Briare, alter Kanalarm

Mitte März bis Mitte November

9.00			19.00 Uhr

Mitte November bis Mitte März

9.00	12.00	13.00	18.00 Uhr

Die Schleusen sind geschlossen am 1. Januar, 1. Mai, 14. Juli, 1. und 11. November, 25. Dezember.

Abzweigung nach Châtillon

Mitte März bis Mitte Mai (1)
Mitte Mai bis Mitte September (2)
Mitte September bis Mitte November (1)

10.00	12.00	13.00	19.00 Uhr

(1) Für das Schleusen an einem Wochentag bitte die Subdivision Briare am Vortag vor 15 Uhr verständigen, für das Wochenende freitags vor 15 Uhr.
(2) Ein Schleusenwärter an beiden Schleusen.

Canal de Roanne à Digoin

Vom 1. April bis 31. Oktober

9.00	12.00	13.00	19.00 Uhr

Vom 1. November bis 31. März (1) (2)

9.00	12.00	13.00	18.00 Uhr

(1) Bitte den Schifffahrtsdienst am Vortag vor 15 Uhr unter 04 77 68 27 28 verständigen.
(2) Sonntags keine Navigation.

Die Schleusen sind geschlossen am 1. Januar, 1. und 11. November, 25. Dezember.

Canal du Centre

Mitte März bis Mitte November

8.30		18.30 Uhr

Mitte November bis Mitte März (1)
– montags bis samstags

7.30		17.30 Uhr

– sonntags (1)

9.00		17.00 Uhr

(1) Bitte das Kontrollzentrum in Montceau 48 Std. im Voraus während der üblichen Bürozeiten (= Schleusen-Betriebs-zeiten) verständigen: 03 85 67 90 50 oder kostenlose Nummer: 0810 187 383.

Canal du Nivernais

Mitte März bis Mitte November

9.00	12.00	13.00	19.00 Uhr

Die Schleusen sind am 1. Mai und am 14. Juli geschlossen.

Der Kanal ist außerhalb dieser Periode auf der gesamten Strecke für die Schifffahrt gesperrt.

Tourisme

Commerces. Les villes qui offrent « tous commerces » sont soulignées (ex. **Nevers**). Vous y trouverez tous les magasins dont vous aurez besoin, des restaurants et au moins une pharmacie. Dans les villages, des pictogrammes indiquent les ressources disponibles. Dans certains villages, des « points multiservices », en l'absence d'un bureau de poste, proposent un service de fax, minitel et téléphone.

Les marchés. Pour trouver des produits frais et des produits régionaux, nous recommandons les marchés hebdomadaires. Le jour du marché est indiqué pour chaque ville et village. Attention, la plupart des marchés se terminent à midi.

Les restaurants. Les restaurants indiqués dans le guide sont choisis en fonction de leur situation à proximité de la voie navigable et de leur qualité. Faute de place, nous ne pouvons que donner un échantillon, surtout dans les grandes villes. Si vous trouvez un restaurant qui mérite d'être cité, nous vous serions reconnaissants de nous le faire connaître.

Auxerre, tour de l'Horloge.

Les offices du tourisme. Les services offerts par les offices du tourisme et les syndicats d'initiative s'améliorent d'année en année. Vous recevrez un accueil chaleureux et une documentation complète, souvent en plusieurs langues. De plus en plus d'offices du tourisme proposent aussi des visites guidées de leur ville.

Les associations. Plusieurs associations (dont les coordonnées se trouvent sur la page ci-contre) œuvrent pour la promotion et la restauration des canaux du Centre, y compris les canaux déclassés. N'hésitez pas à contacter leurs représentants qui seront heureux de vous renseigner sur leurs activités.

Les pistes cyclables. Un vaste chantier est en cours pour relier Nantes à Budapest par une piste cyclable. L'itinéraire proposé épouse la vallée de la Loire jusqu'à Digoin et, par la suite, une bonne partie du canal du Centre. Le long de la Loire, elle emprunte alternativement les levées de protection contre les crues et le chemin de halage du canal latéral. Nous avons identifié, par un trait vert, les sections de chemin de halage converties en piste. Elle est parfois goudronnée et parfois en terre compactée. Dans les deux cas, la surface est très roulante et convient aux vélos de ville.
Un projet similaire est prévu pour le canal du Nivernais et les travaux sont bien avancés. Dans un proche avenir, la piste sera achevée entre Auxerre et Decize.

Tourism

Shops. Towns with a complete range of shops are underlined. (e.g. **Nevers**). These towns will have all the shops you need, restaurants and at least one pharmacy. In the small villages, pictogammes show what services are available. In certain villages which do not have post offices multi-service points offer a fax, minitel and telephone service.

Markets. To find fresh produce and locally grown products, we recommend the weekly street markets. The market day is shown for each town and village. Beware, most markets end at midday.

Restaurants. Restaurants shown in the guide have been chosen because of their proximity to the waterway and the quality of their cooking. Because of lack of space, we can only give a sample, in particular in the bigger towns. If you find a restaurant we have missed, and which deserves to be mentioned, please let us know and we will be pleased to include it in the next edition of the guide.

Tourist Offices. The services offered by the tourist offices (sometimes called Syndicat d'initiative) are improving each year. You will receive a warm welcome and informative pamphlets, often in several languages. More and more offices also propose guided tours of their town.

Associations. Several associations (whose addresses are listed opposite) work for the promotion and restoration of the canals of central France, including disused canals. If you want to know more about these waterways and the people who support them, do not hesitate to contact their representatives who will be pleased to inform you of their activities.

Cycle Trails. A huge project is underway to link Nantes to Budapest by a cycle trail. The proposed itinerary follows the Loire valley as far as Digoin and then a good part of the Canal du Centre. Along the Loire, it uses alternatively the levy banks and the towpath of the lateral canal. We have identified, by means of a green line, the sections of towpath converted into trail. Some sections are tarred and others are made up of compacted earth. In both cases the surface is smooth and is suitable for town bikes.
A similar project is planned for the Nivernais Canal and works are well underway. Quite soon the trail will be completed between Auxerre and Decize.

Boulangerie, Charlieu.

Reiseplanung

Musée des Deux Marines, Briare.

Einkaufsmöglichkeiten. Die Städte, in denen es alle Arten von Geschäften gibt, sind unterstrichen (z. B. **Nevers**). Hier können Sie alles Nötige einkaufen und finden auch Restaurants und mindestens eine Apotheke. Bei Dörfern weisen Piktogramme auf die vorhandenen Geschäfte hin. Sogenannte *points multiservices* bieten in einigen Dörfern, die kein Postamt haben, einen Fax-, Minitel- und Telefonservice an.

Markt. Frische, einheimische Erzeugnisse finden Sie auf den Wochenmärkten. Bei jedem Ort ist der Markttag angegeben. Beachten Sie, dass die meisten Märkte gegen 12 Uhr zu Ende gehen.

Restaurants. Die in diesem Führer angegebenen Restaurants wurden wegen ihrer Nähe zum Wasserweg und wegen ihrer Qualität ausgewählt. Aus Platzgründen können wir nur eine kleine Anzahl aufnehmen, vor allem bei größeren Städten. Wenn Sie ein Restaurant ausfindig machen, das erwähnt werden sollte, lassen Sie es uns bitte wissen, wir nehmen es dann in die nächste Ausgabe auf.

Verkehrsämter. Die Serviceleistungen der Verkehrsämter werden von Jahr zu Jahr besser. Sie finden hier freundliches Personal und ausführliche Unterlagen, oft auch in mehreren Sprachen. Immer mehr Verkehrsämter bieten auch Führungen an.

Die Vereine. Mehrere Vereine (siehe gegenüberliegende Seite) setzen sich für die Förderung und Restaurierung der Kanäle in Zentralfrankreich ein, einschließlich der stillgelegten. Sprechen Sie sie ruhig an, sie informieren Sie gerne über ihre Tätigkeit.

Radwege. Derzeit wird ein riesiges Radwegenetz zwischen Nantes und Budapest ausgebaut. Der Weg soll durch das Loire-Tal bis nach Digoin führen und dann auf langen Strecken am Canal du Centre entlang. An der Loire verläuft der Radweg mal auf den Hochwasser-Schutzwällen und mal auf dem Treidelpfad des Seitenkanals. Auf den Karten in diesem Führer sind die zum Radweg ausgebauten Abschnitte des Treidelpfads als grüne Linie eingezeichnet. Dieser Weg ist stellenweise asphaltiert, stellenweise aus verdichteter Erde. In beiden Fällen kann man hier sehr gut fahren, auch mit City-Rädern.
Ein ähnliches Projekt ist für den Canal du Nivernais vorgesehen und die Ausbauarbeiten sind schon gut vorangekommen. In nicht allzu ferner Zukunft wird auch der Radweg zwischen Auxerre und Decize fertiggestellt sein.

Quelques adresses utiles

Urgences · Emergencies · Notfälle

SAMU   Tél. : 15

POMPIERS   Tél. : 18

GENDARMERIE   Tél. : 17

ACCUEIL MULTILINGUE   Tél. : 112

Navigation · Navigation · Schifffahrt

Direction départementale de l'Équipement
Service Hydrologie, Voies navigables
2, rue Louise-Michel
58640 VARENNES-VAUZELLES
Tél. : 03 86 59 77 77

Le canal du Loing

Voies navigables de France
Subdivision de Montargis
14, bd des Belles-Manières
45200 MONTARGIS
Tél. : 02 38 95 09 20

Le canal de Briare

Voies navigables de France
Subdivision de Montargis
14, bd des Belles-Manières
45200 MONTARGIS
Tél. : 02 38 95 09 20

Voies navigables de France
Subdivision de Briare
17, rue du Pont-Canal
45250 BRIARE
Tél. : 02 38 31 26 20

Le canal latéral à la Loire

Voies navigables de France
Subdivision navigation de Decize
La Jonction
58300 DECIZE
Tél. : 03 86 77 39 40

Le canal de Roanne à Digoin

Voies navigables de France
Subdivision navigation de Decize
La Jonction
58300 DECIZE
Tél. : 03 86 77 39 40

Le canal du Centre

Direction départementale de l'Équipement
Subdivision navigation
9ᵉ écluse Océan
71300 MONTCEAU-LES-MINES
Tél. : 03 85 67 90 50

Poste central de commande
Tél. : 0810 187 383 (numéro vert)
Fax : 03 85 67 90 60

Le canal du Nivernais

Direction départementale de l'Équipement
Subdivision navigation
5, rue au Loup
58800 CORBIGNY
Tél. : 03 86 20 27 05

Syndicat mixte d'équipement touristique
du canal du Nivernais
5, rue du Moulin
58110 CHÂTILLON-EN-BAZOIS
Tél. : 03 86 84 05 66 - Fax : 03 86 84 52 11
canal-nivernais@wanadoo.fr

Tourisme · Tourism · Reiseplanung

Office de tourisme de Moret-sur-Loing
Place Samois
77250 MORET-SUR-LOING
Tél. : 01 60 70 41 66

Office de tourisme de Montargis
Rue du Port
45200 MONTARGIS
Tél. : 02 38 98 00 87

Office de tourisme de Briare
Place Charles-de-Gaulle
45250 BRIARE
Tél. : 02 38 31 24 51

Office de tourisme de Sancerre
Place Porte César
18300 SANCERRE
Tél. : 02 48 54 08 21

Office de tourisme de La Charité-sur-Loire
5, place Sainte-Croix
58400 LA CHARITÉ-SUR-LOIRE
Tél. : 03 86 70 15 06

Office de tourisme de Nevers
1, place de l'Hôtel-de-Ville
58000 NEVERS
Tél. : 03 86 68 46 00

Office de tourisme de Decize
Place du Champ-de-Foire
58300 DECIZE
Tél. : 03 86 25 27 23

Office de tourisme de Dompierre-sur-Besbre
145, Grande-Rue
03290 DOMPIERRE-SUR-BESBRE
Tél. : 04 70 34 61 31

Office de tourisme de Digoin
8, rue Guillemot
71160 DIGOIN
Tél. : 03 85 53 00 81

Office de tourisme de Paray-le-Monial
25, avenue Jean-Paul-II
71600 PARAY-LE-MONIAL
Tél. : 03 85 81 10 92

Office de tourisme de Roanne
7, place du Maréchal-de-Lattre-de-Tassigny
42300 ROANNE
Tél. : 04 77 71 51 77
www.leroannais.com

Office de tourisme d'Auxerre
1, quai République
89000 AUXERRE
Tél. : 03 86 52 06 19
www.ot-auxerre.fr

Office de tourisme de Clamecy
24, rue du Grand-Marché
58500 CLAMECY
Tél. : 03 86 27 02 51

Office de tourisme de Montceau-les-Mines
Quai du Général-de-Gaulle
71300 MONTCEAU-LES-MINES
Tél. : 03 85 69 00 00

Office de tourisme de Chalon-sur-Saône
4, place Port-Villiers
71100 CHALON-SUR-SAÔNE
Tél. : 03 85 48 37 97

Associations · Associations · Vereine

Le canal d'Orléans

Syndicat mixte de gestion du canal d'Orléans
61, route de Nestin
45450 FAY-AUX-LOGES
Tél. : 02 38 46 82 91 - Fax : 02 38 46 82 92

Les Amis du musée du Canal d'Orléans
12, place de l'Église
45450 DONNERY
Tél. : 02 38 59 29 29 - Fax : 02 38 46 82 92

Le canal latéral à la Loire

Association des Amis du canal latéral à la Loire
Jean-Pierre Martineau
22, allée de la Châtaigneraie
41600 SOUVIGNY-EN-SOLOGNE
Tél. : 02 54 88 47 52

Le canal de Berry

Association pour la réouverture du canal de Berry
2, chemin de la Plage
18500 SAINTE-THORETTE
Tél. : 02 48 57 22 30

Le canal du Centre

Comité de développement du canal du Centre
Maison touristique du canal
Première écluse
71210 ÉCUISSES
Tél. : 03 85 78 55 75
contact@canal-du-centre.asso.fr

Le canal du Nivernais

Les Amis du canal du Nivernais
Écluse 79, route de Vaux
89000 AUXERRE
Tél. : 03 86 53 83 10

Canal du Loing

En 1719, le duc d'Orléans, alors propriétaire du canal d'Orléans, entreprit la canalisation de la rivière Loing entre Montargis et Saint-Mammès. Les travaux, exécutés par les troupes de l'infanterie, sous la direction de l'ingénieur Jean-Baptiste de Règemorte, furent achevés en 1724. Suite à ces travaux, le Loing navigable était constitué d'une série de « râcles » (sections de rivière navigable) reliées par des canaux artificiels. Ainsi, naviguait-on dans le lit de la rivière à Moret, à Nemours, à Mocpoix, à Montabon et à Montargis.

De nombreux vestiges de l'ancienne navigation dont les vieux barrages, les pertuis et les moulins sont encore visibles tout le long du parcours. Pour vous aider à les découvrir, nous les situons sur les cartes. Il faut surtout prendre le temps d'aller voir la grande écluse du Bois de la Ferme près d'Épisy, la maison de l'ingénieur Règemorte à Nemours et les ouvrages d'Égreville.

Suite aux grandes transformations du XIXᵉ siècle, d'autres sections de canal artificiel furent rajoutées et aujourd'hui on navigue dans le lit de la rivière seulement deux fois, à Nemours et à Saint-Mammès.

• •

In 1719 the Duke of Orléans, who was already owner of the canal d'Orléans, set out to canalise the river Loing between Montargis and Saint-Mammès. The works, carried out by infantry troops under the orders

562. DORDIVES (Loiret) — Le Moulin de Nançay

of the engineer Jean-Baptiste de Règemorte, were completed in 1724.

Once finished, the navigable Loing was made up of a series of river sections, râcles, linked together by artificial canals so navigation took place in the river itself at Moret, Nemours, Mocpoix, Montabon and Montargis.

Numerous vestiges of the old navigation including weirs, flash locks and water mills are still visible as you cruise along the waterway. To help you discover them, their position is shown on the maps. You should especially take the time to look at the big lock of the Bois de la Ferme at Épisy, the house of the engineer Règemorte at Nemours at the various structures at Égreville.

Major improvements were carried out in the 19th century and today only two river sections remain, at Nemours and Saint-Mammès.

• •

1719 nahm der Herzog von Orléans, der damalige Besitzer des Canal d'Orléans, die Kanalisierung des Flusses Loing zwischen Montargis und St. Mammès in Angriff. Die Infanterietruppen unter Leitung des Ingenieurs Jean-Baptiste de Règemorte führten die Bauarbeiten durch, die 1724 beendet waren.

Nun bestand der schiffbare Loing aus einer Reihe von schiffbaren Flussabschnitten, die jeweils durch künstliche Kanäle verbunden waren. Im eigentlichen Flussbett fuhr man in Moret, Nemours, Mocpoix, Montabon und Montargis.

Zahlreiche Überreste der damaligen Schifffahrt sind heute noch auf der ganzen Strecke zu sehen, darunter die alten Dämme, die Schiffsdurchlässe und die Mühlen. Damit Sie sie einfacher finden, sind sie auf den Karten eingezeichnet. Nehmen Sie sich unbedingt die Zeit, die große Schleuse »Bois de la Ferme« bei Episy und das Haus des Ingenieurs Règemorte in Nemours sowie die Wasserbauwerke in Egreville anzusehen.

Bei den großen Umbauarbeiten im 19. Jh. wurden weitere künstliche Kanalabschnitte hinzugefügt und heute fährt man nur noch an zwei Stellen im eigentlichen Flussbett: in Nemours und in St. Mammès.

Les écluses. Elles sont pour la plupart **manuelles** et un éclusier surveille la manœuvre. Ils se préviennent mutuellement par téléphone de l'arrivée d'un bateau, ce qui vous permet de trouver l'écluse suivante ouverte. Si vous devez vous arrêter, prévenez le dernier éclusier et informez-le de l'heure à laquelle vous comptez partir.

L'écluse **automatique** sur le canal du Loing fonctionne de la façon suivante :

• à 120 m de l'écluse, votre bateau est enregistré par un détecteur situé sur la berge. Un feu orange clignotant confirme votre prise en compte ;
• continuez vers l'écluse et entrez dans le sas quand le signal est vert (feu rouge éteint). Vous ne devez en aucun cas faire demi-tour entre le détecteur et l'écluse ;
• lorsque votre bateau est amarré, soulevez la tirette bleue une seule fois ;
• les portes se ferment automatiquement et le cycle commence. Un feu clignotant situé sur la porte indique que celle-ci est en mouvement ;
• en fin de cycle, une fois que les portes sont complètement ouvertes, sortez sans tarder. Si vous êtes plusieurs bateaux, sortez groupés ;
• en cas de fausse manœuvre ou d'accident en cours de cycle (et seulement dans ce cas), actionnez la tirette rouge.

*Locks. Most of the locks are **manual** and are looked after by a lock-keeper. They warn one another by telephone of the arrival of a boat so if you decide to stop in the pound, you must let the last one know and, if possible, let him know when you intend to set off again.*

*The **automatic** lock on the canal du Loing operates as follows:*
• 120 m away from the lock, your boat is recorded by a detection cell placed on the bank. An orange flashing light confirms that the locking cycle is under way;
• continue towards the lock and go into the chamber when the light is green (red light extinguished). You should never turn around between the detection cell and the lock;
• when your boat is moored, lift up the blue knob once only;
• the doors close automatically and the cycle commences. A flashing orange light on the lock gate indicates that it is moving;
• at the end of the cycle, once the gates are fully open, go out of the lock immediately. If there are several boats in the lock they should go out together;
• if an accident occurs (and only in that event), pull on the red emergency button.

Schleusen. Die meisten Schleusen werden **von Hand** bedient, ein Schleusenwärter überwacht das Manöver. Er verständigt sich mit den anderen Wärtern telefonisch über die Ankunft eines Bootes, so dass die nächste Schleuse bereits für Sie geöffnet ist, wenn Sie ankommen. Für den Fall, dass Sie unterwegs anhalten möchten, teilen Sie dies bitte dem letzten Schleusenwärter mit und sagen ihm auch, wann Sie voraussichtlich weiterfahren.

Die **automatische** Schleuse auf dem Canal du Loing funktioniert folgendermaßen:
• 120 m vor der Schleuse wird Ihr Boot von einem Detektor (Fotozelle), der am Ufer angebracht ist, registriert. Ein oranges Blinklicht signalisiert, dass Sie registriert worden sind.
• Fahren Sie weiter auf die Schleuse zu und fahren Sie ein, sobald die Ampel grün zeigt (rotes Licht aus). Auf keinen Fall dürfen Sie zwischen dem Detektor und der Schleuse kehrtmachen.
• Ist das Boot angelegt, den blauen Knopf hochziehen (nur einmal ziehen).
• Die Tore schließen automatisch und der Schleusungs-Zyklus beginnt. Ein blinkendes Licht auf einem Tor bedeutet, dass dieses Tor in Bewegung ist.
• Fahren Sie am Ende des Zyklus, sobald die Tore vollständig geöffnet sind, unverzüglich hinaus. Falls mehrere Boote gleichzeitig schleusen, möglichst gemeinsam ausfahren.
• Bei Fehlmanöver oder Zwischenfall im Zyklusablauf (und nur in diesem Falle) betätigen Sie den roten Knopf.

Saint-Mammès. Situé au confluent de la Seine et du Loing, Saint-Mammès est le deuxième port batelier français après Conflans-Sainte-Honorine. Vous y verrez de nombreuses péniches à quai, mais Saint-Mammès a aussi une halte nautique avec 12 anneaux pour les bateaux de plaisance et un embarcadère pour les bateaux à passagers.

La navigation commence sur un bras naturel du Loing, la partie artificielle commençant à Moret. On voit encore l'ancienne écluse de Saint-Mamert qui date de 1724, reconstruite en 1890 aux dimensions Freycinet mais rendue inutile par le rehaussement du barrage de Champagne-sur-Seine.

Réparations, pièces et accastillage, gasoil :
SA Bouillet : 01 64 23 00 83

Accastillage et informations :
Bateaux du Confluent : 01 64 23 25 59

■ Joutes nautiques « à la parisienne » certains dimanches en été
✱ Marché le dimanche matin
✳ L'Isa-Marina : 01 60 74 48 75

Vous pouvez accoster à Saint-Mammès et à la nouvelle halte nautique de Moret. Entre les deux, les rives sont encombrées de bateaux en stationnement permanent.

Moret-sur-Loing. La ville fortifiée de Moret recèle de nombreuses curiosités. Ne manquez pas le splendide pont sur le Loing, la Grange batelière qui n'est autre que la maison de Clemenceau, ou, pour les amateurs de peinture, celle du peintre impressionniste Sisley.
À partir du pont de Bourgogne, on peut observer le dernier des 26 pertuis à bateaux qui rendaient autrefois la rivière Loing navigable. Aujourd'hui, l'ouvrage est équipé d'un clapet mobile.
Enfin, ne quittez pas la ville sans une provision de l'excellent sucre d'orge des religieuses de Moret.

Office du tourisme : 01 60 70 41 66

Capitainerie : 01 60 74 44 40

▲ Musée du Vélo • Musée du Sucre d'orge • Musée d'Art et d'Histoire
■ Son et lumière en été
✱ Marché les mardis et vendredis
✳ La Palette : 01 60 70 50 72
✳ L'Auberge de la Terrasse : 01 60 70 51 03
✳ Les Impressionnistes : 01 60 70 80 20 (F. lun.)
✳ La Poterne : 01 60 96 91 50

Saint-Mammès. At the confluence of the Seine and Loing, Saint-Mammès has one of the biggest inland ports on the French waterways. You will still see many barges tied up at the quays but, sign of the times, Saint-Mammès now also has moorings for leisure craft with 12 bollards for passing boats and a landing stage for a passenger boat.
Navigation starts on a natural arm of the Loing, the canal section beginning at Moret. One can still see the old lock of Saint-Mamert, built in 1724 and modified to the Freycinet dimensions in 1890. It was eventually put out of service when the barrage of Champagne on the Seine lifted the general level of the river.

Repairs, spares and boat fittings, diesel:
SA Bouillet: 01 64 23 00 83

Boat supplies and general information:
Bateaux du Confluent: 01 64 23 25 59

■ *River jousting Parisian style certain weeks in summer*
✱ *Market on Sunday morning*
✳ *L'Isa-Marina: 01 60 74 48 75*

You can moor at Saint-Mammès or at the new moorings at Moret. Between these, the banks are cluttered with permanently moored boats of all sorts.

Moret-sur-Loing. The fortified town of Moret offers numerous points of interest to the passing tourist. Don't miss the splendid bridge over the Loing, the Grange Batelière which was actually Clemenceau's house, or, for those who are interested in art, the house of the impressionist painter, Sisley.
From the Bourgogne bridge, you can observe the last of the 26 flash locks which once rendered the Loing river navigable. Nowadays the structure is equipped with a movable sluice gate.
Finally, do not leave the town without some stocks of the excellent barley sugar made by the nuns of Moret.

Tourist Office: 01 60 70 41 66

Port Office: 01 60 74 44 40

▲ *Bicycle museum • Museum of barley sugar • Art and history museum*
■ *Festival of sound and light in summer*
✱ *Market Tuesday and Friday*
✳ *La Palette: 01 60 70 50 72*
✳ *L'Auberge de la Terrasse: 01 60 70 51 03*
✳ *Les Impressionnistes: 01 60 70 80 20 (C. Mon.)*
✳ *La Poterne: 01 60 96 91 50*

Saint-Mammès. St. Mammès liegt am Zusammenfluss von Seine und Loing und ist nach Conflans-Sainte-Honorine der zweitwichtigste Binnenhafen Frankreichs. Hier liegen zwar noch zahlreiche Lastkähne am Kai, aber Saint-Mammès hat auch einen Anlegeplatz mit 12 Pollern für Freizeitboote und einen Landesteg für Passagierschiffe.

Die Navigation beginnt auf einem natürlichen Arm des Flusses Loing, denn der künstlich angelegte Abschnitt beginnt erst bei Moret. Die alte Schleuse von St. Mamert aus dem Jahre 1724, die 1890 nach Freycinet-Maßen umgebaut wurde, ist auch heute noch zu sehen. Nach dem Bau des Staudamms von Champagne-sur-Seine wurde sie überflüssig.

Reparaturen, Ersatzteile, Zubehör und Kraftstoff:
Firma Bouillet, 01 64 23 00 83

Schiffsausrüstung und Informationen:
Bateaux du Confluent: 01 64 23 25 59

■ Lanzenstech-Turniere auf dem Wasser »nach Pariser Art« an manchen Sonntagen im Sommer
✱ Markt: sonntags morgens
✳ L'Isa-Marina: 01 60 74 48 75

Sie können in Saint-Mammès oder demnächst auch am neuen Anlegeplatz in Moret festmachen. Dazwischen sind beide Ufer von festliegenden Schiffen belegt.

Moret-sur-Loing. Diese befestigte Stadt besitzt zahlreiche Sehenswürdigkeiten. Unbedingt ansehen sollten Sie sich die herrliche Brücke über den Loing und die »Grange Batelière«, das Haus, in dem Clemenceau gelebt hat, bzw. für Malereiliebhaber das Haus, in dem der Impressionist Sisley gelebt hat.
Von der Bourgogne-Brücke kann man den letzten von 26 Schiffsdurchlässen sehen, die früher dafür gesorgt haben, dass der Fluss Loing schiffbar war. Heute ist er mit einem beweglichen Tor versehen.
Legen Sie sich vor der Abfahrt unbedingt noch einen Vorrat an Malzzucker an, der von den Nonnen in Moret hergestellt wird.

Verkehrsamt: 01 60 70 41 66

Hafenmeisterei: 01 60 74 44 40

▲ Fahrradmuseum • Malzzuckermuseum • Kunst- und Geschichts-Museum
■ Ton- und Lichtschau im Sommer
✱ Markt: dienstags und freitags
✳ La Palette: 01 60 70 50 72
✳ L'Auberge de la Terrasse: 01 60 70 51 03
✳ Les Impressionnistes: 01 60 70 80 20 (G. mon.)
✳ La Poterne: 01 60 96 91 50

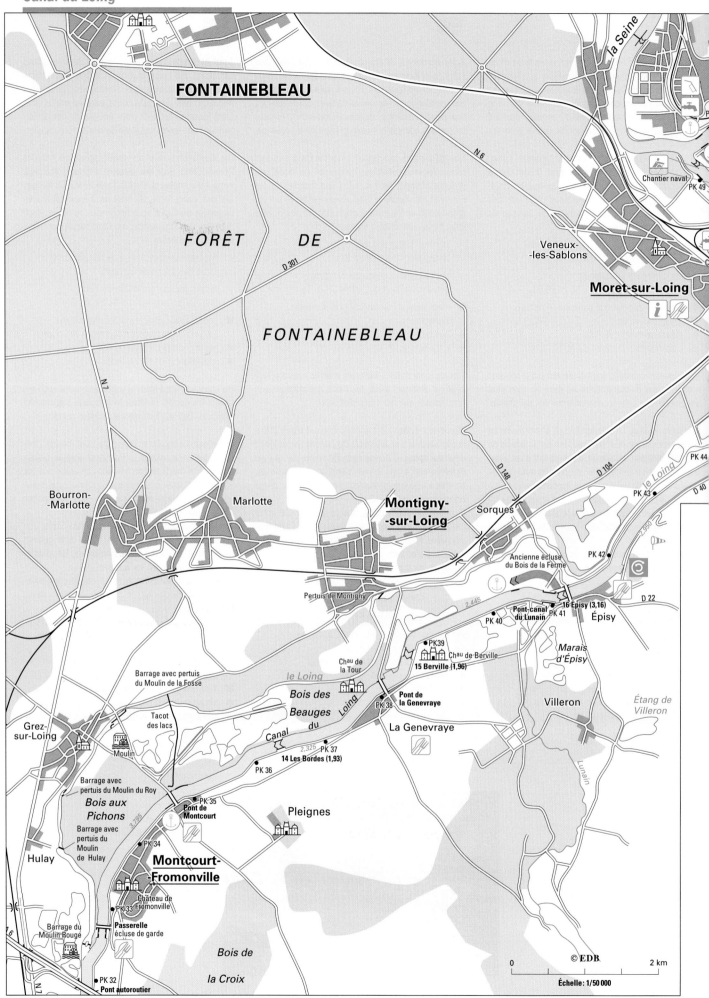

FONTAINEBLEAU

FORÊT DE

FONTAINEBLEAU

la Seine

N 6

D 301

D 148

Chantier naval

PK 49

Veneux-
-les-Sablons

Moret-sur-Loing

N 7

D 104

PK 44

le Loing

PK 43

D 40

Bourron-
-Marlotte

Marlotte

**Montigny-
-sur-Loing**

Sorques

PK 42

D 22

Ancienne écluse
du Bois de la Ferme

Pertuis de Montigny

2.445

16 Épisy (3,16)

Épisy

*Pont-canal
du Lunain*

PK 41

PK 40

*Marais
d'Épisy*

•PK39

Ch^au de Berville

Ch^au de
la Tour

15 Berville (1,96)

Villeron

*Étang de
Villeron*

Barrage avec pertuis
du Moulin de la Fosse

le Loing

Bois des

**Pont de
la Genevraye**

Beauges

PK 38

Tacot
des lacs

du

La Genevraye

Grez-
sur-Loing

Canal

2.325 • PK 37

Moulin

14 Les Bordes (1,93)

PK 36

Lunain

Barrage avec
pertuis du Moulin du Roy

*Bois aux
Pichons*

PK 35

**Pont de
Montcourt**

Pleignes

Barrage avec
pertuis du
Moulin
de Hulay

3.795

•PK 34

Hulay

**Montcourt-
-Fromonville**

Château de
•PK 33 Fromonville

Barrage du
Moulin Rougé

Passerelle
écluse de garde

Bois de

la Croix

© **EDB**

0   2 km

• PK 32

Pont autoroutier

Échelle: 1/50 000

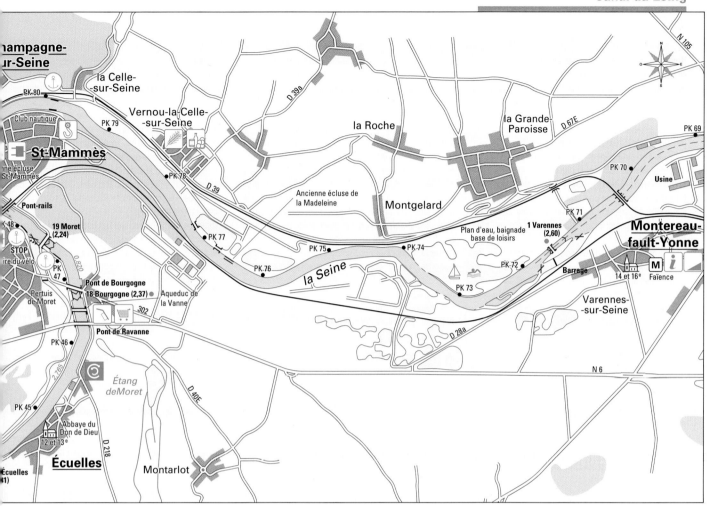

L'écluse de Bourgogne (n° 18) est automatisée et fonctionne sans la présence d'un éclusier. Pour son utilisation, référez-vous à la page 8.

Épisy. En amont d'Épisy, à l'endroit où le Lunain traverse le canal, vous pouvez voir les vestiges d'un pont de halage construit en 1723 et un déversoir en maçonnerie. Ces ouvrages sont abandonnés depuis l'adoption d'un nouveau tracé pour le canal en 1881.
Un peu plus loin, en suivant l'ancien canal, on arrive à l'écluse du Bois de la Ferme, construite par l'ingénieur Règemorte en 1719. Elle mesurait 80 mètres de long ; ses dimensions étaient immenses pour l'époque.

✳ L'Auberge de l'Écluse : 01 64 45 64 46 (7/7)

Montcourt-Fromonville. Si vous passez ici un dimanche ou un jour férié, faites une halte au port sablier en aval du pont et profitez du « Tacot des lacs ». Il s'agit d'un petit train à vapeur qui livrait autrefois du sable au canal.

✳ La Marine : 01 64 28 67 41

La Genevraye
✳ L'Auberge de Genevraye : 01 64 45 83 99

Écuelles
✳ Le Royal de Moret : 01 60 70 83 40

The Bourgogne Lock (No. 18), is automatic and you will go through without the help of a lock-keeper. For operating instructions, see page 8.

Épisy. *Upstream from Episy, at the point where the Lunain crosses the canal, you can see the vestiges of an old towpath bridge built in 1723 and a stone spillway. These structures have not been in use since a new canal section was built in 1881. Following the course of the old canal you will see, a little further on, the former lock of the Bois de la Ferme, built by the engineer Règemorte in 1719. It was a huge lock for its time measuring 80 metres long.*

✳ *L'Auberge de l'Écluse: 01 64 45 64 46 (7/7)*

Montcourt-Fromonville. *If you are spending a Sunday or a public holiday here, stop off at the sand port up stream from the bridge and take a ride on the* Tacot des lacs. *This is a little steam train which once delivered sand to the canal.*

✳ *La Marine: 01 64 28 67 41*

La Genevraye
✳ *L'Auberge de Genevraye: 01 64 45 83 99*

Écuelles
✳ *Le Royal de Moret: 01 60 70 83 40*

Die Schleuse Nr. 18 (écluse de Bourgogne) funktioniert automatisch und ohne Schleusenwärter. Die weiteren Schritte finden Sie auf der Seite 8.

Épisy. Oberhalb von Épisy, dort wo das Flüsschen Lunain den Kanal überquert, sehen Sie die Überreste einer alten Treidelbrücke aus dem Jahre 1723 und ein gemauertes Überlaufwehr, die seit dem Bau eines neuen Kanalabschnittes 1881 nicht mehr in Betrieb sind.
Wenn man dem Verlauf des alten Kanals folgt, kommt man bald zur Schleuse du Bois de la Ferme, die 1719 von dem Ingenieur Règemorte gebaut wurde. Für die damalige Zeit war diese Schleuse ungeheuer groß: sie war 80 Meter lang.

✳ L'Auberge de l'Écluse: 01 64 45 64 46 (k. Ruhetag)

Montcourt-Fromonville. Wenn Sie an einem Sonn- oder Feiertag hier vorbeikommen, legen Sie im Sandladehafen unterhalb der Brücke an und machen Sie eine Fahrt mit dem *Tacot des lacs,* einem Ausflugszug mit Dampflok, der früher den Sand bis zum Kanal beförderte.

✳ La Marine: 01 64 28 67 41

La Genevraye
✳ L'Auberge de Genevraye: 01 64 45 83 99

Écuelles
✳ Le Royal de Moret: 01 60 70 83 40

Nemours. Une halte nautique est aménagée sur le Loing en centre-ville. Attention, n'essayez pas de remonter la rivière plus en amont car les piles submergées d'un vieux pont (classées monument historique !) risquent de mettre fin à votre croisière.

Le pont actuel a été exécuté sur les plans du directeur des Ponts et Chaussées, Jean-Rodolphe Perronet, ce qui en fait un petit frère du pont de la Concorde à Paris. Il fut inauguré en 1804 par le pape Pie VII, alors qu'il se rendait à Notre-Dame de Paris pour sacrer l'empereur Napoléon. C'est de ce pont que l'on a la meilleure vue sur la ville, dominée par le château et l'église. Ces deux bâtiments, tous deux du XIIe siècle, valent à eux seuls le détour.

En face de l'écluse des Buttes se trouve une belle maison qui servait autrefois de siège administratif du canal. À l'entrée des bâtiments on peut lire les noms des ingénieurs qui ont construit le canal. Aujourd'hui on y trouve le bureau du contrôleur, tél. : 01 64 28 02 36.

Office du tourisme,
quai Victor-Hugo : 01 64 28 03 95

▲ Musée de la Préhistoire
✳ Marché le mercredi et le samedi matin
✺ Auberge du Grand Pont : 01 64 28 92 09
✺ Au Feu de Bois : 01 64 28 01 34

Près de **l'écluse de Beaumoulin**, le canal passe entre le moulin fortifié de Beaumoulin et ses dépendances, un petit château-ferme. Ce moulin servait autrefois à la protection des bateaux qui circulaient sur le Loing, et à la perception des péages.

Souppes-sur-Loing. Au XIXe siècle, la pierre jaune de Souppes était utilisée dans la construction des plus prestigieux monuments de Paris dont le Sacré-Cœur à Montmartre. Aujourd'hui le transport des pierres par péniche a cessé et le vieux « port des pierres » est aménagé en halte nautique avec tous services.

Office du tourisme : 01 60 55 07 38

▲ Le parc animalier de l'Emprunt • Les polissoirs néolithiques
✳ Marché le dimanche matin
✺ À la Vieille Halle : 01 64 29 72 50 (7/7)
✺ La Taverne Berbère : 01 64 29 36 95

Nemours. Moorings are available in the centre of town on the Loing. Make sure that you do not try to go further upstream as the submerged pylons of an old bridge (classified as a historical monument!) could bring an end to your cruise.

The current bridge was built according to the plans of the director of the Ponts et Chaussées, Jean-Rodolphe Perronet which means it is the younger brother of the Pont de la Concorde at Paris. It was inaugurated in 1804 by Pope Pius VII, on his way to Notre-Dame de Paris to crown Napoleon. From this point you have the best view of the town, dominated by the château and the church. These two buildings alone, both of which date back to the 12th century, are well worth visiting.

Opposite the lock of les Buttes, you will see a stately home which once served as administrative headquarters for the canal. At the entrance to the buildings one can see the name of the engineers who built the canal inscribed in stone. Today this building houses the office of the control officer, tel.: 01 64 28 02 36.

Tourist Office, quai Victor-Hugo: 01 64 28 03 95

▲ Museum of prehistory
✳ Market on Wednesday and Saturday mornings
✺ Auberge du Grand Pont: 01 64 28 92 09
✺ Au Feu de Bois: 01 64 28 01 34

Near the **lock of Beaumoulin** the canal passes between the fortified mill of Beaumoulin and its dependant buildings. This mill was used for the protection of the boats navigating on the Loing and the collection of tolls.

Souppes-sur-Loing. In the 19th century the yellow stone of Souppes was used in the construction of some of the most prestigious buildings in Paris including the Sacré Cœur basilica at Montmartre. Today the transport of this stone by the canal has ceased and the old "stone port" has been fitted out as a boat harbour with full services.

Tourist office: 01 60 55 07 38

▲ The Emprunt animal park • Neolithic polishing machines
✳ Market on Sunday morning
✺ À la Vieille Halle: 01 64 29 72 50 (7/7)
✺ La Taverne Berbère: 01 64 29 36 95

Nemours. In der Stadtmitte ist ein Anlegeplatz auf dem Loing eingerichtet. Vorsicht! Fahren Sie nicht weiter fluss-aufwärts, da die unter der Wasseroberfläche liegenden Pfeiler einer alten Brücke (die unter Denkmalschutz stehen!) Ihrer Kreuzfahrt ein jähes Ende bereiten könnten. Die heutige Brücke stammt aus dem Jahre 1804 und wurde von Papst Pius VII. eingeweiht, als er sich nach Notre-Dame in Paris begab, um Napoleon zum französischen Kaiser zu krönen. Von dieser Brücke aus haben Sie den besten Blick auf die Stadt mit dem Schloss und der Kirche. Allein diese beiden Bauwerke aus dem 12. Jh. lohnen einen Abstecher.

Gegenüber der Schleuse von Les Buttes befindet sich ein sehr schönes Haus, in dem sich früher der Sitz der Kanalverwaltung befand. Am Gebäudeeingang sind die Namen der Ingenieure eingraviert, die den Kanal erbauten. Heute ist hier das Büro des Aufsichtsbeamten untergebracht. Tel.: 01 64 28 02 36.

Verkehrsamt,
quai Victor-Hugo: 01 64 28 03 95

▲ Prähistorisches Museum
✳ Markt: mittwochs und samstags morgens
✺ Auberge du Grand Pont: 01 64 28 92 09
✺ Au Feu de Bois: 01 64 28 01 34

In der Nähe der **Schleuse Beaumoulin** fließt der Kanal zwischen der Wehrmühle von Beaumoulin und ihren Nebengebäuden, einem kleinen Schlossgutshof, hindurch. Diese Mühle diente früher zum Schutz der Schiffe, die auf dem Loing verkehrten, und zur Einnahme von Wegezöllen.

Souppes-sur-Loing. Im 19. Jh. wurde der gelbe Naturstein aus Souppes für den Bau der prächtigsten Pariser Baudenkmäler verwendet, darunter auch für die Sacré-Cœur-Kirche in Montmartre. Die Lastkähne, auf denen die Steine transportiert wurden, verkehren heute nicht mehr, und der alte »Stein-Hafen« wurde zu einem Anlegeplatz mit allen Serviceeinrichtungen ausgebaut.

Verkehrsamt: 01 60 55 07 38

▲ Tierpark von l'Emprunt • Steinschleifplatz aus der Jungsteinzeit
✳ Markt: sonntags morgens
✺ À la Vieille Halle: 01 64 29 72 50 (k. Ruhetag)
✺ La Taverne Berbère: 01 64 29 36 95

Nemours.

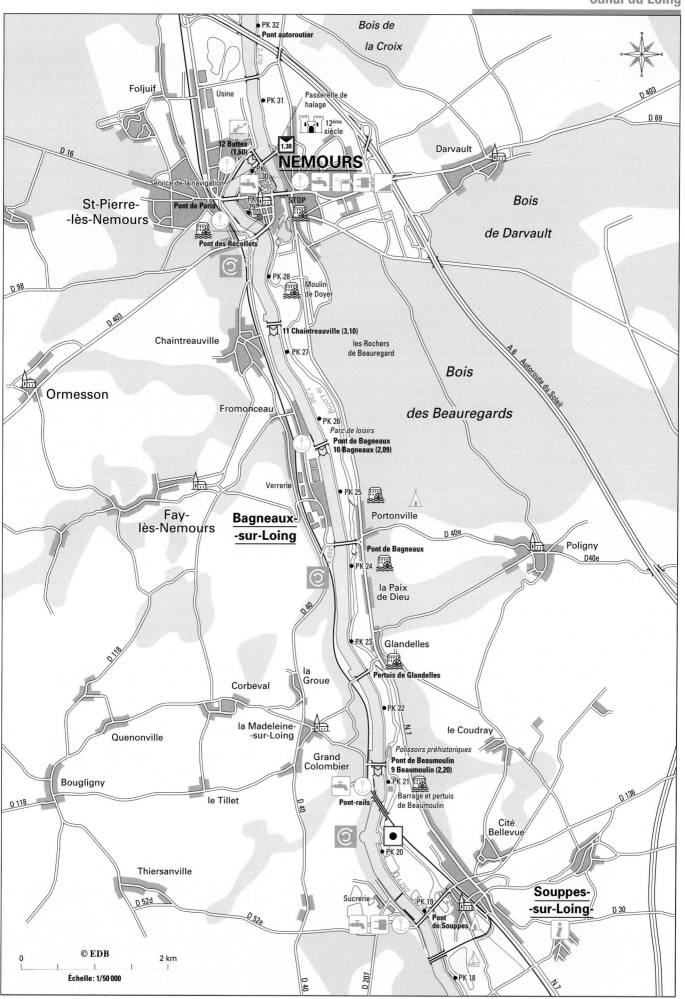

• PK 32
Pont autoroutier

*Bois de
la Croix*

Foljuif

Usine

• PK 31

D 403

D 69

**Passerelle de
halage**

12ème
siècle

D 16

12 Buttes
(1,60)

1,30

NEMOURS

Darvault

Bois

de Darvault

Service de la navigation

St-Pierre-
-lès-Nemours

Pont de Paris

PK
30

PK
29

STOP

Pont des Récollets

D 98

D 403

• PK 28

Moulin
de Doyer

le Loing 1,730

Chaintreauville

11 Chaintreauville (3,10)

• PK 27

les Rochers
de Beauregard

Bois

A 6 Autoroute du Soleil

Ormesson

des Beauregards

Fromonceau

• PK 26

Parc de loisirs
**Pont de Bagneaux
10 Bagneaux (2,09)**

Verrerie

• PK 25

Portonville

Fay-
lès-Nemours

**Bagneaux-
-sur-Loing**

D 40e

Poligny

D40e

Pont de Bagneaux

le Loing 1,450

• PK 24

la Paix
de Dieu

D 40

D 118

• PK 23

Glandelles

la
Groue

Corbeval

Pertuis de Glandelles

Quenonville

la Madeleine-
-sur-Loing

• PK 22

N 7

le Coudray

D 136

Bougligny

le Tillet

D 40

Grand
Colombier

Polissoirs préhistoriques
**Pont de Beaumoulin
9 Beaumoulin (2,20)**

• PK 21

Cité
Bellevue

D 118

Pont-rails

Barrage et pertuis
de Beaumoulin

• PK 20

Thiersanville

le Loing 1,250

**Souppes-
-sur-Loing**

D 52d

Sucrerie

• PK 19

D 30

D 52e

**Pont
de Souppes**

D 207

D 40

N 7

• PK 18

0   2 km

© EDB

Échelle: 1/50 000

La rivière Loing. Jusqu'à la fin du XIXᵉ siècle, la navigation se faisait alternativement sur de petites sections de canal artificiel et de rivière canalisée ou « râcles ». Par exemple, entre Montargis et Souppes on changeait pas moins de 6 fois entre canal et rivière, en passant chaque fois par une porte de garde ou une écluse à sas. On peut voir une de ces anciennes écluses, au PK 4,5 (l'écluse de Montigny).

Les vieux barrages qui retenaient les eaux du Loing pour les moulins sont aussi visibles, chacun muni de son pertuis qui permettait aux bateaux de passer, sous l'œil malveillant du meunier, d'un bief à l'autre.

L'écluse d'Égreville, qui rachète une différence de seulement 48 cm, était autrefois une porte de garde pour une section navigable de la rivière, la râcle d'Égreville. En 1880 elle a été incorporée dans le canal. À cet endroit, le pont sur le Loing est construit sur un ancien pertuis à bateaux.

En face du village de Mocpoix, vous verrez les vestiges de **l'abbaye royale Notre-Dame-de-Cercanceaux.** Il ne reste de cette prestigieuse bâtisse cistercienne que la salle capitulaire, l'aile des moines, l'aile sud et la chapelle. L'église abbatiale fut démolie au début du XIXᵉ siècle mais le retable se trouve aujourd'hui dans l'église paroissiale de Souppes.

Cette abbaye, comme tant d'autres, était un lieu de prière mais aussi un lieu de travail. Les nombreux jardins à l'intérieur de l'enclos nourrissaient les moines ; un vivier fournissait des poissons. La petite rivière Betz, qui coule au pied de l'aile sud, alimentait un moulin à farine pour la fabrication de leur pain.

Les documents de l'époque révolutionnaire parlent d'une fonderie de plomb et même d'or. Après la Révolution, et jusqu'en 1926, on y installa une fabrique de papier, alimentée par de vieux chiffons amenés de Paris par le canal.

Château-Landon. Situé à quelques kilomètres du canal, ce village mérite largement une excursion. Il est surplombé par l'ancienne abbaye Saint-Sévenin, aujourd'hui transformée en maison de retraite.

   Office du tourisme : 01 64 29 38 08
* Marché : jeudi matin
* Le Cheval Blanc : 01 64 29 34 28 (F. lun.)
* Le Chapeau Rouge : 01 64 29 30 52
* L'Auberge de la Ville Forte : 01 64 29 47 76

Nargis
* Au Martin-Pêcheur : 02 38 95 82 66

Ferrières-en-Gâtinais. Autour de la magnifique abbaye bénédictine, la ville s'ordonne en de nombreuses et étroites ruelles.

▲ Église Notre-Dame-de-Bethléem
* Marché : vendredi matin

The Loing River. Up until the end of the 19th century, the canal was made up of a series of artificial sections alternating with stretches of canalised river called râcles. *For example, between Montargis and Souppes one changed no less than 6 times between canal and river passing each time via a set of flood gates or a lock. You can see one of these old locks at PK 4.5 (the Montigny lock).*

The weirs which held back the waters of the Loing for the water mills are also visible, each one equipped with its own flash lock to enable the boats to pass, under the stern gaze of the miller, from one pound to another.

The Lock of Égreville, only 48 cm high, was once a guard lock for a navigable section of the river. In 1880 it was incorporated in the canal. The bridge over the Loing river here has been built on an ancient flash lock.

Opposite the village of Mocpoix, you will see the vestiges of the Royal Abbey Notre-Dame-de-Cercanceaux. All that remain of this prestigious Citercian building are the capitulary room, the monks wing, the southern wing and the chapel. The abbey church was demolished at the beginning of the 19th century but the altar was saved and transferred to the parish church of Souppes.

This abbey, like so many others, was a place of prayer but also a place of work. The many gardens at the interior of the complex fed the monks; an aquarium supplied them with fish. The little river Betz which flows past the southern wing turned a mill to make their bread.

The documents at the time of the Revolution talk of a lead foundry and even a gold foundry. Then after the Revolution and right up to 1926, it became a paper mill. The paper was made from old rags transported by barge from Paris.

Château-Landon. This village, situated a few kilometres away from the canal, is well worth a visit. It is dominated by the old Saint-Sévenin abbey which has now become a retirement home.

   Tourist Office: 01 64 29 38 08
* *Market on Thursday morning*
* *Le Cheval Blanc: 01 64 29 34 28 (C. Mon.)*
* *Le Chapeau Rouge: 01 64 29 30 52*
* *L'Auberge de la Ville Forte: 01 64 29 47 76*

Nargis
* *Au Martin-Pêcheur: 02 38 95 82 66*

Ferrières-en-Gâtinais. Around the magnificent Benedictine abbey, the town is a warren of narrow streets.

▲ *Église Notre-Dame-de-Bethléem*
* *Market on Friday morning*

Der Fluss Loing. Bis zum Ende des 19. Jh. erfolgte die Schifffahrt abwechselnd auf kleinen Kanal- und kanalisierten Flussabschnitten. Zwischen Montargis und Souppes wechselte man nicht weniger als sechsmal zwischen Kanal und Fluss hin und her, wobei jedesmal eine Hochwasser- oder eine Kammerschleuse passiert werden musste. Eine der alten Schleusen ist noch am PK 4,5 (Schleuse Montigny) zu entdecken.

Auch die alten Dämme, die den Loing für die Mühlen stauten, sind noch zu sehen, jede mit einem Durchlass ausgestattet, wo die Schiffe unter dem bösen Blick des Müllers von einer Haltung zur anderen gelangten.

Die Schleuse von Égreville, die einen Höhenunterschied von nur 48 cm ausgleicht, war früher ein Schutztor an einem schiffbaren Flussabschnitt. 1880 wurde er in den Kanal einbezogen. Hier wurde die Brücke über den Loing auf einem ehemaligen Schiffsdurchlass gebaut.

Gegenüber vom Dorf Mocpoix sehen Sie die Ruinen der **Königlichen Abtei Notre-Dame-de-Cercanceaux.** Alles, was von diesem herrlichen Zisterziensergebäude übriggeblieben ist, ist der Kapitelsaal, der Mönchsflügel, der Südflügel und die Kapelle. Die Abteikirche wurde zu Beginn des 19. Jh. zerstört, aber der Altaraufsatz befindet sich heute in der Pfarrkirche von Souppes.

Diese Abtei war wie so viele andere ein Ort des Gebetes, aber auch der Arbeit. Die zahlreichen innenliegenden Gärten ernährten die Mönche, ein Teich lieferte Fische. Das Flüsschen Betz am Fuße des Südflügels trieb eine Getreidemühle für das Brot an.

Die Akten aus der Revolutionszeit berichten von einer Blei- und sogar einer Goldgießerei. Nach der Revolution wurde hier eine Papierfabrik eingerichtet, die bis 1926 bestehen blieb und Lumpen verarbeitete, die von Paris über den Kanal hierher transportiert wurden.

Château-Landon. Dieser nur wenige Kilometer vom Kanal entfernte Ort lohnt wirklich einen Besuch. Das ehemalige Kloster Saint-Sévenin, heute ein Altersheim, liegt hoch über dem Ort.

   Verkehrsamt: 01 64 29 38 08
* Markt: donnerstags morgens
* Le Cheval Blanc: 01 64 29 34 28 (G. mon.)
* Le Chapeau Rouge: 01 64 29 30 52
* L'Auberge de la Ville Forte: 01 64 29 47 76

Nargis
* Au Martin-Pêcheur: 02 38 95 82 66

Ferrières-en-Gâtinais. Rund um das herrliche Benediktinerkloster liegen zahlreiche enge Gassen.

▲ Kirche Notre-Dame-de-Bethléem
* Markt: freitags morgens

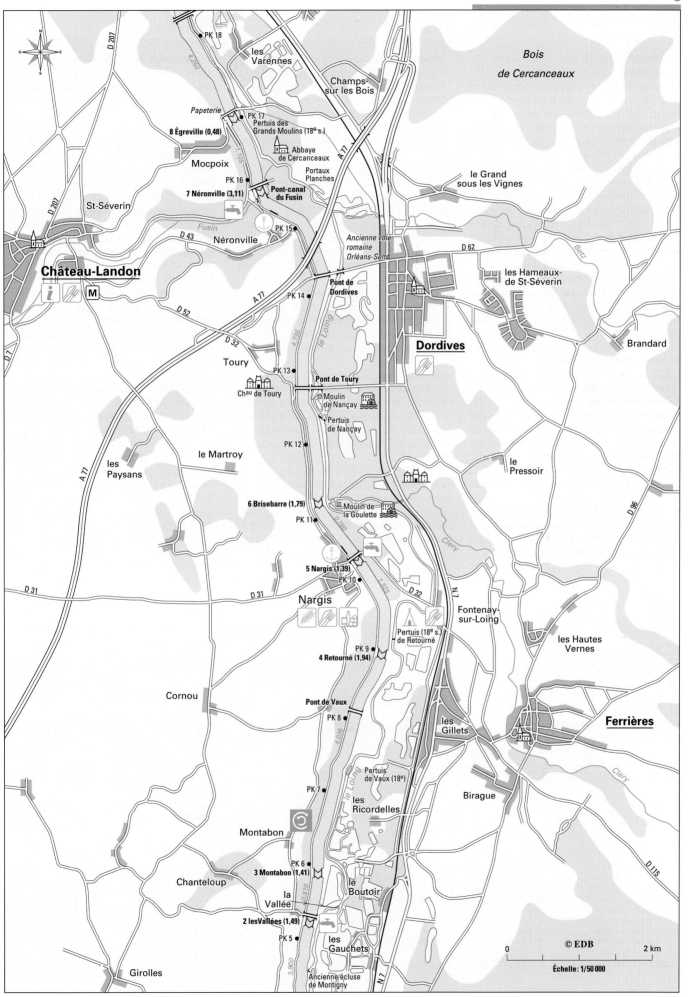

PK 18

les Varennes

Champs-
sur les Bois

Bois
de Cercanceaux

Papeterie

PK 17

8 Égreville (0,48)

Pertuis des
Grands Moulins (18e s.)

Mocpoix

Abbaye
de Cercanceaux

St-Séverin

Portaux
Planches

le Grand
sous les Vignes

PK 16

7 Néronville (3,11)

Pont-canal
du Fusin

Fusin

PK 15

Néronville

Ancienne voie
romaine
Orléans-Sens

D 62

les Hameaux-
de St-Séverin

Château-Landon

D 43

M

Pont de
Dordives

Dordives

Brandard

A 77

PK 14

le Loing

D 52

D 32

Toury

PK 13

Pont de Toury

Chau de Toury

Moulin
de Nançay

les Paysans

le Martroy

Pertuis
de Nançay

PK 12

le Pressoir

6 Brisebarre (1,79)

Moulin de
la Goulette

PK 11

Clery

5 Nargis (1,39)

PK 10

Nargis

D 31

D 31

Cornou

Pertuis (18e s.)
de Retourné

Fontenay-
sur-Loing

les Hautes
Vernes

PK 9

4 Retourné (1,94)

Pont de Vaux

PK 8

les
Gillets

Ferrières

Pertuis
de Vaux (18e)

le Loing

Clery

PK 7

les
Ricordelles

Birague

Montabon

D 115

PK 6

3 Montabon (1,41)

Chanteloup

la
Vallée

le
Boutoir

2 lesVallées (1,49)

PK 5

les
Gauchets

© EDB

2 km

Girolles

Ancienne écluse
de Montigny

N 7

Échelle: 1/50 000

19

Canal d'Orléans

L'histoire du canal. En 1676 un marchand de bois, Robert Mahieux, obtient l'autorisation de creuser un petit canal de 28 km de long pour acheminer son bois de la forêt d'Orléans vers la ville de Montargis. Quelques années plus tard, Mahieux cède son canal au duc d'Orléans qui entreprend le creusement d'un canal beaucoup plus important devant fournir une deuxième liaison entre la Loire et la vallée du Loing.

Malgré une opposition féroce des seigneurs du canal de Briare, ce nouveau canal fut achevé en 1692 et la première navigation commença l'année suivante. Il mesurait 74 km et comportait 27 écluses. Le bief de partage, qui mesurait 19 km, était alimenté par un système complexe de rigoles et de réservoirs. Il rejoignait la Loire à Combleux, mais en 1921, il fut prolongé vers la ville d'Orléans par un canal latéral de 5 km.

Ce nouveau canal permettait aux bateaux de la Loire d'éviter le passage difficile entre Orléans et Briare, située plus en amont. Mais avec la disparition de la navigation sur la Loire, il n'avait plus de raison d'être et fut déclassé en 1954.

Le canal aujourd'hui. Malgré son déclassement, le canal a été préservé en assez bon état sur toute sa longueur. Le chemin de halage est aménagé en piste cyclable et, en le suivant, on peut observer la plupart des écluses d'origine, souvent avec des vestiges de portes en bois. On aperçoit aussi les stations de pompage qui assuraient l'alimentation du canal à partir de la Loire. Sur le versant Loire, les écluses n° 4 (Pont-aux-Moines) et n° 5 (Donnery) ont été remises en service et, plus récemment, en 2007, la dernière écluse de descente en Loire à Orléans.

Sur le versant Seine, les écluses de la Folie, de Sainte-Catherine, de Machot et du May sont en service et le canal est théoriquement navigable sur 12 km mais il n'y a pas de liaison avec le canal du Loing.

The History of the Canal. In 1676 a timber merchant, Robert Mahieux, was authorised to dig a small canal, 28 kilometres long, to ship timber from the forest of Orleans towards the town of Montargis. Several years later Mahieux conceded his canal to the duke of Orleans who then set out to dig a much bigger waterway to provide a second link between the Loire and the Loing valley.

This new canal, despite ferocious opposition from the owners of the canal de Briare, was completed in 1692 and the first boats began circulating the following year. It was 74 kilometres long and had 27 locks. The dividing pound, 19 kilometres long, was fed by a complex system of reservoirs and feeder canals. At first it joined the Loire at Combleux but, in 1921, it was extended towards the city of Orleans by a lateral canal 5 kilometres long.

The canal d'Orléans enabled boats coming up the Loire to avoid the difficult passage between Orleans and Briare situated further upstream. But with the disappearance of navigation on the Loire its usefulness came to an end and it was put out of service in 1954.

The Canal Today. Despite being declassified the canal has been kept in good state over its whole length. The towpath is now a cycle trail and following it, you will see most of the original locks, many with the remains of the old wooden gates. You will also see the pumping stations which enabled the canal to be filled with water from the Loire.

On the Loire side, the locks No. 4 (Pont-aux-Moines) and No. 5 (Donnery) were restored some years ago and more recently, in 2007, the last lock into the Loire at Orleans. On the Seine side, the locks of La Folie, Sainte Catherine, Machot and du May are in service and the canal is theoretically navigable for 12 km but there is no link to the Canal du Loing.

Die Geschichte des Kanals. 1676 erhielt der Holzhändler Robert Mahieux die Genehmigung, für den Transport seines Holzes von Orléans bis Montargis einen kleinen, 28 km langen Kanal auszuheben. Einige Jahre später trat Mahieux seinen Kanal an den Herzog von Orléans ab, der nun einen wesentlich größeren Kanal bauen ließ, eine zweite Verbindung zwischen der Loire und dem Loing-Tal.

Trotz des heftigen Widerstands der Eigentümer des Briare-Kanals wurde dieser neue Kanal 1692 fertiggestellt und bereits ab dem darauffolgenden Jahr befahren. Er war 74 km lang und hatte 27 Schleusen. Das 19 km lange Scheitelbecken wurde von einem komplexen System aus Speisekanälen und Speicherbecken gespeist. Er floss bei Combleux in die Loire, zu Beginn des 20. Jh. wurde er jedoch durch einen 5 km langen Seitenkanal in Richtung Orléans verlängert.

Durch den neuen Kanal konnten die Loire-Schiffe nun den schwierigen Abschnitt zwischen Orléans und der weiter flussaufwärts gelegenen Stadt Briare umgehen. Da aber die Schifffahrt auf der Loire später eingestellt wurde, war er überflüssig geworden und wurde im Jahre 1954 stillgelegt.

Der Kanal heute. Trotz der Stilllegung ist der Kanal auf der gesamten Länge noch recht gut erhalten. Auf dem Treidelpfad, der als Radweg ausgebaut wurde, können Sie noch die meisten ehemaligen Schleusen besichtigen, die sogar oft noch die ursprünglichen Hoztore haben. Zu sehen sind auch noch die Pumpstationen, die die Versorgung des Kanals mit Wasser aus der Loire sicherstellten. Auf der Loire-Seite wurden die Schleusen Nr. 4 (Pont-aux-Moines) und Nr. 5 (Donnery) wieder in Betrieb genommen, ebenso 2007 die letzte Schleuse bei Orléans, die auf die Loire führt.

Auf der Seine-Seite sind die Schleusen La Folie, Sainte-Catherine, Machot und Le May in Betrieb und der Kanal ist theoretisch auf 12 km schiffbar. Leider gibt es aber keine Verbindung mit dem Canal du Loing.

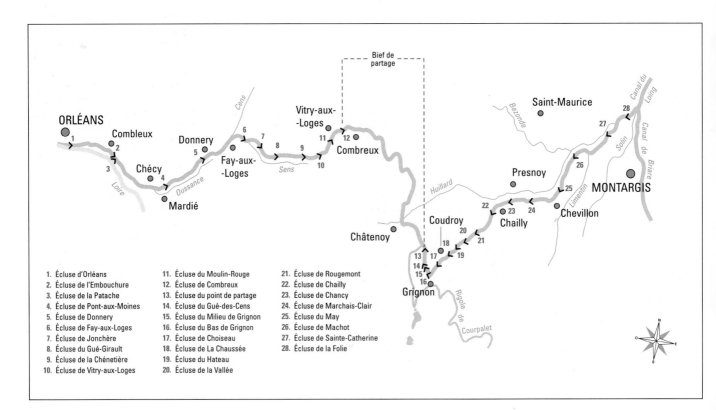

1. Écluse d'Orléans	11. Écluse du Moulin-Rouge	21. Écluse de Rougemont
2. Écluse de l'Embouchure	12. Écluse de Combreux	22. Écluse de Chailly
3. Écluse de la Patache	13. Écluse du point de partage	23. Écluse de Chancy
4. Écluse de Pont-aux-Moines	14. Écluse du Gué-des-Cens	24. Écluse de Marchais-Clair
5. Écluse de Donnery	15. Écluse du Milieu de Grignon	25. Écluse du May
6. Écluse de Fay-aux-Loges	16. Écluse du Bas de Grignon	26. Écluse de Machot
7. Écluse de Jonchère	17. Écluse de Choiseau	27. Écluse de Sainte-Catherine
8. Écluse du Gué-Girault	18. Écluse de La Chaussée	28. Écluse de la Folie
9. Écluse de la Chénetière	19. Écluse du Hateau	
10. Écluse de Vitry-aux-Loges	20. Écluse de la Vallée	

Canal de Briare

Un berrichon dans le port de Briare.

L'histoire du canal de Briare

En 1604, sous le règne d'Henri IV, l'ingénieur Hugues Cosnier entreprit la construction d'un canal pour relier la vallée de la Seine à celle de la Loire. Les travaux, interrompus par l'assassinat du roi en 1610, furent repris par deux entrepreneurs, Guillaume Bouthéroue et Jacques Guyon, en 1639. Financé par des investisseurs privés, le chantier avança rapidement et les premiers bateaux firent le voyage entre Briare et Montargis en 1642.

Près de Rogny, le canal devait quitter la vallée du Loing et franchir un petit plateau marécageux avant de rejoindre la vallée de la Trézée. Le problème d'alimentation fut résolu par la création de plusieurs réservoirs et le canal de Briare devint le tout premier canal à bief de partage en Europe.

Mais ce n'était pas la seule prouesse réussie par le génial Cosnier. Pour sortir de la vallée du Loing, il construisit sept écluses, chacune accolée à la suivante, la première échelle d'écluses en France. Il employa le même système au Moulin Brûlé (4 écluses) et à Chesnoy (3 écluses).

Pendant les 350 ans de son existence, le canal fut modifié plusieurs fois. En 1830, les écluses furent rallongées à 30,40 m et élargies à 5,20 m pour correspondre aux dimensions du nouveau canal latéral à la Loire. En 1881, elles furent allongées à 40 m et en même temps le mouillage augmenté à 2,20 m.

Peu rentable à ses débuts, le canal a vu son trafic et ses revenus augmenter de façon spectaculaire suite à la canalisation du Loing en 1730. Les tarifs étaient calculés en fonction de la valeur des marchandises transportées. Parmi les plus chères : les biens aussi variés que les vinaigres d'Orléans, les ivoires en provenance des colonies et même des cloches pour les églises. Les produits lourds tels que le sable de la Loire, le fer du Berry et les céréales de la vallée de la Loire, étaient moins chers à transporter.

Jusqu'au milieu du XIXᵉ siècle, le halage se faisait à bras d'homme. Pour un voyage « en accéléré », quatre hommes pouvaient tirer un bateau chargé d'un bout du canal à l'autre en seulement quatre jours. Pour un transport « ordinaire », une équipe de deux hommes mettait un jour de plus. Plus tard, on fit appel à la traction animale, des équipages d'ânes pour les petits berrichons et des chevaux pour les plus gros bateaux. Le tracé du canal a été souvent modifié pendant les 360 années de son existence mais de nombreux ouvrages d'origine sont toujours visibles. Pour connaître son histoire et celle de la navigation sur la Loire, nous vous recommandons une visite au musée des Deux Marines à Briare (voir coordonnées page 11).

The History of the Canal de Briare

In 1604 under the reign of Henri IV, the engineer Hugues Cosnier undertook the construction of a canal to link the Loire and the Seine valleys. The works, interrupted by the assassination of the King in 1610, were taken over by two entrepreneurs, Guillaume Bouthéroue and Jacques Guyon in 1639. Now financed by private investors, they went ahead quickly and the first barge made the voyage between Briare and Montargis in 1642. Near Rogny, the plans provided that the canal should climb out of the Loing valley and cross a small marshy plain before joining the valley of the Trézée. Several reservoirs were dug to provide water for this section and the canal de Briare became the very first summit level canal in Europe.

But this was not the only remarkable achievement of the talented Cosnier. To take the canal out of the Loing valley, he built seven locks in a row, each one attached to the next, the first lock flight. He used the same system at the Moulin Brûlé (4 locks) and at Chesnoy (3 locks). During the 350 years of its existence, the canal has been modified several times. In 1830, the locks were lengthened to 30.40 m and widened to 5.20 m to correspond to the dimensions of the new Loire lateral canal. In 1881 they were extended to 40 m and at the same time the depth of the canal was increased to 2.20 m. In its first years, the canal was unprofitable but the traffic and the revenue increased substantially following the canalisation of the Loing river in 1730. The tarifs were calculated according to the value of the goods transported. The most expensive were items as varied as brandies, vinegar from Orléans, ivory from the colonies and even church bells. Heavy products such as sand from the Loire, iron from the Berry and grain from the Loire valley were cheaper to transport.

Up until the middle of the 19th century, boats were hauled by their own crews. For an "accelerated voyage", four men could take a loaded barge from one end of the canal to the other in only four days. For an "ordinary voyage", two men took one day more.

L'échelle du Moulin Brûlé.

Later on animals were used to pull the boats: teams of two donkeys for the little Berrichon barges and teams of horses for the bigger barges.
The bed of the canal has been frequently modified during the 360 years of its existence but many of the original structures can still be seen. To learn its history and that of the navigation on the Loire river, we recommend a visit to the Museum of the Two Marines at Briare (see address page 11)

Geschichte des Canal de Briare

Im Jahre 1604, unter König Heinrich IV., begann der Ingenieur Hugues Cosnier mit dem Bau eines Kanals, der die Loire mit der Seine verbinden sollte. Die Bauarbeiten wurden durch die Ermordung des Königs im Jahre 1610 unterbrochen und von zwei anderen Ingenieuren, Guillaume Bouthéroue und Jacques Guyon, 1639 fortgeführt. Da sie von privaten Investoren finanziert wurden, ging es recht schnell voran und schon 1642 verkehrten die ersten Schiffe zwischen Briare und Montargis.

Die Pläne sahen vor, dass der Kanal beim Ort Rosny das Loing-Tal verließ und eine kleine sumpfige Ebene durchquerte, bevor er wieder das Tal des Flusses Trézée erreichte. Das Problem der Wasserversorgung wurde durch das Ausheben von mehreren Wasserspeicherbecken gelöst und so wurde der Canal de Briare der allererste Kanal in Europa mit einer Scheitelwasserhaltung, d. h. ein Kanal, der über eine Anhöhe hinweggeführt wurde.

Pont-levis sur l'écluse de Briquemault.

Dies war jedoch nicht die einzige technische Errungenschaft des genialen Cosnier. Um den Kanal aus dem Loing-Tal emporzuheben, baute er sieben hintereinanderliegende Schleusen: die erste Schleusentreppe in Frankreich. Dasselbe System wandte er an der Moulin Brûlé mit vier Schleusen und in Chesnoy mit drei Schleusen an.

In den 350 Jahren, die der Kanal nun existiert, wurde er mehrmals umgebaut. 1830 wurden die Schleusen auf 30,40 m verlängert und auf 5,20 m verbreitert, so dass sie mit den Abmessungen des neuen Loire-Seitenkanals übereinstimmten. 1881 wurden sie auf 40 m verlängert und gleichzeitig wurde der Tiefgang auf 2,20 m erhöht. War der Kanal anfangs auch noch nicht sehr rentabel, so schnellte mit der Kanalisierung des Flusses Loing im Jahre 1730 sein Verkehrsaufkommen und damit auch die Einnahmen sprunghaft in die Höhe. Die Gebühren wurden nach dem Wert der verschifften Waren berechnet. Am teuersten waren: ganz unterschiedliche Güter wie Essig aus Orléans, Elfenbein aus den Kolonien und sogar Kirchenglocken. Preisgünstiger war der Transport schwergewichtiger Ware wie Sand aus der Loire, Eisen aus dem Berry und Getreide aus dem Loire-Tal.

Bis in die Mitte des 19. Jh. wurden die Schiffe noch von Menschenhand getreidelt. Für einen »Schnelltransport« benötigte man vier Männer, die das Schiff von einem Ende des Kanals bis zum anderen in nur vier Tagen zogen. Für einen »normalen« Transport brauchte ein Team von zwei Männern einen Tag länger. Später verwendete man Tiere zum Treideln: Esel für die kleinen »Berrichons«-Schiffe und Pferde für die größeren. In den 360 Jahren seines Bestehens wurde der Verlauf des Kanals oft abgeändert, aber zahlreiche Original-Wasserbauwerke sind noch zu sehen. Wenn Sie mehr über die Geschichte des Kanals und der Loire-Schifffahrt wissen möchten, empfehlen wir Ihnen einen Besuch im »Musée des Deux Marines« in Briare (Anschrift etc. siehe S. 11).

À partir de l'écluse de Buges, vous êtes sur le canal de Briare. À la différence du canal du Loing, qui suit la vallée du Loing sur l'ensemble de son parcours, ce canal est un canal à bief de partage, liaison fluviale entre la vallée de la Seine et celle de la Loire. Sur le versant Seine, 24 écluses rachètent une différence de 85 m et sur le versant Loire, 12 écluses rachètent une différence de 41 m.

Les écluses. Entre Buges et Rogny, à l'exception de l'échelle de Montcresson, les écluses sont manuelles et un éclusier est présent. Entre Rogny et Briare, elles sont automatiques et fonctionnent en chaîne. Les chaînes sont les suivantes :

PC Rogny : écluses n° 13 - 18	
PC Gazonne : écluses n° 8 - 12	
PC Cognardière : écluses n° 2 - 7	

Pour les écluses automatiques, le responsable de la chaîne, prévenu par l'éclusier précédent ou par vous-même, prépare l'écluse à partir de son poste de contrôle.

• Lorsque vous êtes dans l'écluse et que votre bateau est amarré, soulevez la tirette verte une seule fois. Ce geste va déclencher le sassement et prévenir l'écluse suivante qui va se préparer pour vous ;

• les portes se ferment automatiquement et le cycle commence. Un feu clignotant situé sur la porte indique que celle-ci est en mouvement ;

• en fin de cycle, une fois que les portes sont complètement ouvertes, sortez sans tarder.

• En cas d'accident en cours de cycle (et seulement dans ce cas), actionnez la tirette rouge en la soulevant. Un interphone est à votre disposition sur l'écluse.

• Il n'y a pas de détecteurs sur la berge mais des petites cellules placées sur les têtes des écluses qui servent au comptage et non à la détection. Ainsi, il est inutile de placer le nez de votre bateau tout près de la porte en espérant que celle-ci va s'ouvrir.

• Si votre bateau est petit, ralentissez en passant devant ces cellules pour être sûr d'être détecté. L'écluse doit laisser sortir le même nombre de bateaux qu'elle a comptés à l'entrée.

• Si vous décidez de faire escale au milieu d'une chaîne automatisée, il est important d'aviser le responsable du PC afin qu'il annule la préparation de l'écluse suivante. Lorsque vous quittez votre escale, avancez à la prochaine écluse et appelez le poste de contrôle. Même si l'écluse est prête, elle est peut-être préparée pour un autre bateau derrière vous. Dans ce cas, vous serez autorisé à entrer dans l'écluse et à attendre l'autre bateau.

After you go through the Buges lock, you are on the canal de Briare. Unlike the canal du Loing, which follows a river valley for the whole of its length, this is a watershed canal linking the valley of the Seine to that of the Loire. On the Seine side, 24 locks make up for a difference in height of 85 m and on the Loire side, 12 locks make up for a difference of 41 m.

The Locks. *Between the towns of Buges and Rogny, except for the Montcresson staircase, the locks are manual and a lock keeper is present. Between Rogny and Briare they are automatic and operate in a series of chains. The chains are as follows:*

CP Rogny: Locks No. 13 - 18	
CP Gazonne: Locks No. 8 - 12	
CP Cognardière: Locks No. 2 - 7	

For the automatic locks, the agent in charge of the chain, warned by the previous lock-keeper, or by yourself, prepares the lock from his control cabin.

• *When you are in the lock and your boat is moored, lift up the green knob only once. This will commence the locking procedure and warn the next lock which will begin to prepare for your arrival;*

• *The doors close automatically and the cycle commences. A flashing orange light on the lock gate indicates that it is moving;*

• *At the end of the cycle, once the gates are fully open, go out of the lock immediately.*

• *If an accident occurs (and only in that event), lift up the red emergency button. An emergency telephone number is posted on the lock.*

• *Here there are no radar detectors on the bank but small electronic cells placed at each end of the locks which serve as counters, not as detectors. So it is no use placing the bow of your boat up against the lock gate in the hope that this will set the lock in motion.*

• *If your boat is small, slow down as you pass by the electronic cells to be sure that you will be detected. The lock must let out the same number of boats that it let in.*

• *If you decide to stop in the middle of a chain of locks it is important to advise the person in charge of the control station of your intentions so that he can cancel the preparation of the next lock. When you next set out again, go to the first lock and call the control station. Even if the lock is ready, it has probably not been prepared for you but for another boat behind you. In this case, if there is enough room, you will be authorised to go into the lock to wait for the other craft.*

Von der Schleuse Buges an befinden Sie sich auf dem Canal de Briare. Im Gegensatz zum Canal du Loing, der auf seinem gesamten Parcours im Loing-Tal verläuft, ist der Canal de Briare ein Kanal mit Scheitelwasserhaltung. Auf der zur Seine abfallenden Seite gleichen 24 Schleusen einen Höhenunterschied von 85 m aus, auf der zur Loire abfallenden Seite sind es 12 Schleusen für 41 m.

Die Schleusen. Zwischen Buges und Rogny sind alle Schleusen mit Ausnahme der Schleusentreppe von Montcresson handbetrieben und haben einen Schleusenwärter. Zwischen Rogny und Briare sind sie automatisch und als Kette geschaltet:

KP Rogny: Schleusen Nr. 13 bis 18	
KP Gazonne: Schleusen Nr. 8 bis 12	
KP Cognardière: Schleusen Nr. 2 bis 7	

Bei Automatikbetrieb wird der Verantwortliche der Schleusenkette vom vorhergehenden Schleusenwärter oder von Ihnen selbst verständigt und bereitet daraufhin von seinem Kontrollposten aus die Schleuse vor.

• Wenn Sie sich in der Schleuse befinden und Ihr Boot angelegt ist, den grünen Knopf hochziehen (nur einmal ziehen). Dadurch wird die Schleusung ausgelöst und gleichzeitig die nächste Schleuse von Ihrer baldigen Ankunft verständigt und vorbereitet.

• Die Tore schließen automatisch und der Zyklus beginnt. Ein blinkendes Licht auf einem Tor bedeutet, dass dieses in Bewegung ist.

• Fahren Sie am Ende des Zyklus, sobald die Tore vollständig geöffnet sind, unverzüglich hinaus.

• Bei Fehlmanöver oder Zwischenfall im Zyklusablauf (und nur in diesem Falle) betätigen Sie den roten Knopf. An der Schleuse finden Sie eine Not-Sprechanlage.

• Es gibt hier keine Detektoren am Ufer, sondern kleine Zellen oben auf den Schleusen, die aber nur zum Zählen dienen. Deshalb nützt es auch nichts, wenn Sie Ihren Bug ganz dicht vor das Tor platzieren, in der Hoffnung, dass sich öffnet.

• Wenn Ihr Boot eher klein ist, fahren Sie langsam an den Fotozellen vorbei, um sicher zu sein, dass Sie auch registriert werden. Die Schleuse muss dieselbe Anzahl Boote ausfahren lassen wie eingefahren sind.

• Wenn Sie beschließen, mitten in einer automatischen Schleusenkette anzuhalten, müssen Sie dies dem Verantwortlichen am KP mitteilen, damit er die Vorbereitung der nächsten Schleuse rückgängig machen lässt. Wenn Sie Ihre Fahrt wieder aufnehmen, fahren Sie bis zur nächsten Schleuse vor und rufen den Kontrollposten an. Auch wenn die Schleuse bereit ist, wurde sie vielleicht für ein anderes Boot hinter Ihnen vorbereitet. In diesem Falle wird man Sie einfahren und auf das andere Boot warten lassen.

Montargis.

Les ports. Vous trouverez des haltes nautiques, bien équipées et à des tarifs très raisonnables, tout le long du canal. Des accostages de longue durée sont disponibles dans les ports de Châtillon-Coligny, Rogny et Briare.

Cepoy. À l'écluse de Buges, vous apercevrez, sur la rive gauche, le premier bief de l'ancien canal d'Orléans. Deux monuments visibles du canal rappellent l'importance de ce carrefour fluvial : un beau château du XVIIIᵉ siècle bâti pour Nicolas Cadot, directeur général des canaux d'Orléans et du Loing et un deuxième, partiellement caché par des arbres, qui était la résidence du receveur général des mêmes canaux.

L'écluse de Buges (n° 36) est automatisée et fonctionne sans la présence d'un éclusier. Pour son fonctionnement, référez-vous à la page 12.

Montargis. Deux petites rivières, le Puiseaux et le Vernisson, se retrouvent à Montargis avant de se jeter ensemble dans le Loing. Pendant des siècles, leurs eaux ont été déviées pour créer les fosses de protection de la ville et pour alimenter ses moulins. Tous ces canaux et rigoles existent encore aujourd'hui et font la renommée de cette belle ville parfois appelée « la petite Venise du Gâtinais ».

Montargis, écluse de la Reinette.

Pour les franchir ainsi que le cours du Loing lui-même, les ingénieurs des Ponts et Chaussées ont employé tout leur talent. En vous promenant dans les rues de la vieille ville, vous verrez de très vieux ponts, tel que le bien nommé pont Neuf qui relie la rue de la Poterne à la place des Halles. D'autres ouvrages plus récents datent du milieu du XIXᵉ siècle, période faste des bâtisseurs de ponts en France. Le pont du moulin de la Pêcherie, soutenait les murs de l'un des moulins à tan qui contribuait à l'économie de la ville.

Un ouvrage plus récent est la passerelle métallique Victor-Hugo, conçue par la société Eiffel en 1891. Son esprit est perpétré par deux structures modernes, la passerelle de l'Horloge et la passerelle Saint-Nicolas. Leurs formes légères et rambardes de verre profitent des dernières techniques de construction.

L'office du tourisme de Montargis a préparé un itinéraire qui vous permettra de découvrir chacun de ces ponts, et, en même temps, tous les plus beaux quartiers de la vieille ville.

Montargis sait également recevoir les amateurs de plaisirs gourmands : le poulet du Gâtinais ou les pralines sont de ces spécialités que l'on déguste sur place et dont on fait provision avant de poursuivre sa route.

→ page 24

Canal de Briare, bief de la Reinette.

Canal Ports. You will find well equipped moorings at very reasonable rates all along the canal. For a long stay, we recommend the ports of Châtillon-Coligny, Rogny and Briare.

Cepoy. At the Buges lock you will see, on the left bank, the first pound of the old canal d'Orléans. Two châteaux visible from the canal, remind us of the importance of this waterways crossroads: an elegant 18th century edifice built for Nicholas Cadot, General Manager of the canals of Orléans and of the Loing and a second, partially hidden behind trees, which was the residence of the head collector of taxes for the same canals.

The Buges Lock (No. 36), is automatic and you will go through without the help of a lock-keeper. For operating instructions, see page 12.

Montargis. Two little rivers, the Puiseaux and the Vernisson, join together at Montargis before flowing into the Loing. For centuries, their waters have been diverted to create the towns defensive moats and to supply its water mills. All these little canals and rivulets exist today and contribute to the reputation of Montargis as the "little Venice of the Gâtinais".

To cross them and, at the same time, the Loing itself, the waterways engineers over the years have employed all their talent. Strolling along the streets of the old town, you will see very old bridges such as the well named Pont Neuf which links the rue de la Poterne to the Place des Halles (market place). Other more recent structures date back to the middle of the 19th century, one of the greatest eras for French bridge builders. The bridge of the Fishery Mill, supported the walls of one of the tanning mills which contributed to the economy of the city. A more recent structure is the metal footbridge dedicated to Victor Hugo and built by the Eiffel construction company in 1891. Its spirit has been perpetrated by two modern structures, the footbridge of the Horloge and the Saint-Nicolas footbridge. Their elegant lines and transparent guard rails take advantage of the latest construction techniques.

The Montargis tourist office has prepared an itinerary which will enable you to discover each of these bridges and, at the same time, all the most attractive quarters of the old town.

Montargis also welcomes those interested in good food: Gâtinais chicken or praline chocolates are some of the specialities which you can taste and then stock up on before continuing your journey.

→ page 24

Die Häfen. An der gesamten Kanalstrecke finden Sie gut ausgestattete Liegeplätze zu sehr vernünftigen Preisen. In den Häfen von Châtillon-Coligny, Rogny und Briare können Sie auch länger liegen.

Cepoy. An der Schleuse von Buges sehen Sie am linken Ufer den ersten Kanalabschnitt des ehemaligen Canal d'Orléans. An die Bedeutung dieser Wasserstraßenkreuzung erinnern ein schönes Schloss aus dem 18. Jh., das für Nicolas Cadot, den Generaldirektor des Canal d'Orléans und des Canal du Loing erbaut wurde, und ein zweites, versteckt hinter Bäumen: der Wohnsitz des General-Steuereinnehmers der beiden Kanäle.

Die Schleuse Buges, Nr. 36 funktioniert automatisch und ohne Schleusenwärter. Funktionsweise siehe Seite 12.

Montargis. Zwei Flüsschen, Puiseaux und Vernisson, fließen in Montargis zusammen und münden dann gemeinsam in den Loing. Jahrhundertelang wurde ihr Wasser umgeleitet, um Schutzgräben für die Stadt zu schaffen und den Mühlen Wasser zuzuführen. All diese kleineren und größeren Kanäle existieren noch heute und tragen zum Renommee dieser schönen Stadt bei, die auch als das »kleine Venedig des Gâtinais« bezeichnet wird.

Zur Überquerung der Kanäle und des Flusses haben sich die Wasserbau-Ingenieure unendlich viel einfallen lassen. Bei einem Spaziergang durch die Altstadt erblicken Sie zahlreiche sehr alte Brücken wie zum Beispiel den Pont Neuf – sehr passender Name –, der die Rue de la Poterne mit der Place des Halles verbindet. Neuere Bauwerke stammen aus der Mitte des 19. Jh., der Blütezeit der Brückenbauer in Frankreich. Die Brücke »Pont du Moulin de la Pêcherie« stützte die Wände einer der Gerbermühlen ab, die zum Wirtschaftsleben der Stadt gehörten. Zu den neueren Bauwerken zählt die Fußgängerbrücke aus Metall, die Passerelle Victor-Hugo, die 1891 von der Firma Eiffel entworfen wurde. Im gleichen Stil gibt es noch zwei weitere: die Passerelle de l'Horloge und die Passerelle Saint-Nicolas. Ihre eleganten Formen und die Seitenbegrenzungen aus Glas entstanden dank neuester Bautechniken.

Montargis, port de commerce.

Das Verkehrsamt von Montargis hat einen Rundgang erstellt, auf dem Sie jede dieser Brücken und gleichzeitig die schönsten Viertel der Altstadt besichtigen können.

Montargis ist aber auch den Feinschmeckern ein Begriff: Brathähnchen *(poulet du Gâtinais)* und Zuckerwerk *(pralines)* sind Spezialitäten, die Sie unbedingt an Ort und Stelle probieren und von denen Sie dann einen entsprechenden Proviant mitnehmen sollten.

→ Seite 24

Canal de Briare

Une halte nautique est située en amont de l'écluse de la Marolle. Aux mois de juin, juillet et août un responsable est présent tous les soirs de 17 heures à 18 h 30. En dehors de ces heures et hors saison vous pouvez l'appeler au numéro ci-dessous pour faire ouvrir les bornes d'eau et d'électricité. Prix d'accostage : environ 6 € par nuit, tous services compris.

Office du tourisme : 02 38 98 00 87

Capitainerie : 06 70 03 38 44 / 02 38 95 10 13

▲ Le musée Girodet • Le musée des Tanneurs
✳ Marché : mercredi matin et samedi
✳ Restaurant du Château : 02 38 85 08 03 (7/7)
✳ L'Orangerie : 02 38 93 33 83
✳ Les Dominicaines : 02 38 98 10 22
✳ Le Coche de Briare : 02 38 85 30 75

Moorings are situated above the Marolle lock. The months of June, July and August the person responsible is present each evening from 5 p.m. to 6.30 p.m. Outside these hours and out of season you can call him at the number mentioned below to have the water and electricity points unlocked. Mooring fees are about 6 € per night, all services included.

Tourist office: 02 38 98 00 87

Port office: 06 70 03 38 44 / 02 38 95 10 13

▲ *The Girodet museum • The Musée des Tanneurs*
✳ *Market on Wednesday morning and Saturday*
✳ *Restaurant du Château: 02 38 85 08 03 (7/7)*
✳ *L'Orangerie: 02 38 93 33 83*
✳ *Les Dominicaines: 02 38 98 10 22*
✳ *Le Coche de Briare: 02 38 85 30 75*

Eine Anlegestelle befindet sich oberhalb der Schleuse von Marolle. Im Juni, Juli und August ist ein Verantwortlicher jeden Abend von 17 bis 18.30 Uhr anwesend. Außerhalb dieser Zeiten und in der Nebensaison können Sie ihn telefonisch erreichen, damit er Ihnen den Strom- und Wasseranschluss öffnet. Gebühren etwa 6 € pro Nacht, alles inklusive.

Verkehrsamt: 02 38 98 00 87

Hafenmeisterei: 06 70 03 38 44 / 02 38 95 10 13

▲ Museum Girodet • Gerbermuseum
✳ Markt: mittwochs morgens und samstags
✳ Restaurant du Château: 02 38 85 08 03
✳ L'Orangerie: 02 38 93 33 83
✳ Les Dominicaines: 02 38 98 10 22
✳ Le Coche de Briare: 02 38 85 30 75

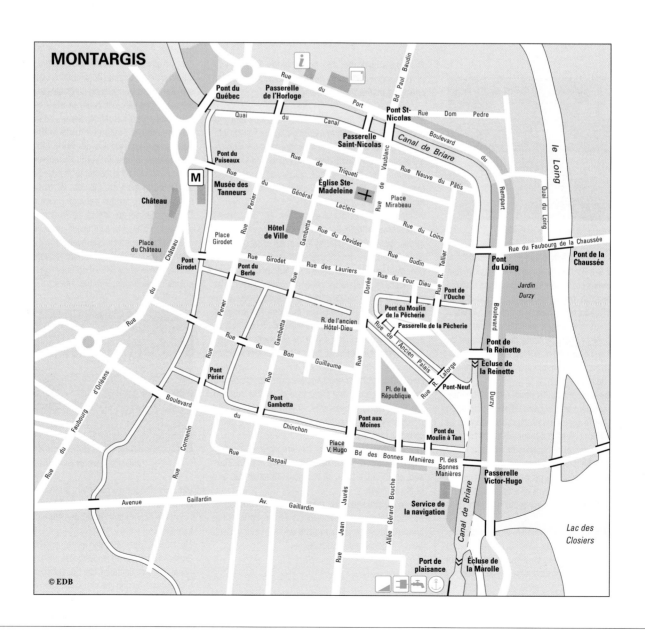

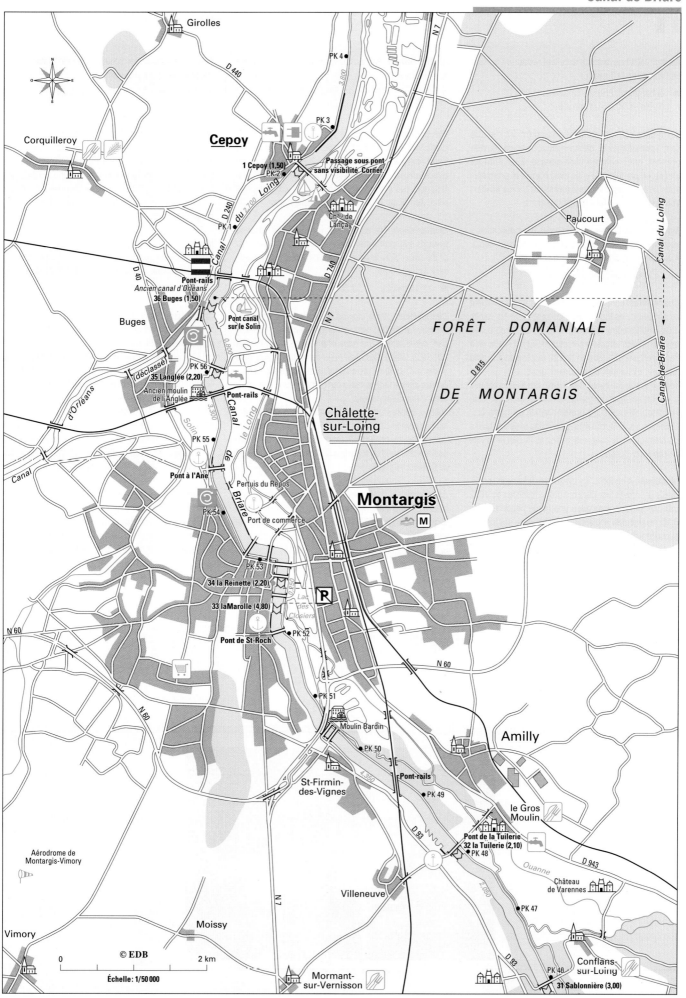

Girolles

PK 4

Corquilleroy

Cepoy

PK 3

1 Cepoy (1,50)
PK 2

Passage sous pont
sans visibilité. Corner.

Château de Lançay

PK 1

Paucourt

Pont-rails
Ancien canal d'Orléans
36 Buges (1,50)

Buges

Pont canal
sur le Solin

FORÊT DOMANIALE

DE MONTARGIS

(déclassé)
PK 56
35 Langlée (2,20)

Ancien moulin
de l'Anglée

Pont-rails

PK 55

Châlette-
sur-Loing

Pont à l'Ane

Pertuis du Repos

PK 54

Montargis

M

Port de commerce

PK 53

34 la Reinette (2,20)

33 laMarolle (4,80)

R

Lac
des
Closiers

PK 52

Pont de St-Roch

N 60

N 60

PK 51

Moulin Bardin

Amilly

PK 50

St-Firmin-
des-Vignes

Pont-rails

PK 49

le Gros
Moulin

Aérodrome de
Montargis-Vimory

Pont de la Tuilerie
32 la Tuilerie (2,10)
PK 48

Château
de Varennes

Villeneuve

PK 47

Vimory

Moissy

© EDB

0   2 km

Échelle: 1/50 000

Mormant-
sur-Vernisson

Conflans-
sur-Loing

PK 46

31 Sablonnière (3,00)

25

Amilly. Vous trouverez un excellent restaurant en face de l'écluse de la Tuilerie.

✳ Auberge de l'Écluse : 02 38 85 44 24
(F. dim. soir, lun. et jeu. soir)

Les quatre écluses de Montcresson (n° 27 - n° 30) sont automatiques et, même si un éclusier est souvent présent, elles sont en libre-service. Elles sont en chaîne et une fois que vous avez franchi la première, vous devez passer les trois autres sans vous arrêter. Voir page 22 pour leur fonctionnement.

Montcresson. Les jardins d'Angulus Ridet descendent vers une pièce d'eau qui est un reste de l'ancien canal. À voir aussi un beau lavoir très bien restauré.

✳ La Madeleine : 02 38 90 00 39

Chenevières. En creusant les premiers tracés du canal au XVIIe siècle, les ingénieurs sont tombés sur les ruines d'un amphithéâtre romain (PK 36,2). De nombreuses fouilles ont été effectuées depuis et, au XIXe siècle on a découvert une statuette en bronze représentant le dieu Mercure. Elle a malheureusement disparu.
Tout près, entre le canal et la rivière, des fouilles ont mis à jour les vestiges d'un sanctuaire de source. Elle date vraisemblablement du premier siècle de notre ère. Malheureusement, elle n'est pas visible mais des objets trouvés sur le site sont rassemblés au musée de la ville de Châtillon-Coligny.

Montbouy. À l'origine, il y avait deux écluses ici, séparées par un petit lac. Elles ont été remplacées en 1892 par une seule écluse avec une chute importante de 5,10 m. Une des anciennes écluses, sans ses portes, subsiste encore.

✳ La Terrasse : 02 38 97 53 64

Amilly. You will find an excellent restaurant opposite the Tuilerie lock.

✳ Auberge de l'Écluse: 02 38 85 44 24
(C. Sun. eve., Mon. and Thur. eve.)

The four Montcresson locks (No. 27 - No. 30) are automatic and, even if a lock-keeper is often present, you must operate them yourselves. They are in a chain which means that once you have gone through the first one, you must continue to the last without stopping. See page 22 for operating instructions.

Montcresson. The gardens of Angelus Ridet descend towards a strip of water which is in fact the old course of the canal. Also to be seen, an attractive wash house very well restored.

✳ La Madeleine: 02 38 90 00 39

Chenevières. While digging the very first sections of the canal at the beginning of the 17th century, the engineers came across the ruins of a Roman amphitheatre (PK 36,2). Many digs have been carried out since and, in the 19th century, the archeologists discovered a little bronze statue representing the god Mercury. Unfortunately it has disappeared.
Nearby, between the canal and the river, further explorations revealed a spring sanctuary. It most likely dates back to the 1st century AD. Unfortunately, it is not visible but objects found on the site can be seen in the museum at Châtillon-Coligny.

Montbouy. Originally there were two locks here separated by a little lake. They were replaced in 1892 by one lock with a height of 5.10 m. One of the old locks without its gates can still be seen today.

✳ La Terrasse: 02 38 97 53 64

Amilly. Gegenüber der Schleuse Tuilerie finden Sie ein ausgezeichnetes Restaurant.

✳ Auberge de l'Écluse: 02 38 85 44 24
(G. sonn. ab., mon., donn. ab.)

Die vier Schleusen von Montcresson (Nr. 27 - 30) sind automatisch. Wenn auch oft ein Schleusenwärter anwesend ist, müssen Sie doch allein schleusen. Sie sind als Schleusenkette geschaltet, d. h. wenn Sie die erste Schleuse passiert haben, müssen Sie auch die drei anderen direkt anschließend passieren. Siehe Anleitungen Seite 22.

Montcresson. Der Park Angelus Ridet führt zum Wasser hinunter, einem Überrest des alten Kanals. Sehenswert ist auch das schöne, sehr gut restaurierte Waschhaus.

✳ La Madeleine: 02 38 90 00 39

Chenevières. Beim Ausheben der ersten Kanalabschnitte im 17. Jh. sind die Ingenieure auf die Ruinen eines römischen Amphitheaters gestoßen (PK 36,2). Seitdem wurden viele weitere Ausgrabungen unternommen und im 19. Jh. fand man eine Bronzestatue, die den Gott Merkur darstellte. Leider ist sie verschwunden.
Ganz in der Nähe, zwischen Kanal und Fluss, wurden bei Grabungen die Überreste eines Quellen-Heiligtums entdeckt, das wahrscheinlich aus dem ersten Jahrhundert unserer Zeitrechnung stammt. Es ist leider nicht zu besichtigen, aber andere Fundobjekte von hier sind im Stadtmuseum von Châtillon-Coligny ausgestellt.

Montbouy. Ursprünglich gab es in Montbuoy zwei, durch einen kleinen See getrennte Schleusen. 1892 wurden sie durch eine einzige Schleuse mit einem beeindruckenden Fall von 5,10 m ersetzt. Eine der alten Schleusen, ohne die Schleusentore, ist heute noch zu sehen.

✳ La Terrasse: 02 38 97 53 64

Montbouy, bief de Montambert.

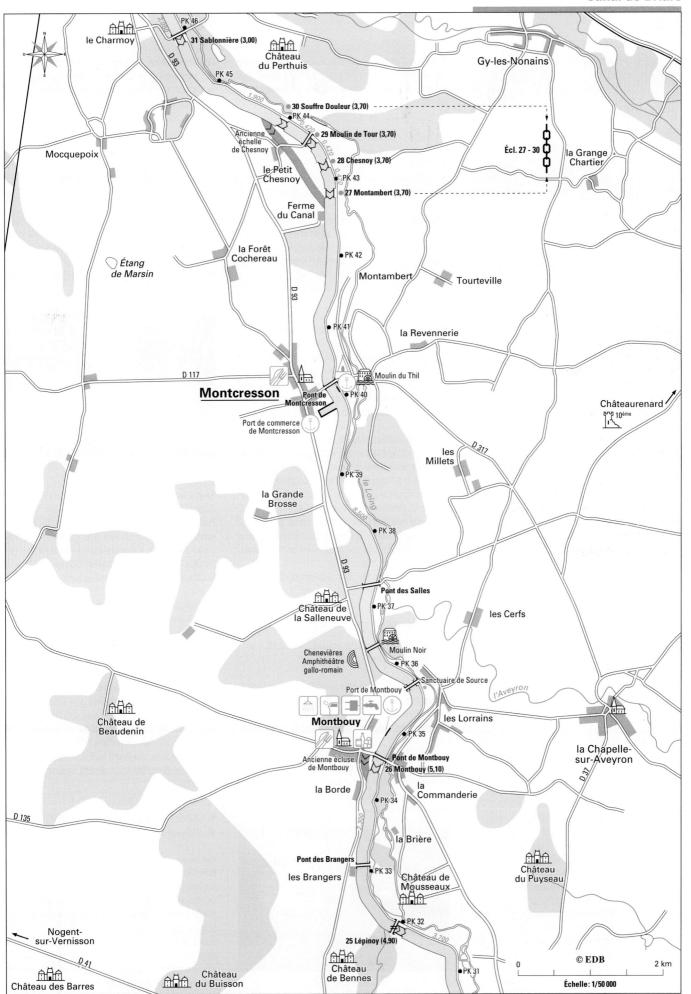

le Charmoy

PK 46

31 Sablonnière (3,00)

Château
du Perthuis

Gy-les-Nonains

PK 45

Mocquepoix

30 Souffre Douleur (3,70)

PK 44

Ancienne
échelle
de Chesnoy

29 Moulin de Tour (3,70)

la Grange
Chartier

Écl. 27 - 30

le Petit
Chesnoy

28 Chesnoy (3,70)

PK 43

Ferme
du Canal

27 Montambert (3,70)

la Forêt
Cochereau

Étang
de Marsin

PK 42

Montambert

Tourteville

la Revennerie

D 117

Moulin du Thil

Châteaurenard

Montcresson

PK 40

10ème

Pont de
Montcresson

Port de commerce
de Montcresson

les
Millets

D 317

PK 39

le Loing

la Grande
Brosse

PK 38

D 93

Pont des Salles

Château de
la Salleneuve

PK 37

les Cerfs

Moulin Noir

Chenevières
Amphithéâtre
gallo-romain

PK 36

Sanctuaire de Source

l'Aveyron

Port de Montbouy

Château de
Beaudenin

les Lorrains

Montbouy

PK 35

la Chapelle-
sur-Aveyron

Ancienne écluse
de Montbouy

Pont de Montbouy

D 37

26 Montbouy (5,10)

la Borde

la Commanderie

PK 34

la Brière

Pont des Brangers

Château
du Puyseau

PK 33

les Brangers

Château de
Mousseaux

Nogent-
sur-Vernisson

PK 32

D 41

25 Lépinoy (4,90)

Château des Barres

Château
du Buisson

Château
de Bennes

PK 31

0   2 km

© EDB

Échelle: 1/50 000

27

Châtillon-Coligny.

Châtillon-Coligny. Un superbe château se dressait là, mais la Révolution ne l'a pas épargné et il ne nous reste plus à admirer que le donjon et trois terrasses monumentales.

Office du tourisme : 02 38 96 02 33

▲ Grenier à sel • Musée archéologique dans l'hôtel-Dieu (xvᵉ siècle)
✱ Marché le vendredi matin
✳ Le Coligny (une très bonne table) : 02 38 92 56 42
✳ Auberge du Cheval Rouge : 02 38 95 55 90 (7/7)

Dammarie-sur-Loing. À côté du canal vous verrez les vestiges de l'échelle de quatre écluses du Moulin Brûlé ainsi que ceux d'un four à chaux datant du xviiᵉ siècle. Une halte est aménagée pour vous permettre de visiter le site à pied.
Un éclusier itinérant gère les trois écluses de Dammarie.

Rogny-les-Sept-Écluses. Ici le canal quitte définitivement la vallée du Loing et grimpe vers son point culminant, avant de commencer sa descente vers la Loire. Deux points d'accostage sont disponibles. Le premier, l'ancien quai de commerce, se trouve en face de l'auberge du Colombier et le deuxième, un nouveau port de plaisance, est aménagé dans un bras du Loing. L'échelle de sept écluses, qui fait partie du canal d'origine, est visible à votre gauche en montant vers le bief de partage. Ces écluses, qui faisaient au début 27 m de long, ont été rallongées à 32 m dans les années 1830 pour être définitivement remplacées, à la fin du xixᵉ siècle, par six écluses séparées de 38 m.
Très largement restauré en 2007, l'ouvrage mérite bien une visite à pied. En haut de l'échelle, vous verrez la maison de l'ingénieur et le tracé du vieux canal qui retrouve le nouveau canal au niveau du pont de Rondeau.
Chaque année, à la fin du mois de juillet, un feu d'artifice fait hommage à cet ouvrage extraordinaire de l'ingénieur Cosnier.

Syndicat d'initiative : 03 86 74 57 66

✳ Auberge des Sept Écluses : 03 86 74 52 90 (7/7)
✳ Auberge du Canal : 03 86 74 52 63

De Rogny, vous pourrez aller visiter le magnifique **château de la Bussière** qui se dresse au milieu d'un étang ordonnancé par Le Nôtre. Si la distance (10 km) vous paraît trop longue pour la parcourir à vélo, n'hésitez pas à prendre un taxi, la visite en vaut la peine.
Outre l'intérêt du bâtiment et de son mobilier, le château abrite ce que l'on pourrait appeler une « collection de collections » : pêche à la ligne, voitures anciennes, gravures anglaises, faïences ou encore, cuir de Cordoue.

Châtillon-Coligny. A superb château used to stand here, but the revolution did not spare it and now all that is left for us to admire is the dungeon and three monumental terraces.

Tourist office: 02 38 96 02 33

▲ Salt loft • Archaeological museum in the 15th century hospital
✱ Market on Friday morning
✳ Le Coligny, excellent cuisine: 02 38 92 56 42
✳ Auberge du Cheval Rouge: 02 38 95 55 90 (7/7)

Dammarie-sur-Loing. Beside the canal you will see the remains of the flight of four locks of the Moulin Brûlé dating back to the 17th century as well as a chalk oven dating from the same era. Moorings have been installed so that you can visit the site on foot.
An itinerant lock-keeper looks after the three Dammarie locks.

Rogny-les-Sept-Écluses. Here the canal finally leaves the valley of the Loing, climbing up towards its highest point before commencing the descent towards the Loire. Two moorings are available. The first, the old commercial port, is situated conveniently opposite the Auberge du Colombier and the second, a new boat harbour, can be found in one of the two arms of the Loing leading into the canal.
The staircase of seven locks, part of the original canal, is visible on your left as you make your way up to the dividing pound. These locks, originally 27 m long, were extended to 32 m in the 1830's then finally replaced by six separate 38 m locks at the end of the 19th century. Completely restored in 2007, the structure is well worth visiting by foot. At the top of the staircase, you will see the engineer's house and the remains of the old canal which rejoins the new one at the level of the Rondeau bridge.
Each year at the end of July, a fireworks display celebrates the extraordinary achievement of the engineer Cosnier.

Tourist Office: 03 86 74 57 66

✳ Auberge des Sept Écluses: 03 86 74 52 90 (7/7)
✳ Auberge du Canal: 03 86 74 52 63

From Rogny you can visit the magnificent **château of la Bussière** which stands in the middle of a lake designed by Le Nôtre. If the distance (10 km) seems too far to cover by bike, why not take a taxi as the visit is well worthwhile.
In addition to the interesting features of the building and its furniture, the château houses what could be described as a "collection of collections", including fishing articles, veteran cars, English etchings, ceramics and even Cordoue leather.

Rogny-les-Sept-Écluses.

Châtillon-Coligny. Einst stand hier ein herrliches Schloss, das jedoch der französischen Revolution zum Opfer fiel. Heute sind nur noch der Burgturm und drei monumentale Terrassen zu bewundern.

Verkehrsamt: 02 38 96 02 33

▲ Salzspeicher • Archäologisches Museum im Krankenhaus aus dem 15. Jh.
✱ Markt: freitags morgens
✳ Le Coligny, sehr gute Küche: 02 38 92 56 42
✳ Auberge du Cheval Rouge: 02 38 95 55 90

Dammarie-sur-Loing. Am Kanal erblicken Sie die Überreste der vierstufigen Schleusentreppe Moulin Brûlé sowie einen Kalkofen aus dem 17. Jh. Eine Anlegestelle wurde eingerichtet, damit Sie den Ort zu Fuß besichtigen können. Ein »pendelnder« Schleusenwärter betreut die drei Schleusen von Dammarie.

L'échelle de Rogny.

Rogny-les-Sept-Écluses. Hier verlässt der Kanal endgültig das Loing-Tal. Er steigt nun bis zum höchsten Punkt, bis zur Scheitelwasserhaltung an, und fällt dann wieder zur Loire hin ab. Hier haben Sie zwei Anlegestellen: die erste – das ehemalige Handelskai – gegenüber der Auberge du Colombier; die zweite, ein neuer Freizeithafen, wurde in einem Flussarm auf dem Loing eingerichtet.
Die siebenstufige Schleusentreppe, die zum ursprünglichen Kanal gehört, erblicken Sie zu Ihrer Linken, wenn Sie zur Scheitelwasserhaltung hinauffahren. Diese Schleusen waren anfangs 27 m lang und wurden etwa um 1830 auf 32 m verlängert, bevor sie am Ende des 19. Jh. durch sechs getrennte Schleusen von 38 m Länge ersetzt wurden. Dieses Wasserbauwerk wurde 2007 vollkommen restauriert und lohnt eine Besichtigung zu Fuß. Von oben sehen Sie das Haus des Ingenieurs und den Verlauf des alten Kanals, der auf der Höhe des Pont du Rondeau auf den neuen Kanal trifft.
Jedes Jahr Ende Juli findet zu Ehren dieses außergewöhnlichen Bauwerks von Ingenieur Cosnier ein Feuerwerk statt.

Verkehrsamt: 03 86 74 57 66

✳ Auberge des Sept Écluses: 03 86 74 52 90
✳ Auberge du Canal: 03 86 74 52 63

Von Rogny aus können Sie das herrliche **Château de la Bussière** besichtigen, das inmitten eines Teiches liegt. Die Anlage wurde nach Angaben des berühmten Gartenarchitekten Le Nôtre gestaltet. Wenn Ihnen die 10 km bis dorthin per Rad zu weit erscheinen, nehmen Sie ein Taxi, denn der Besuch lohnt sich auf jeden Fall.
Neben dem bemerkenswerten Gebäude und Mobiliar birgt das Schloss zahlreiche Ausstellungen: Angler-Museum, Oldtimer-Museum, englische Stiche, Fayencen und Lederwaren aus Cordoba.

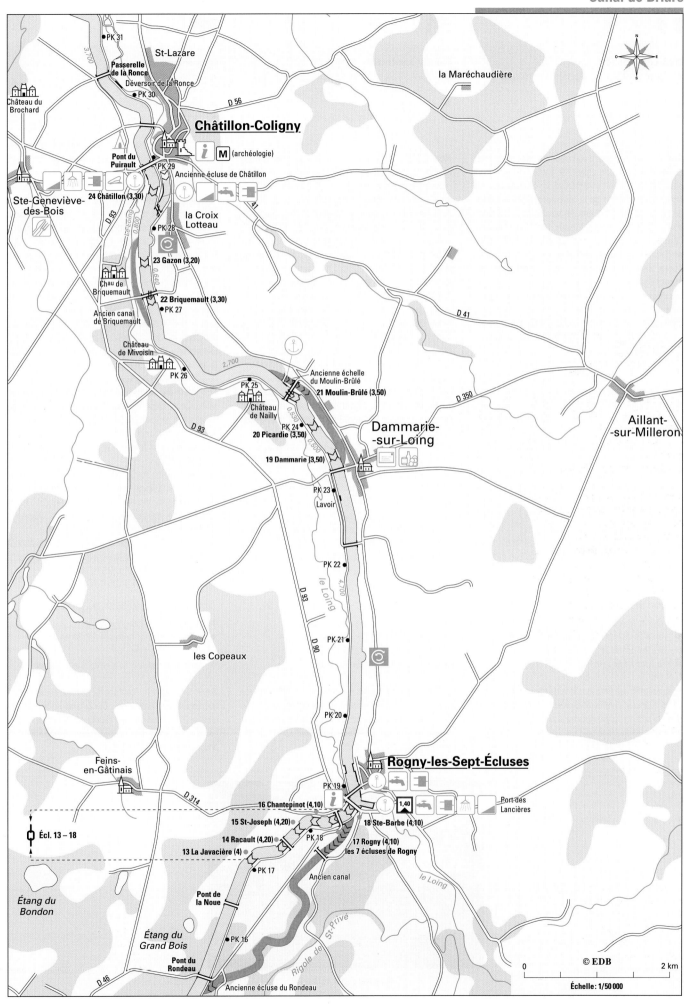

PK 31

St-Lazare

Passerelle
de la Ronce

Déversoir de la Ronce

Château du
Brochard

PK 30

D 56

la Maréchaudière

Châtillon-Coligny

ℹ M (archéologie)

Pont du
Puirault

PK 29

Ancienne écluse de Châtillon

24 Châtillon (3,30)

Ste-Geneviève-
des-Bois

la Croix
Lotteau

PK 28

23 Gazon (3,20)

Chau de
Briquemault

22 Briquemault (3,30)

PK 27

Ancien canal
de Briquemault

Château
de Mivoisin

PK 26

2.700

Ancienne échelle
du Moulin-Brûlé

PK 25

21 Moulin-Brûlé (3,50)

Château
de Nailly

PK 24

20 Picardie (3,50)

D 93

**Dammarie-
-sur-Loing**

D 350

Aillant-
-sur-Milleron

19 Dammarie (3,50)

PK 23

Lavoir

PK 22

D 93

le Loing

4.700

les Copeaux

D 90

PK 21

PK 20

Feins-
en-Gâtinais

Rogny-les-Sept-Écluses

D 314

PK 19

Port des
Lancières

16 Chantepinot (4,10)

ℹ

1,40

Écl. 13 – 18

15 St-Joseph (4,20)

18 Ste-Barbe (4,10)

14 Racault (4,20)

PK 18

17 Rogny (4,10)
les 7 écluses de Rogny

13 La Javacière (4)

Étang du
Bondon

PK 17

Ancien canal

Pont de
la Noue

Rigole de St-Privé

le Loing

Étang du
Grand Bois

PK 16

Pont du
Rondeau

D 46

Ancienne écluse du Rondeau

0   2 km

© EDB

Échelle : 1/50 000

29

Ouzouer-sur-Trézée
▲ Église Saint-Martin • Mosaïques du château de Pont-Chevron
✱ Marché le dimanche matin
✳ La Croix Blanche : 02 38 29 64 05 (F. mar. soir, mer.)

Briare. La ville de Briare doit sa prospérité au transport fluvial. Témoin de ce passé : le vaste plan d'eau qui était autrefois le port commercial. Ici on transférait les charges des gabares de la Loire sur les gros chalands de canal qui partaient ensuite pour Paris. L'accès au port s'effectuait par trois écluses, l'écluse de Rivotte à l'extrémité ouest du port, l'écluse de Martinet et l'écluse de Baraban qui est en réalité l'écluse n° 1 du canal de Briare. Bien que désaffectés, tous ces ouvrages sont encore visibles.

Les jolies passerelles qui permettent aux piétons de circuler entre les bassins ont été financées par une famille d'industriels : les Bapterosse. Cette famille tenait une fabrique de boutons, autre source de richesse pour la ville pendant plus d'un siècle.

Autre témoignage du passé fluvial de Briare : le château des Seigneurs, ancien siège social de la Compagnie des seigneurs du canal de Briare, occupé aujourd'hui par la municipalité. Détail intéressant : cette société était la toute première société à responsabilité limitée en France. Pour vous renseigner davantage sur Briare et ses voies navigables, nous recommandons une visite au musée des Deux Marines, bd Buyser (tél. : 02 38 31 28 27). Le « nouveau » port sur le canal latéral a gardé une activité commerciale mais il reste beaucoup de places pour des bateaux de plaisance. À l'est du port, vous verrez l'usine élévatoire qui sert à pomper l'eau de la Loire vers le bief de partage du canal de Briare.

La péniche *Mic-Yvo*, accostée en face, abrite un magasin de souvenirs et une librairie spécialisée dans les voies navigables (tél. : 02 38 37 12 75).

Office du tourisme : 02 38 31 24 51

Capitainerie : 02 38 31 24 65 / 06 08 95 03 20

✱ Marché le vendredi matin
✳ Auberge du Pont-Canal : 02 38 31 24 24 (F. dim. soir et lun.)
✳ Le Bord d'Eau : 02 38 31 22 29 (7/7)

En quittant Briare vers le sud vous traverserez le pont-canal. L'accès à cet ouvrage n'est pas réglementé. Le premier bateau à s'y engager a la priorité. Avant de vous y engager vérifiez bien qu'il n'y a pas de bateau en face.

Ouzouer-sur-Trézée
▲ Church of Saint-Martin • Collection of mosaics at the château of Pont-Chevron
✱ Market on Sunday morning
✳ La Croix Blanche: 02 38 29 64 05 (C. Tue. eve., Wed.)

Briare. The town of Briare owes its prosperity to water transport. The main evidence of this is the vast stretch of water which was once the commercial port. Here the small river boats were unloaded and their cargos transferred onto the big canal barges which then set out for Paris. Access to the port from the Loire was possible via three locks, the Rivotte lock at the western extremity of the port, the Martinet lock and the lock of Baraban which is in fact lock No. 1 of the canal de Briare. All these locks are out of service but can still be seen.

The pretty foot bridges which enable pedestrians to circulate between the various basins were financed by a family of manufacturers, the Bapterosses. They had a button factory a further source of wealth for the town for more than a century.

Further evidence of Briare's past as a waterways capital is the château des Seigneurs, former headquarters of the Compagnie des Seigneurs du Canal de Briare nowadays occupied by the town council. An interesting detail: this was France's very first limited liability company.

To learn more about Briare and its waterways, we recommend a visit to the museum of the two marines, bd Buyser (Tel.: 02 38 31 28 27).

The "new" port on the lateral canal has retained some commercial activity but has plenty of room for leisure craft. On the eastern side of the port you will see the pumping station used to pump water from the Loire to the dividing pound of the canal de Briare.

The barge Mic-Yvo, moored opposite houses a souvenir shop and a waterways library. Tel.: 02 38 37 12 75.

Tourist Office: 02 38 31 24 51

Port Office: 02 38 31 24 65 / 06 08 95 03 20

✱ Market on Friday morning
✳ Auberge du Pont-Canal: 02 38 31 24 24 (C. Sun. eve. and Mon.)
✳ Le Bord d'Eau: 02 38 31 22 29 (7/7)

Leaving Briare towards the South you will cross the canal bridge. Access to the bridge is not controlled; the first boat on the bridge has priority. Simply make sure, before setting out, that there is no boat coming in the opposite direction.

Ouzouer-sur-Trézée
▲ Kirche Saint-Martin • Mosaiken im Château de Pont-Chevron
✱ Markt: sonntags morgens
✳ La Croix Blanche: 02 38 29 64 05 (G. dien. ab., mitt.)

Briare. Die Stadt Briare verdankt ihren Wohlstand der Binnenschifffahrt. Ein Zeuge dieser Vergangenheit ist der sehr ausgedehnte See, der früher der Handelshafen war. Hier wurden die Waren der Loire-Schiffe auf die großen Kanalschiffe umgeladen, die dann Richtung Paris fuhren. Der Zugang zum Hafen erfolgte über drei Schleusen: Rivotte ganz im Westen des Hafens, und Martinet und Baraban, wobei letztere eigentlich schon die erste Schleuse auf dem Canal de Briare ist. All diese Schleusen sind zwar nicht mehr in Betrieb, aber noch zu sehen.

Die hübschen Fußgängerbrücken, über die sich die Menschen zwischen den Becken bewegen können, wurden von einer Industriellen-Familie finanziert: von den Bapterosse. Diese Familie besaß eine Knopf-Fabrik, die der Stadt über ein Jahrhundert lang Wohlstand brachte.

Ein weiterer Zeuge der Schifffahrtsvergangenheit von Briare: das Château des Seigneurs, ehemaliger Sitz der »Compagnie des Seigneurs du Canal de Briare«, in dem sich heute die Stadtverwaltung befindet. Ein interessantes Detail: diese Firma war in Frankreich die allererste Gesellschaft mit beschränkter Haftung.

Mehr über Briare und die Wasserstraßen erfahren Sie im »Musée des Deux Marines« am Boulevard Buyser (Tel.: 02 38 31 28 27).

Der »neue« Hafen am Seitenkanal hat zwar eine gewisse gewerbliche Tätigkeit beibehalten, für Sportschiffe ist jedoch noch sehr viel Platz. Im östlichen Teil des Hafens sehen Sie das Wasserhebewerk, das das Loire-Wasser in die Scheitelhaltung des Canal de Briare pumpt.

Im Lastkahn *Mic-Yvo* gegenüber befindet sich ein Andenkengeschäft und eine auf Navigation spezialisierte Buchhandlung, Tel.: 02 38 37 12 75.

Verkehrsamt: 02 38 31 24 51

Hafenmeisterei: 02 38 31 24 65 / 06 08 95 03 20

✱ Markt: freitags morgens
✳ Auberge du Pont-Canal: 02 38 31 24 24 (G. sonn. ab., mon.)
✳ Le Bord d'Eau: 02 38 31 22 29 (k. Ruhetag)

Wenn Sie Briare in Richtung Süden verlassen, überqueren Sie die Kanalbrücke. Die Zufahrt ist nicht reglementiert. Wer zuerst auf der Brücke ist, hat Vorfahrt. Vergewissern Sie sich, das Ihnen kein Boot entgegenkommt, bevor Sie auf die Brücke fahren.

Capitainerie, port de Briare.

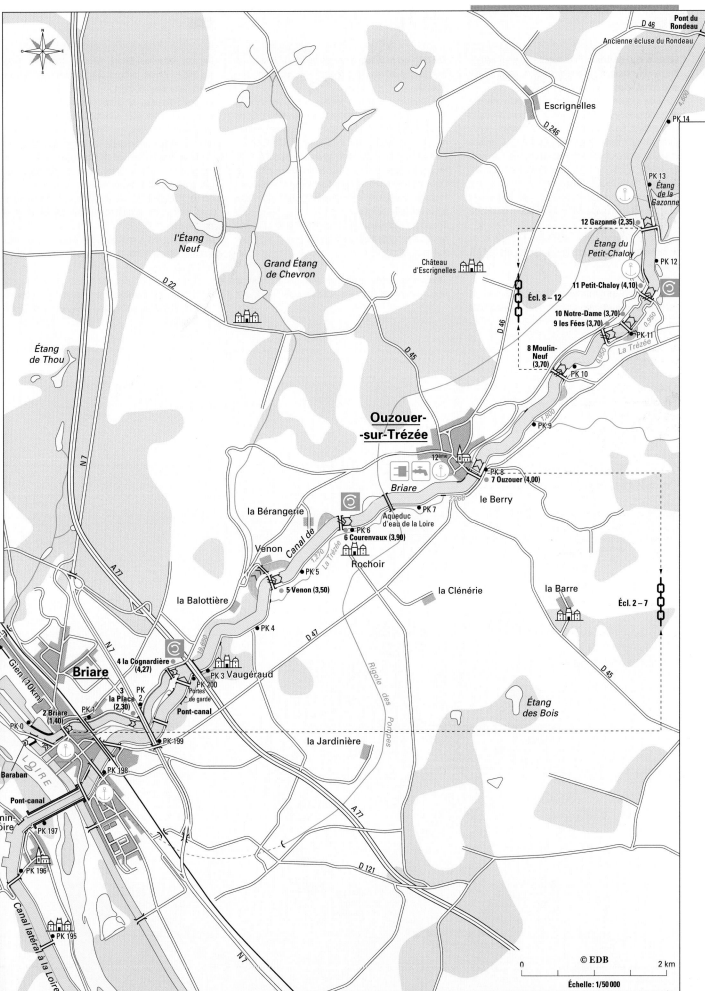

Pont du Rondeau
D 46
Ancienne écluse du Rondeau
Escrignelles
D 246
PK 14
PK 13
Étang de la Gazonne
l'Étang Neuf
12 Gazonne (2,35)
Grand Étang de Chevron
Château d'Escrignelles
Étang du Petit-Chaloy
PK 12
D 22
Écl. 8 – 12
11 Petit-Chaloy (4,10)
10 Notre-Dame (3,70)
9 les Fées (3,70)
La Trézée
Étang de Thou
D 46
D 45
8 Moulin-Neuf (3,70)
PK 11
0,950
PK 10
N 7
1,800
PK 9
Ouzouer--sur-Trézée
12ème
PK 8
7 Ouzouer (4,00)
la Bérangerie
Briare
le Berry
Canal de
PK 7
Aqueduc d'eau de la Loire
Venon
2,200
PK 6
6 Courenvaux (3,90)
La Trézée
1,270
la Balottière
Rochoir
5 Venon (3,50)
PK 5
la Clénérie
la Barre
Écl. 2 – 7
A 77
PK 4
D 47
19,680
4 la Cognardière (4,27)
Briare
PK 3 Vaugéraud
Rigole des Pompes
Étang des Bois
Gien (10 km)
N 7
3 la Place (2,30)
PK 200
PK 2
PK
Portes de garde
Pont-canal
2 Briare (1,40)
PK 1
PK-199
la Jardinière
PK 0
LOIRE
PK 198
Baraban
A 77
Pont-canal
nin-oire
PK 197
D 121
PK 196
PK 195
Canal latéral à la Loire
N 7

© EDB

0   2 km

Échelle: 1/50 000

31

Le vieux port de Briare. Pour accéder au vieux port de Briare, vous empruntez l'ancien tracé du canal appelé aujourd'hui le canal Henri IV.

Sur cette section, les trois écluses sont automatiques et manœuvrées à partir du poste de contrôle de la Cognardière. En arrivant du « canal Freycinet », vous serez pris en charge par un agent de service à l'écluse de la Cognardière. Il préparera les écluses jusqu'au port. Vous devez le prévenir si vous avez l'intention d'accoster en amont de l'écluse de Briare.

En partant du vieux port dans l'autre sens, vous devez vous présenter à la capitainerie qui se trouve en face de l'écluse n° 2.

Le port est bien aménagé et entouré de cafés et de restaurants, mais attention, le tirant d'eau est limité à 1,20 m.

Le bief de Combles qui passe en dessous du pont-canal est maintenant ouvert à la navigation jusqu'au pont des Vignes.

The Old Port of Briare. To reach the port of Briare, you will take the old arm of the canal, now called the canal Henri IV.

The three locks on this section are automatic and operated from a control post at the Cognardière lock. On arriving from the "modern" canal, you will be taken in hand by a service agent at the Cognardière lock. He will then programme all the locks as far as the port. Let him know if you intend to moor above the Briare lock.

Leaving in the other direction from the port, you should make yourself known to person responsible at the port office opposite lock No. 2.

The port is well equipped and surrounded by cafés and restaurants but beware, the draft available is only about 1.20 m.

The Combles pound, which goes under the aqueduct, is now navigable as far as the Vignes bridge.

Der alte Hafen von Briare. Wenn Sie zum alten Hafen von Briare möchten, nehmen Sie den alten Kanalarm, der heute Canal Henri IV. heißt.

Die drei Schleusen auf diesem Abschnitt sind automatisch und werden vom Kontrollposten La Cognardière gesteuert. Wenn Sie vom Freycinet-Kanal kommen, nimmt sich an der Schleuse La Cognardière ein Angestellter Ihrer an. Er bereitet alle Schleusen bis zum Hafen vor. Sie müssen ihn verständigen, wenn Sie beabsichtigen, oberhalb der Schleuse von Briare anzulegen.

Bei der Rückfahrt vom Hafen, also in der anderen Richtung, müssen Sie sich beim Hafenamt an der Schleuse Nr. 2 melden.

Der Hafen ist gut ausgestattet und umgeben von Cafés und Restaurants. Vorsicht allerdings, der Tiefgang ist auf 1,20 m begrenzt.

Die Haltung von Combles, die unter der Kanalbrücke herführt, ist nun bis zur Brücke von Vignes für die Schifffahrt geöffnet.

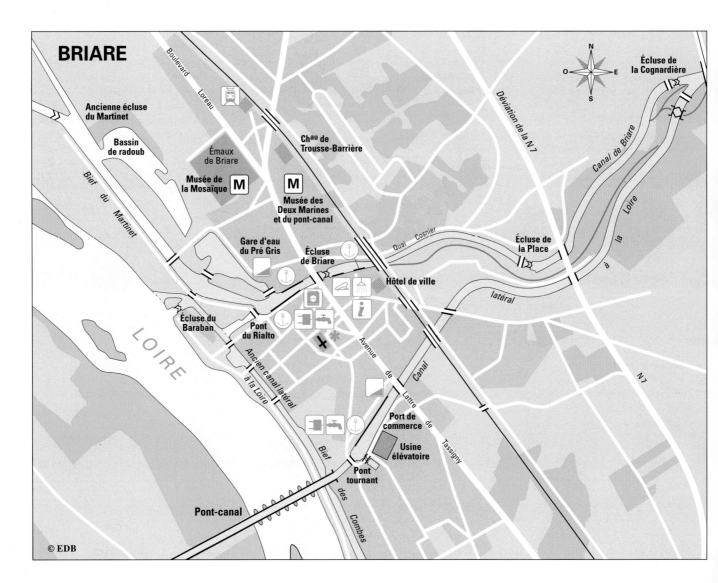

Canal latéral à la Loire

Jusqu'à la fin du XIXe siècle, la Loire était, théoriquement, navigable de Roanne à Nantes. En réalité, la navigation était difficile et dangereuse ; trop d'eau en hiver et d'immenses bancs de sable en été. Pour pallier ces conditions, les gabares de la Loire étaient légères et sans grande capacité de charge. La plupart d'entre elles faisaient un seul voyage vers l'aval puis étaient déchirées à leur point d'arrivée et vendues pour leur bois.

Avec la mise au gabarit Freycinet du réseau français à la fin du XIXe siècle, la Loire n'avait plus sa place dans le système du transport fluvial. Mais cette liaison entre l'Est et l'Ouest manquait aux transporteurs et aux affréteurs. Certains d'entre eux rêvaient de la Loire canalisée de Roanne à Nantes ; d'autres, comme le célèbre Auguste Mahaut, voyaient un canal latéral, alimenté par les eaux du fleuve, sur toute sa longueur.

Les avocats d'une voie latérale eurent gain de cause et vers 1820 un canal fut mis en chantier entre Roanne et Briare. Achevée en 1838, cette ligne navigable est composée de deux canaux, le canal de Roanne à Digoin et le canal latéral à la Loire qui relie Digoin à Briare. Le parcours de ce dernier suit essentiellement la rive gauche du fleuve mais il comprend aussi les ponts-canaux de Digoin et de Briare et quelques kilomètres à chaque extrémité en rive droite.

Sa pente est douce, pas plus de 140 m en presque 200 km, rattrapée par 47 écluses. Les écluses sont manuelles et un éclusier est présent pour les manœuvres.

Up until the end of the 19th century, the river Loire was, in theory, navigable between Roanne and Nantes. In reality, navigation was difficult and dangerous; too much water in winter and vast sand banks in summer. To overcome these conditions, the river boats were light with a small carrying capacity. Most of them made a one-way voyage downstream to be broken up at their point of destination and sold for the timber.

With the upgrading of the French network to the Freycinat gauge (39 m x 5.20 m) at the end of the 19th century, the Loire no longer had its place in the French water transport system. But the link between east and west was missed by boat owners and transporters alike. Some dreamed of the Loire canalised between Roanne and Nantes while others, like the famous August Mahaut, believed in a lateral canal, following the river over its whole length.

The advocates of a lateral canal won the day and towards 1820 works were begun on a new waterway between Roanne and Briare. Completed in 1838, this navigation is made up of two waterways, the canal from Roanne to Digoin and the Loire lateral canal linking Digoin to Briare. For most of its length, this latter canal follows the left bank of the Loire but it also includes the canal bridges at Digoin and Briare and a few kilometres on the right bank at each extremity.

It has a gentle slope, no more than 140 m in nearly 200 km and its waters are retained by only 47 locks. The locks are manually operated and a lock-keeper is present.

Bis zum Ende des 19. Jh. war die Loire theoretisch von Roanne bis Nantes schiffbar. In Wirklichkeit aber war die Schifffahrt schwierig und gefährlich: zuviel Wasser im Winter und enorme Sandbänke im Sommer. Daher waren die Loire-Kähne leicht, ohne große Ladekapazität, und die meisten unternahmen nur eine einzige Fahrt talwärts. Sobald sie am Ziel waren, baute man sie auseinander und verkaufte das Holz.

Als das französische Wasserstraßennetz am Ende des 19. Jh. auf Freycinet-Maße umgestellt wurde, verlor die Loire ihren Platz im Binnenschifffahrtsnetz. Aber dann fehlte den Beförderungs- und Chartergesellschaften diese Verbindung zwischen Ost und West doch. Manche träumten von einer Loire, die von Roanne bis Nantes kanalisiert war, andere, wie der berühmte Auguste Mahaut, dachten eher an einen Seitenkanal, der auf seiner gesamten Länge von dem Wasser des Flusses gespeist würde.

Die Befürworter einer Seitenstrecke setzten sich durch und um 1820 begannen zwischen Roanne und Briare die Bauarbeiten. Die 1838 fertiggestellte Strecke setzt sich aus zwei Kanälen zusammen: dem Roanne-Digoin-Kanal und dem Loire-Seitenkanal, der Digoin mit Briare verbindet. Letzterer verläuft im wesentlichen am linken Loire-Ufer entlang, enthält aber auch die Kanalbrücken von Digoin und Briare und einige Kilometer an jedem Ende, die am rechten Loire-Ufer verlaufen.

Das Gefälle ist sehr sanft, nur 140 m auf fast 200 km, mit 47 manuellen Schleusen, an denen ein Schleusenwärter präsent ist.

Le pont-canal de Briare

La traversée de la Loire à Briare a longtemps posé un problème aux mariniers. En temps de basses eaux il fallait alléger les bateaux, et en temps de crue les digues étaient submergées, rendant le halage impossible. Les bateaux s'accumulaient de chaque côté du fleuve. Les pertes étaient énormes et les esprits s'échauffaient.

À la fin du XIXe siècle, pour résoudre ce problème, le canal latéral fut prolongé en hauteur vers Briare et un magnifique pont-canal en acier construit au-dessus du fleuve.

Ce pont-canal est souvent attribué à Gustave Eiffel mais il est en réalité l'œuvre d'un certain Léonce-Abel Mazoyer, ingénieur des Ponts et Chaussées de Nevers. La structure métallique fut réalisée par la société Daydé et Pillé, Eiffel étant responsable de la maçonnerie.

On a employé pour la première fois en France l'acier doux, le seul matériau suffisamment léger et solide pour une construction de cette dimension. Les plans prévoyaient même un éclairage électrique fourni par deux turbines ; pas de gaz pour un ouvrage si prestigieux.

Les citoyens de Briare, d'abord opposés au chantier, sont maintenant fiers de leur pont-canal, un des plus beaux ouvrages du réseau navigable français.

The Briare Canal Bridge

The crossing of the Loire at Briare was, for a long time a source of problems for the barge people. When the water was low they had to lighten their loads and in flood times the weirs were covered and hauling was impossible. The boats accumulated on each side of

the river causing considerable financial loss to all concerned and tempers became frayed.

At the end of the 19th century, to solve this problem, the lateral canal was extended well above river level towards the town of Briare and a steel aqueduct built. This canal bridge is often attributed to Gustave Eiffel but it was in reality the work of a certain Léonce-Abel Mazoyer, engineer of the waterways service, Les Ponts et Chaussées of Nevers. The metallic structures were built by the company Daydé et Pillé and Eiffel was responsible for the stone work.

To build this bridge, mild steel was used for the first time in France. This was the only material light enough and strong enough for a structure of this size. The plans even provided for electric lighting supplied by two generators. Gas was not good enough for such a prestigious construction.

The citizens of Briare, at first opposed to this enterprise, are now proud of their canal bridge, one of the most attractive structures on the waterways system.

Die Kanalbrücke in Briare

Die Überquerung der Loire in Briare war lange Zeit für die Schiffsleute eine schwierige Angelegenheit. Bei Niedrigwasser mussten die Schiffe entlastet werden, und bei Hochwasser waren die Deiche überspült, so dass die Schiffe nicht getreidelt werden konnten. Viele Schiffe lagen an beiden Ufern des Flusses fest, die Verluste waren enorm und nicht selten kam es zu Auseinandersetzungen.

Am Ende des 19. Jh. wurde dann der Loire-Seitenkanal nach Norden hin bis Briare verlängert und eine herrliche Kanalbrücke aus Stahl über die Loire gebaut.

Diese Kanalbrücke wird oft Gustave Eiffel zugeschrieben, in Wirklichkeit ist sie jedoch das Werk eines gewissen Mazoyer, eines Brücken- und Straßenbauingenieurs aus Nevers. Die Stahlkonstruktion wurde von der Firma Daydé und Pillé übernommen, und Eiffel war für das Mauerwerk verantwortlich.

Zum erstenmal in Frankreich wurde hier kohlenstoffarmer Stahl verwendet, das einzige Material, das für eine Konstruktion von solchen Ausmaßen ausreichend leicht und tragfähig war. Die Pläne sahen sogar eine elektrische Beleuchtung vor, die von zwei Turbinen geliefert wurde. Gas kam für ein so prächtiges Bauwerk nicht in Frage.

Die Einwohner von Briare waren zuerst gegen dieses Bauwerk. Heute aber sind sie stolz auf ihre Brücke, die eines der schönsten Wasserbauwerke des schiffbaren Wasserstraßennetzes in ganz Frankreich ist.

Châtillon-sur-Loire. Les soirs, en été, les membres du comité du tourisme organisent une visite accompagnée de cette charmante ville. En suivant les vieilles rues, vous découvrirez les ruines du château Gaillard du XIIe siècle, de simples maisons de vignerons des XVIe et XVIIe siècles et des hôtels particuliers de commerçants plus prospères. On vous montrera aussi le cimetière et le temple protestant, témoins d'une époque mouvementée quand Châtillon était un bastion du protestantisme constamment assiégé par les forces catholiques.

Office du tourisme : 02 38 31 42 88

Capitainerie : 02 38 31 08 37

■ Fête du tourisme fluvial, juillet
✱ Marché le jeudi
✸ Hôtel de l'Écu : 02 38 31 40 40 (F. ven. soir, dim.)

L'embranchement de Châtillon. L'embranchement donnant accès à la Loire, déclassé après la mise en service du pont-canal, a été remis en état pour la navigation de plaisance (voir page 9 pour les horaires). Deux écluses à franchir, la n° 39 (l'Étang) et la n° 40 (la Folie) avec ses massives portes en bois, et vous arrivez sur une immense gare d'eau.

Au fond, vous verrez l'écluse des Mantelots qui donne accès à la Loire. Cette écluse est aussi restaurée et permet aux bateaux traditionnels de la Loire de monter dans le canal pour s'abriter pendant l'hiver.

Plus loin, dans le lit de la Loire, vous apercevrez les levées submersibles qui canalisaient le courant et permettaient aux haleurs de tirer les bateaux vers l'écluse des Combles sur la rive opposée.

En partant de l'écluse des Mantelots, un chemin balisé, le « chemin de Gaston », vous mène en direction de l'île d'Ousson. Vous y verrez des traces de chevreuil, de renard et même des branches coupées par des castors.

Beaulieu-sur-Loire. Un petit village de la vallée de la Loire qui mérite bien une visite. À l'office du tourisme, à côté de l'église, on vous proposera des promenades autour du bourg à la découverte des vins des coteaux du Giennois, des fromages de chèvre et du pâté aux truches, spécialité de la région. Un circuit original vous fera découvrir les nombreux puits du village.

Du mois de mars au mois d'octobre, l'office du tourisme propose, dans ses murs, une exposition sur un thème historique ou artistique.

Office du tourisme : 02 38 35 87 24

✱ Marché le mercredi matin
✸ Domaine des Médards : 02 38 35 89 51 (7/7)
✸ Auberge de la Tour : 02 38 35 89 70

Châtillon-sur-Loire. In the evenings in Summer the members of the local tourist committee organise guided tours of this charming little town. Following the old streets, you will discover the vestiges of the Château Gaillard dating back to the 12th century, simple wine growers' houses from the 16th and 17th centuries and more luxurious residences of wealthy businessmen. You will also be shown the Protestant cemetery and church, witnesses of past days when Châtillon was a Protestant stronghold constantly besieged by Catholic forces.

Tourist Office: 02 38 31 42 88

Port Office: 02 38 31 08 37

■ *Waterways festival, July*
✱ *Market on Thursday*
✸ *Hôtel de l'Écu: 02 38 31 40 40 (C. Fri. eve., Sun.)*

The Châtillon Branch Canal. The branch leading to the Loire, closed when the canal bridge came into service, has been restored for navigation (see page 9 for the lock opening hours). You will go through two locks, No. 39 l'Étang and No. 40 la Folie with its new wooden gates before reaching an immense port.
At the far end you will see the Mantelots lock leading into the Loire. This lock has also been restored and enables the traditional river boats to shelter in the canal in winter. Further on, in the bed of the Loire, you will see the submersible walls which channelled the current and enabled the bargees to haul their boats towards the lock of the Combles on the opposite bank.
Starting out from the Mantelots lock, a signposted path, "Gaston's track", will lead you towards the island of Ousson. Here you will see traces left by deer, foxes and even branches cut by beavers.

Beaulieu-sur-Loire. A little Loire valley town which is well worth visiting. The staff at the tourist office, next to the church, propose circuits around the town to discover the local wines (Coteaux du Giennois), goat's cheese and pâté aux truches, a speciality of the region. An unusual circuit will enable you to discover the many wells which provided water to the citizens of the village. From March to October, the tourist office offers an exhibition based on a historical or artistic theme .

Tourist Office: 02 38 35 87 24

✱ *Market on Wednesday morning*
✸ *Domaine des Médards: 02 38 35 89 51 (7/7)*
✸ *Auberge de la Tour: 02 38 35 89 70*

Châtillon-sur-Loire. Im Sommer organisiert der Verkehrsverein hier abends Führungen durch den reizvollen Ort. In den alten Gassen entdecken Sie die Ruinen des Château Gaillard aus dem 12. Jh., einfache Häuser von Winzern aus dem 16. und 17. Jh. sowie auch herrschaftliche Häuser der wohlhabenderen Kaufleute. Zeigen wird man Ihnen auch den Friedhof und die evangelische Kirche, Zeugen jener bewegten Zeit, als Châtillon eine Bastion des Protestantismus war, die ständig von Katholiken belagert wurde.

Verkehrsamt: 02 38 31 42 88

Hafenmeisterei: 02 38 31 08 37

■ Fest der Freizeit-Schiffer im Juli
✱ Markt: donnerstags
✸ Hôtel de l'Ecu: 02 38 31 40 40 (G. frei. ab., sonn.)

Zweigkanal bei Châtillon. Die Abzweigung zur Loire, die nach der Inbetriebnahme der Kanalbrücke stillgelegt worden war, ist seit kurzem für die Freizeitschifffahrt wieder befahrbar (Betriebszeiten siehe S. 9). Zwei Schleusen sind zu passieren, Nr. 39 »l'Étang« und Nr. 40 »la Folie« mit massiven Holztoren, dann kommen Sie in ein riesiges Hafenbecken.

Hinten im Hafen sehen Sie die Schleuse »Mantelots«, durch die man auf die Loire gelangt. Diese Schleuse ist ebenfalls restauriert worden, so dass nun die traditionellen Loire-Schiffe zum Überwintern auf den Kanal fahren können.

Etwas weiter im Flussbett der Loire sehen Sie die Aufschüttungen, die die Strömung kanalisierten und es den Schleppern ermöglichten, die Schiffe zur Schleuse »Combles« am gegenüberliegenden Ufer zu ziehen.

Von der Schleuse »Mantelots« aus ist der sogenannte »Gaston-Weg« bis zur Ile d'Ousson ausgeschildert. Hier können Sie Reh- und Fuchsspuren und sogar von Bibern durchgenagte Zweige sehen.

Beaulieu-sur-Loire. Ein kleines Dorf im Loire-Tal, das einen Besuch wert ist. Das Verkehrsamt neben der Kirche bietet Spaziergänge durch den Ort an, bei denen Sie die hiesigen Weine (Coteaux du Giennois), verschiedene Ziegenkäse und pâté aux truches – die Spezialität von Beaulieu – kennenlernen. Auf einem ungewöhnlichen Rundgang entdecken Sie die zahlreichen Brunnen des Ortes.

Von März bis Oktober veranstaltet das Verkehrsamt in seinen Räumen Ausstellungen zu historischen oder künstlerischen Themen.

Verkehrsamt: 02 38 35 87 24

✱ Markt: mittwochs morgens
✸ Domaine des Médards: 02 38 35 89 51 (k. Ruhetag)
✸ Auberge de la Tour: 02 38 35 89 70

L'écluse des Mantelots.

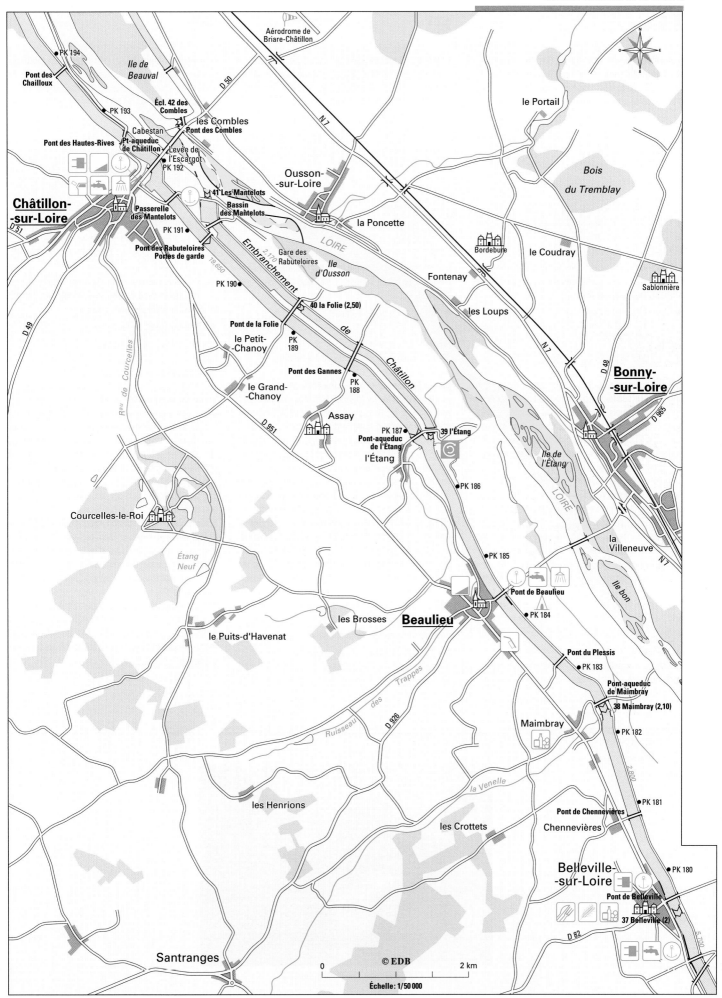

PK 194

Pont des
Chailloux

Ile de
Beauval

D 50

Aérodrome de
Briare-Châtillon

le Portail

Bois
du Tremblay

PK 193

Écl. 42 des
Combles

les Combles

Pont des Combles

N 7

Cabestan

Pont des Hautes-Rives

Pt-aqueduc
de Châtillon

Levée de
l'Escargot

PK 192

Ousson-
-sur-Loire

Châtillon-
-sur-Loire

Passerelle
des Mantelots

41 Les Mantelots

Bassin
des Mantelots

la Poncette

Bordebure

le Coudray

D 51

PK 191

Pont des Rabuteloires
Portes de garde

Gare des
Rabuteloires

Ile
d'Ousson

Fontenay

Sablonnière

D 49

PK 190

40 la Folie (2,50)

les Loups

N 7

D 48

Bonny-
-sur-Loire

Pont de la Folie

le Petit-
-Chanoy

PK
189

Pont des Gannes

Châtillon

D 965

Rau de Courcelles

le Grand-
Chanoy

PK
188

D 951

Assay

Ile de
l'Étang

PK 187

39 l'Étang

Pont-aqueduc
de l'Étang

l'Étang

LOIRE

Courcelles-le-Roi

PK 186

la
Villeneuve

Étang
Neuf

PK 185

Ile bon

les Brosses

Beaulieu

Pont de Beaulieu

le Puits-d'Havenat

PK 184

Trappes

des

Pont du Plessis

PK 183

Ruisseau

D 926

Pont-aqueduc
de Maimbray

38 Maimbray (2,10)

Maimbray

PK 182

la Venelle

les Henrions

2,800

PK 181

Pont de Chennevières

les Crottets

Chennevières

Belleville-
-sur-Loire

PK 180

Pont de Belleville

Santranges

37 Belleville (2)

D 82

5,700

0   2 km

© EDB

Échelle: 1/50 000

35

Belleville-sur-Loire. Le village est dominé par un monument des temps modernes : une centrale nucléaire. La centrale se visite à condition de réserver à l'avance et d'apporter sa carte d'identité. Tél. : 02 48 54 50 92.

Office du tourisme : 02 48 72 54 96

▲ La Maison de la Loire, une exposition sur la faune et flore de la vallée de la Loire et sur les métiers pratiqués par la population riveraine.

Léré

Office du tourisme : 02 48 72 54 32

✱ Le Lion d'Or : 02 48 72 60 12 (7/7)
✱ La Charette : 02 48 72 54 59

Les Houards. En face de l'écluse, la chèvrerie des Houards vous propose la dégustation et la vente de crottins de Chavignol fermiers.

✱ Bar-restaurant de la Marine

Bussy

✱ Le Relais Saint-Hubert : 02 48 59 57 64

Cosne-Cours-sur-Loire. Au XVIIIᵉ siècle, Cosne était célèbre pour ses forges qui fournissaient la Marine en ancres, mousquets et canons. Cette industrie connut, sous l'impulsion du baron de la Chaussade, un essor tel, qu'en 1781, Louis XVI s'en porta acquéreur pour la somme de 2,5 millions de livres. Les événements firent que le baron ne fut jamais payé…

Aujourd'hui Cosne est une ville active et commerçante. Si vous avez oublié de faire vos courses, notez qu'un grand marché a lieu tous les dimanches matin et que les magasins sont ouverts.

Dans les bâtiments du vieux couvent des Augustins, récemment rénovés, on trouve une collection d'objets et d'images consacrés au fleuve royal entre Digoin et Briare. Vous y verrez des photos anciennes et d'autres témoignages des métiers de la Loire tels que le tirage du sable, la pêche et la navigation. Les œuvres des artistes Messemin et Rameau montrent la vie dans la vallée de la Loire au début du XXᵉ siècle.

Office du tourisme : 03 86 28 11 85

✱ Marché : mercredi et dimanche
✱ La Panetière : 03 86 28 01 04
✱ Les Forges : 03 86 28 23 50

Belleville-sur-Loire. *The village is dominated by a modern-day monument, a nuclear power plant. It can be visited but you must book in advance and bring your identity papers with you. Tel.: 02 48 54 50 92.*

Tourist Office: 02 48 72 54 96

▲ *La Maison de la Loire, Exhibition on the fauna and flora of the Loire valley and the jobs carried out by the riverside population.*

Léré

Tourist Office: 02 48 72 54 32

✱ *Le Lion d'Or: 02 48 72 60 12 (7/7)*
✱ *La Charette: 02 48 72 54 59*

Les Houards. *Opposite the lock, the Houards goat farm produces delicious cheeses which you can taste and purchase.*

✱ *Bar-restaurant de la Marine*

Bussy

✱ *Le Relais Saint-Hubert: 02 48 59 57 64*

Cosne-Cours-sur-Loire. *In the 18th century, Cosne was renowned for its forges which supplied the Navy with anchors, muskets and cannons. Under the impetus of the baron of la Caussade this industry expanded so rapidly that, in 1781, Louis XVI bought it for the amount of 2.5 million pounds. However future events meant that the baron was never paid...*

Today Cosne is a busy shopping centre and if you have forgotten some provisions, note that the shops are open and there is a street market each Sunday morning.

In the recently restored buildings of the Augustins convent, you will find a collection of objects and images dedicated to the middle section of the Loire between Digoin and Briare. You will see old photos and other records of river activities such as sand dredging, fishing and river transport. A collection of paintings by the artists Messemin and Rameau show aspects of life in the Loire valley at the beginning of the 20th century.

Tourist Office: 03 86 21 11 85

✱ *Market on Wednesday and Sunday*
✱ *La Panetière: 03 86 28 01 04*
✱ *Les Forges: 03 86 28 23 50*

Belleville-sur-Loire. Dieser Ort ist von einem etwas moderneren Bauwerk geprägt, nämlich einem Atomkraftwerk. Es kann besichtigt werden, Sie müssen sich jedoch im Voraus anmelden und Ihren Personalausweis vorzeigen (Tel.: 02 48 54 50 92).

Verkehrsamt: 02 48 72 54 96

▲ »Maison de la Loire«: Ausstellung über Fauna und Flora im Loire-Tal und über die Berufe der Menschen, die am Fluss leben.

Léré

Verkehrsamt: 02 48 72 54 32

✱ Le Lion d'Or: 02 48 72 60 12 (k. Ruhetag)
✱ La Charette: 02 48 72 54 59

Les Houards. Gegenüber der Schleuse können Sie auf der Ziegenfarm den dort hergestellten Ziegenkäse Crottin de Chavignol probieren und kaufen.

✱ Bar-Restaurant de la Marine

Bussy

✱ Le Relais Saint-Hubert: 02 48 59 57 64

Cosne-Cours-sur-Loire. Im 18. Jh. war Cosne für seine Gießereien und Schmiedewerkstätten bekannt, die die französische Marine mit Ankern, Musketen und Kanonen belieferten. Unter Baron von la Chaussade nahm dieses Gewerbe einen derartigen Aufschwung, dass Ludwig XVI. sich bereit erklärte, diese Betriebe im Jahre 1781 zum Preis von 2,5 Millionen Pfund zu erwerben. Allerdings bekam der Baron aufgrund der darauffolgenden Ereignisse sein Geld nie zu sehen...

Heute ist Cosne eine belebte Einkaufsstadt. Wenn Sie einige Einkäufe vergessen haben: hier sind die Geschäfte sonntags morgens geöffnet und es findet ein Markt statt. Im alten, vor kurzem renovierten Augustinerkloster stellt die Stadt Cosne eine Sammlung von Objekten und Bildern zum Thema »Die Loire zwischen Digoin und Briare« aus. Hier sehen Sie alte Fotos und andere Zeugen, die an die ehemaligen Berufe an der Loire erinnern: Ausbaggern von Sand, Fischfang und Schifffahrt. Die Werke der Künstler Messemin und Rameau veranschaulichen das Leben im Loiretal zu Beginn des 20. Jh.

Verkehrsamt: 03 86 28 11 85

✱ Markt: mittwoch und sonntags
✱ La Panetière: 03 86 28 01 04
✱ Les Forges: 03 86 28 23 50

Le grand bief, canal latéral à la Loire.

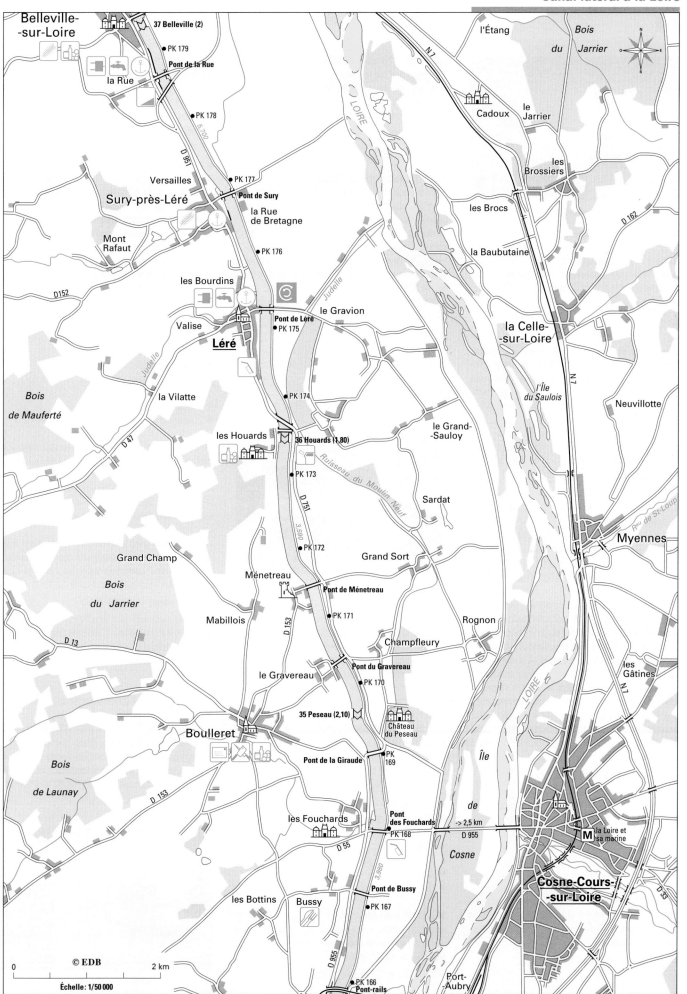

Belleville-
-sur-Loire

37 Belleville (2)

PK 179

Pont de la Rue

la Rue

PK 178

Bois
du Jarrier

l'Étang

Cadoux

le Jarrier

les Brossiers

les Brocs

la Baubutaine

Versailles

PK 177

Pont de Sury

Sury-près-Léré

la Rue
de Bretagne

PK 176

Mont
Rafaut

D 152

les Bourdins

le Gravion

Valise

Pont de Léré

PK 175

Léré

la Celle-
-sur-Loire

l'Île
du Saulois

Neuvillotte

Bois
de Mauferté

la Vilatte

PK 174

les Houards

36 Houards (1,80)

Ruisseau du Moulin Neuf

PK 173

le Grand-
-Sauloy

Sardat

Myennes

Grand Champ

Bois
du Jarrier

PK 172

Grand Sort

Ménetreau

Pont de Ménetreau

Mabillois

PK 171

Rognon

Champfleury

le Gravereau

Pont du Gravereau

PK 170

les
Gâtines

35 Peseau (2,10)

Château
du Peseau

Bois

Boulleret

Pont de la Giraude

PK
169

Île

de Launay

de

les Fouchards

Pont
des Fouchards

-> 2,5 km

la Loire et
sa marine

M

PK 168

D 955

Cosne

Cosne-Cours-
-sur-Loire

les Bottins

Bussy

Pont de Bussy

PK 167

Port-
Aubry

0   2 km

© EDB

Échelle: 1/50 000

PK 166
Pont-rails

Pont de Saint-Satur.

Saint-Satur. Les quais de Saint-Satur ne sont pas très attirants mais en ville vous trouverez tous les commerces de base et même un centre commercial avec super-marché et magasin de bricolage. Notez que les péniches ne peuvent pas virer dans l'embranchement.

Office du tourisme : 02 48 54 01 30

✱ La Grappe d'Or : 02 48 54 22 31

Saint-Thibault. En face de Saint-Satur, un embran-chement mène au port de Saint-Thibault. Vous y trou-verez tous les services habituels (eau potable, électricité) et même une navette pour vous conduire à Sancerre. Au fond du port, une écluse, toujours en service, donne accès à la Loire.
Tout près du port se trouve un grand centre de loisirs avec piscines, terrains de tennis et minigolf. Un peu plus loin le golf du Sancerrois propose un excellent parcours de 18 trous, un mini-parcours d'entraînement et un prac-tice (tél. : 02 48 54 11 22).

Capitainerie : 06 15 55 23 17

✱ Marché : jeudi matin
✱ Le Jardin de Saint-Thibault : 02 48 54 12 28
   (F. mer.)
✱ Au Bord de Loire : 02 48 54 12 15
✱ L'Auberge de Saint-Thibault : 02 48 78 04 10

Sancerre. La montée est rude mais vos efforts seront largement récompensés. La vue tout d'abord est splen-dide et s'étend très largement sur la vallée de la Loire. Le centre commerçant de la ville, disposé autour d'une belle place, rassemble les boutiques de nombreux arti-sans et artistes. Vous trouverez aussi les vitrines des vignerons les mieux connus de la région sancerroise. L'Aronde sancerroise, qui regroupe plusieurs vignerons, propose une visite guidée de la ville et une dégustation accompagnée dans les meilleures caves de la région. Pour réserver, appelez Mme Denizot deux jours avant au 02 48 78 05 72.

Office du tourisme : 02 48 54 08 21

✱ Marché : mardi, samedi
■ Foire aux crottins de Chavignol et aux vins
   de Sancerre, le mois de mai
✱ Restaurant de la Tour : 02 48 54 00 81 (7/7)
✱ Les Augustins : 02 48 54 01 44 (7/7)
✱ Auberge l'Écurie : 02 48 54 16 50 (7/7)
✱ La Taverne du Connétable : 02 48 54 29 23

Ménétréol-sous-Sancerre. Pour déguster un bon san-cerre et éventuellement faire vos provisions, nous recommandons une visite aux caves de la famille Gitton, en haut du village (tél. : 02 48 54 38 84).

✱ Le Floroine : 02 48 54 02 74

Saint-Satur. The quays of Saint-Satur are not particu-larly attractive but in town you will find all the basic shops and even a commercial centre with a supermar-ket and hardware store.
Note that barges cannot turn around in the branch canal.

Tourist Office: 02 48 54 01 30

✱ *La Grappe d'Or: 02 48 54 22 31*

Saint-Thibault. Opposite Saint-Satur, a branch canal leads to the port of Saint-Thibault. You will find all the usual services (drinking water and electricity) and even a taxi to take you up the hill to Sancerre.
At the end of the port a deep lock which is still in operation, leads into the Loire.
Next to the port you will see a huge recreation centre with swimming pools, several tennis courts and a mini-golf. A little further on, the Sancerrois golf club, offers an excellent 18 hole course, a short 6 hole pitch and put and a driving range. Tel.: 02 48 54 11 22.

Port Office: 06 15 55 23 17

✱ *Market: Thursday morning*
✱ *Le Jardin de Saint-Thibault: 02 48 54 12 28*
   (C. Wed.)
✱ *Au Bord de Loire: 02 48 54 12 15*
✱ *L'Auberge de Saint-Thibault: 02 48 78 04 10*

Saint-Thibault, le port.

Sancerre. The climb is a steep one but your efforts will be amply rewarded. First of all the view is splendid and extends widely over the Loire valley.
The shopping centre, grouped round an attractive town square, assembles the shops of many artists and crafts-men. You will also see the shop fronts of the best known Sancerre wine growers.
The Aronde Sancerroise, which groups together several wine growers, proposes guided tours to the town of Sancerre and a wine tasting trip by minibus to some of the best wine cellars in the region. To reserve call Mme Denizot two days in advance on 02 48 78 05 72.

Tourist Office: 02 48 54 08 21

✱ *Market: Tuesday and Saturday mornings*
■ *Faire of the Chavignol "droppings" and Sancerre wine, the month of May*
✱ *Restaurant de la Tour: 02 48 54 00 81 (7/7)*
✱ *Les Augustins: 02 48 54 01 44 (7/7)*
✱ *Auberge l'Écurie: 02 48 54 16 50 (7/7)*
✱ *La Taverne du Connétable: 02 48 54 29 23*

Ménétréol-sous-Sancerre. To taste a good Sancerre wine and perhaps renew your stocks, we recommend a visit to the wine cellars of the Gitton family above the vil-lage (tel.: 02 48 54 38 84).

✱ *Le Floroine: 02 48 54 02 74*

Saint-Satur. Die Kais von Saint-Satur sind nicht be-sonders attraktiv, aber in der Stadt gibt es alle wichtigen Geschäfte und sogar ein Einkaufszentrum mit Super-markt und Heimwerkermarkt.
Beachten Sie, dass Kähne im Zweigkanal nicht kehrt-machen können.

Verkehrsamt: 02 48 54 01 30

✱ La Grappe d'Or: 02 48 54 22 31

Saint-Thibault. Bei Saint-Thibault führt eine Abzweigung zum Hafen von Saint-Thibault. Dort finden Sie die üb-lichen Serviceangebote (Trinkwasser, Stromanschluss) und sogar einen Pendelbus nach Sancerre.
Die Schleuse hinten im Hafen ist immer noch in Betrieb und führt auf die Loire.
Ganz in der Nähe des Hafens liegt ein großes Freizeit-zentrum mit Schwimmbad, Tennis- und Minigolfplätzen. Etwas weiter bietet der Golfclub von Sancerre einen ausgezeichneten 18-Löcher-Parcours mit einem Mini-Übungs-Parcours und Practice (Tel: 02 48 54 11 22).

Hafenamt: 06 15 55 23 17

✱ Markt: donnerstags morgens
✱ Le Jardin de Saint-Thibault: 02 48 54 12 28
   (G. mitt.)
✱ Au Bord de Loire: 02 48 54 12 15
✱ L'Auberge de Saint-Thibault: 02 48 78 04 10

Sancerre. Der Aufstieg zum Dorf ist zwar steil, lohnt sich aber unbedingt: der weite Blick über das Loiretal ist ganz herrlich.
In den Geschäftsstraßen rund um einen schönen Platz finden sich die Boutiquen vieler Kunsthandwerker und Künstler, und natürlich auch die der bekanntesten Winzer aus der Sancerre-Region.
Die Winzervereinigung „Aronde sancerroise" bietet eine Führung durch die Stadt mit Weinprobe in den besten Weinkellern der Region. Reservieren Sie bitte zwei Tage im Voraus bei Madame Denizot unter 02 48 78 05 72.

Verkehrsamt: 02 48 54 08 21

✱ Markt: dienstags, samstags morgens
■ Käse- und Wein-Markt (Crottin de Chavignol
   und Sancerre) im Mai
✱ Restaurant de la Tour: 02 48 54 00 81
   (k. Ruhetag)
✱ Les Augustins: 02 48 54 01 44 (k. Ruhetag)
✱ Auberge l'Ecurie: 02 48 54 16 50 (k. Ruhetag)
✱ La Taverne du Connétable: 02 48 54 29 23

Ménétréol-sous-Sancerre. Wenn Sie einen guten Sancerre probieren und eventuell Ihre Vorräte aufstocken möchten, empfehlen wir Ihnen einen Besuch im Weinkel-ler der Familie Gitton oben im Dorf, Tel: 02 48 54 38 84.

✱ Le Floroine: 02 48 54 02 74

Ménétréol-sous-Sancerre.

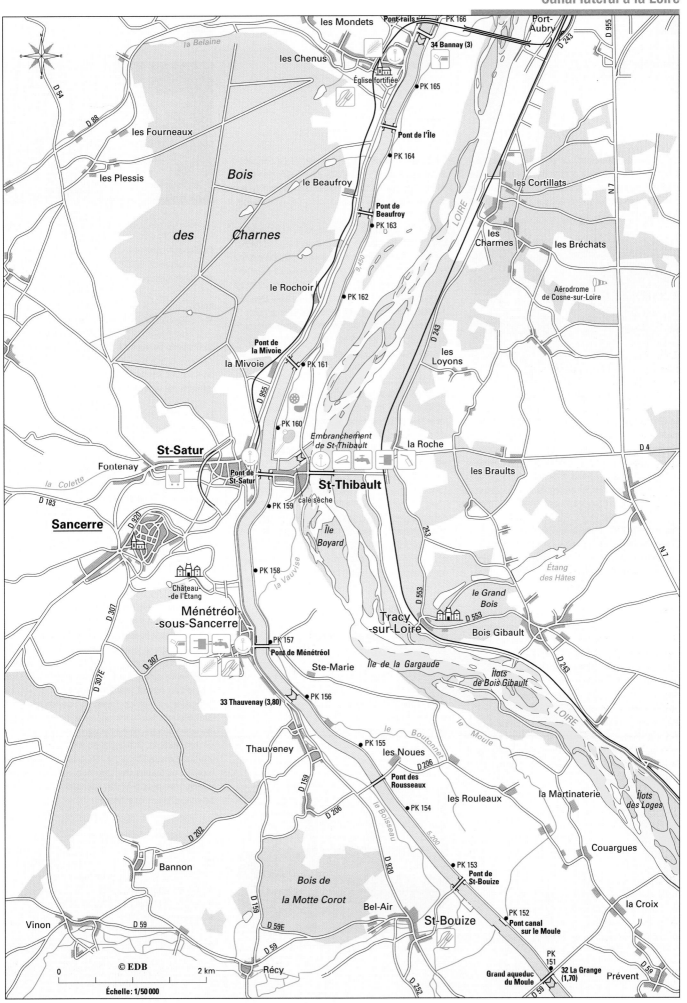

les Mondets
Pont-rails
PK 166
Port-Aubry
D 955
D 243
34 Bannay (3)
les Chenus
PK 165
Église fortifiée
Pont de l'Île
PK 164
les Cortillats
N 7
les Fourneaux
le Beaufroy
Bois
les Plessis
Pont de Beaufroy
PK 163
les Charmes
les Bréchats
des   *Charnes*
LOIRE
9,450
le Rochoir
PK 162
Aérodrome de Cosne-sur-Loire
D 243
Pont de la Mivoie
la Mivoie
PK 161
les Loyons
D 955
PK 160
Embranchement de St-Thibault
la Roche
D 4
St-Satur
les Braults
Fontenay
Pont de St-Satur
St-Thibault
la Colette
D 183
PK 159
cale sèche
243
D 920
Île Boyard
Sancerre
PK 158
la Vauvise
Étang des Hâtes
Château-de-l'Étang
le Grand Bois
Ménétréol-sous-Sancerre
Tracy-sur-Loire
D 553
Bois Gibault
D 553
D 307
PK 157
Pont de Ménétréol
Ste-Marie
Île de la Gargaude
D 307 E
D 307
Îlots de Bois Gibault
33 Thauvenay (3,80)
PK 156
LOIRE
D 159
le Boutonnet
le Moule
Thauveney
PK 155
les Noues
D 206
la Martinerie
Îlots des Loges
Pont des Rousseaux
les Rouleaux
D 206
PK 154
le Boisseau
5,200
D 920
Couargues
Bannon
PK 153
Pont de St-Bouize
la Croix
Bois de
PK 152
la Motte Corot
Bel-Air
Pont canal sur le Moule
St-Bouize
Vinon
D 59
D 59 E
Récy
D 59
PK 151
Grand aqueduc du Moule
32 La Grange (1,70)
Prévent
D 252
D 59
D 56

0   2 km
© EDB
Échelle: 1/50 000

39

Pouilly-sur-Loire (à 4 km)
    Office du tourisme : 03 86 39 54 54
✱ Marché : vendredi matin

Herry
✱ L'Atalante : 04 48 79 42 93 (F. mer. soir)

La Chapelle-Montlinard. Le port de La Chapelle-Montlinard est largement occupé par des silos et des péniches viennent ici pour charger du grain. La partie aval et la cale sèche sont gérées par l'association Les Amis du Port.

La Chapelle-Montlinard.

La Charité-sur-Loire. Du port de La Chapelle-Montlinard vous n'êtes qu'à 2,5 km de La Charité-sur-Loire. Vous arriverez en ville par un beau pont en pierre qui enjambe la Loire. Il fut construit entre 1520 et 1535 pour remplacer un ouvrage encore plus ancien, emporté par une crue. Depuis ces temps, il a été régulièrement entretenu, et, avec le pont de Beaugency, reste un des seuls ponts d'origine sur la Loire.

La ville de La Charité, autrefois appelée Seyr, doit son nom aux moines de la riche abbaye qui distribuaient de l'aide aux pauvres de la région. À cette époque, la basilique Sainte-Croix-Notre-Dame était un des plus beaux et des plus grands édifices religieux de toute la France. À son apogée elle pouvait recevoir plus de 5 000 personnes. Malheureusement, au cours d'une histoire plutôt mouvementée, elle fut incendiée et saccagée alternativement par les Sarrasins, les protestants et les catholiques. Tombée aux mains des Anglais, elle fut même assiégée par Jeanne d'Arc en 1429, mais en vain.

Il reste quelques beaux vestiges de ce monument prestigieux, dont les belles décorations à l'intérieur et le tympan de la façade orientale.

Récemment, La Charité est devenue avec quatre ou cinq autres villes françaises, une cité du livre. Vous y trouverez seize libraires, certains d'entre eux spécialisés dans les livres anciens et rares et d'autres dans les ouvrages plus populaires.

    Office du tourisme : 03 86 70 15 06
▲ La basilique Notre-Dame • Le Musée • Les remparts
■ Festival du mot, mi-juin • Foire aux livres anciens, le mois de juillet • La nuit du livre, premier samedi d'août
✱ Marché : samedi matin
✱ Le Grand Monarque : 03 86 70 21 73
✱ La Poule Noire : 03 86 70 10 71
✱ Chez Babette et Eva : 03 86 70 01 54
✱ Auberge de Seyr : 03 86 70 03 51 (F. lundi)

Pouilly-sur-Loire *(4 km away)*
    Tourist Office: 03 86 39 54 54
✱ *Market on Friday morning*

Herry
✱ *L'Atalante: 04 48 79 42 93 (C. Wed. eve.)*

La Chapelle-Montlinard. *The port of La Chapelle-Montlinard is mainly occupied by silos and barges tie up here to load grain. The downstream section and the dry dock are managed by the association, Les Amis du Port.*

La Charité-sur-Loire. *From the port of La Chapelle-Montlinard, you are only 2.5 km away from La Charité-sur-Loire. You will arrive in town via an attractive stone bridge across the Loire. It was built between 1520 and 1535 to replace an even older bridge, carried away by a flood. Since those ancient times it has been regularly maintained and, along with the bridge at Beaugency, it is one of only two really ancient bridges across the Loire. La Charité, once called Seyr, owes its present name to the monks attached to its rich abbey and who distributed gifts to the poor people of the region. In those days, the basilica of Sainte-Croix-Notre-Dame was one of the biggest and most beautiful religious buildings in the whole country. In its heyday, it could accommodate more than 5 000 people at one time. Sadly, over a period of many eventful years, it was burnt and pillaged alternately by Sarrasins, Protestants and Catholics. After falling into the hands of the English, it was even besieged by Joan of Arc, but in vain.*

Despite the ravages of time, there are some interesting vestiges of the original edifice including the interior decorations and the tympan on the eastern side.

Over the last few years, La Charité has become, along with 4 or 5 other French towns a book town. You can now find 16 book sellers, some specialised in rare and ancient editions and others in more popular titles.

    Tourist Office: 03 86 70 15 06
▲ *The Notre-Dame basilica • The museum • The ramparts*
■ *The festival of the word, mid June • Old book fair, the month of July • The book night, first Saturday in August*
✱ *Market on Saturday morning*
✱ *Le Grand Monarque: 03 86 70 21 73*
✱ *La Poule Noire: 03 86 70 10 71*
✱ *Chez Babette et Eva: 03 86 70 01 54*
✱ *Auberge de Seyr: 03 86 70 03 51 (C. Mon.)*

Le pont de La Charité-sur-Loire.

Librairie, La Charité-sur-Loire.

Pouilly-sur-Loire (4 km)
    Verkehrsamt: 03 86 39 54 54
✱ Markt: freitags morgens

Herry
✱ L'Atalante: 04 48 79 42 93 (G. mitt. ab)

La Chapelle-Montlinard. Der größte Teil des Hafens ist von Silos belegt, die Schiffe werden hier mit Getreide beladen. Den talseitigen Abschnitt und das Trockendock verwaltet der Verein Les Amis du Port.

La Charité-sur-Loire. Vom Hafen in La Chapelle-Montlinard sind es nur 2,5 km bis nach La Charité-sur-Loire. Auf dem Weg in die Stadt überqueren Sie die Loire auf einer schönen Natursteinbrücke. Sie wurde zwischen 1520 und 1535 an der Stelle einer noch älteren Brücke gebaut, die von einer Überschwemmung fortgerissen worden war. Seit damals wird sie regelmäßig geprüft und gewartet und ist zusammen mit der Brücke von Beaugency eine der beiden ältesten Loirebrücken.

Früher hieß diese Stadt Seyr, ihren heutigen Namen hat sie von den Mönchen der reichen Abtei, die milde Gaben an die Armen der ganzen Region verteilten (*charité* = Nächstenliebe). Damals war die Basilika Sainte-Croix-Notre-Dame einer der schönsten und größten Sakralbauten in ganz Frankreich. Zu ihren Glanzzeiten konnte sie über 5 000 Personen aufnehmen. Leider wurde sie im Laufe ihrer recht bewegten Vergangenheit nacheinander von den Sarazenen, den Protestanten und den Katholiken in Brand gesteckt und geplündert. Da sie den Engländern in die Hände gefallen war, wurde sie sogar 1429 von Jeanne d'Arc besetzt, allerdings vergeblich.

Heute sind noch einige Ruinen von diesem herrlichen Bauwerk erhalten, unter anderem die wunderbaren Innendekorationen und der Tympanon der Ostfassade.

Kürzlich wurde La Charité ebenso wie vier oder fünf andere französische Städte zur »Bücherstadt« erklärt. Hier finden Sie 16 Buchhändler, manche davon haben sich auf seltene, antiquarische Bücher spezialisiert, andere mehr auf neuere, bekanntere Werke.

    Verkehrsamt: 03 86 70 15 06
▲ Basilika Notre-Dame • Museum • Stadtmauern
■ »Wortfestival«, Mitte Juni • Antiquariats-Messe, Juli • Büchernacht, 1. Samstag im August
✱ Markt: samstags morgens
✱ Le Grand Monarque: 03 86 70 21 73
✱ La Poule Noire: 03 86 70 10 71
✱ Chez Babette et Eva: 03 86 70 01 54
✱ Auberge de Seyr: 03 86 70 03 51 (G. mon.)

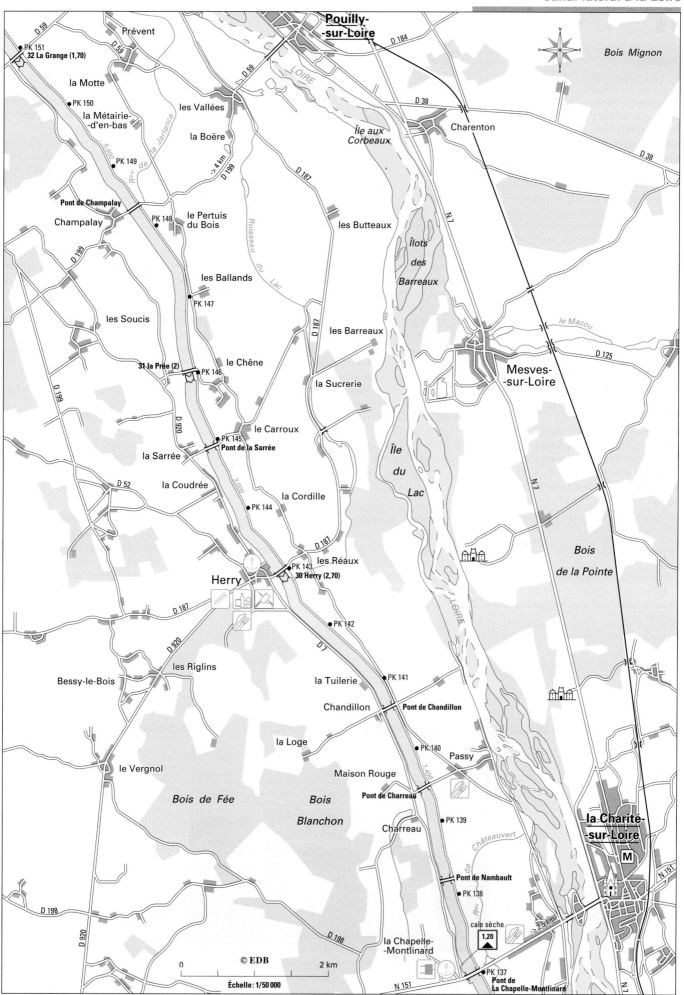

D 59
Prévent
PK 151
32 La Grange (1,70)
la Motte
PK 150
la Métairie-
-d'en-bas
les Vallées
la Boëre
D 59
PK 149
→ 4 km
D 199
Pont de Champalay
Champalay
PK 148
le Pertuis
du Bois
D 199
les Ballands
PK 147
les Soucis
31 la Prée (2)
PK 146
le Chêne
D 199
D 920
le Carroux
PK 145
Pont de la Sarrée
la Sarrée
D 52
la Coudrée
PK 144
la Cordille
D 187
les Réaux
PK 143
30 Herry (2,70)
Herry
PK 142
D 187
D 920
les Riglins
la Tuilerie
Bessy-le-Bois
Chandillon
la Loge
le Vergnol
Maison Rouge
Bois de Fée
Bois
Blanchon
Charreau
D 198
D 198
D 920
la Chapelle-
-Montlinard
N 151

Pouilly-
-sur-Loire
D 184
LOIRE
D 38
Charenton
Île aux
Corbeaux
D 187
les Butteaux
N 7
Îlots
des
Barreaux
D 187
les Barreaux
la Sucrerie
le Mazou
D 125
Mesves-
-sur-Loire
Île
du
Lac
N 7
Bois
de la Pointe
Pont de Chandillon
PK 141
Passy
PK 140
Pont de Charreau
Châteauvert
PK 139
la Charité-
-sur-Loire
M
Pont de Nambault
PK 138
cale sèche
1,20
N 151
PK 137
Pont de
La Chapelle-Montlinard

Bois Mignon
N

LOIRE
2,5 km
N 151

0   2 km
© EDB
Échelle: 1/50 000

41

Argenvières
* ✳ Chez José : 02 48 76 54 45 (7/7)

Marseilles-lès-Aubigny. Ce petit village de mariniers se trouve au confluent du canal latéral à la Loire et de l'ancien canal de Berry, déclassé en 1954.
Malheureusement, dans la traversée du village, le canal de Berry a été comblé et il ne reste qu'un vieux pont-levis pour témoigner de son existence. Une halte nautique aménagée pour les bateaux de plaisance se trouve à l'endroit précis de son point de départ.
À son apogée, à la fin du XIXᵉ siècle, des dizaines de petits berrichons en provenance de Bourges ou de Montluçon faisaient escale dans le port de « Marseilles ». Les quelques commerces du village étaient tous tournés vers le canal et on les trouve encore aujourd'hui le long du quai Auguste-Mahaut sur la rive droite du port. Il y a une boulangerie, un café, une épicerie et même une boucherie.
Qui était Auguste Mahaut ? Un marinier, un affréteur mais aussi un visionnaire des voies navigables ; on l'appelait « l'apôtre des canaux ». Il est surtout connu pour sa farouche opposition au projet de canaliser la Loire, qu'il combattait au moyen de brochures adressées aux membres du gouvernement de l'époque. D'après lui, et il avait raison, il fallait creuser un canal latéral de Roanne à Nantes.
Il était avant tout fier de son village qu'il appelait « un petit Saint-Michel sur le canal latéral à la Loire ». Si dans ses écrits il avait tendance à exagérer un peu, ses efforts pour améliorer les systèmes de chargement ont fait de Marseilles-lès-Aubigny un des premiers ports fluviaux français.

SARL Chantier Naval Raimondo / Évezard WR :
02 48 76 03 04 /06 78 10 64 66
* ✳ Le Poids de Fer : 02 48 76 41 85 (F. dim. soir, lun.)

Les deux écluses, n° 25 et n° 26 sont manœuvrées par le même éclusier. Si vous êtes montant, c'est l'éclusier de Beffes qui préviendra son collègue de Marseilles de votre arrivée.

Argenvières
* ✳ *Chez José: 02 48 76 54 45 (7/7)*

Marseilles-lès-Aubigny. *This little barge town is situated at the confluence of the Loire lateral canal and the old Canal de Berry, taken out of service in 1954.*
Unfortunately the section of the canal de Berry which crossed the village has been filled in and all that remains as proof of its existence is an old lifting bridge. A set of moorings for leisure craft has been installed at the precise point where the canal started.
At the height of its activity, towards the end of the 19th century and the beginning of the twentieth century, dozens of little Berrichon *barges from Bourges and Montluçon tied up in the port of "Marseilles". The village shops were all turned towards the canal and they can be found even today along the Auguste Mahaut quay on the northern side of the port. There is a bakery, a café, a grocery store and even a butcher's shop.*
Who was Auguste Mahaut? Barge man, shipping agent but most of all a waterways visionary; he was respectfully called "the apostle of the canals". He is best known for his fierce opposition to the project to canalise the Loire. He believed, and rightly so, that a lateral canal should be dug from Roanne to Nantes.
But he was above all proud of his village which he called a little Saint-Michel on the Loire lateral canal. If in his written word he tended to exaggerate a little, his efforts to improve the loading systems made Marseilles-lès-Aubigny into one of France's leading inland ports.

SARL Chantier Naval Raimondo / Évezard WR: 02 48 76 03 04 /06 78 10 64 66
* ✳ *Le Poids de Fer: 02 48 76 41 85 (C. Sun. eve. and Mon.)*

The two locks No. 25 and No. 26 are operated by the same lock-keeper. If you are going upstream, the lock-keeper at Beffes will warn his colleague at the Marseilles lock of your arrival.

Argenvières
* ✳ Chez José: 02 48 76 54 45 (k. Ruhetag)

Marseilles-lès-Aubigny. Dieses kleine Schifferdorf liegt am Zusammenfluss des Loire-Seitenkanals und des alten Canal de Berry, der 1954 stillgelegt wurde.
Leider wurde der Canal du Berry in der Stadt zugeschüttet, als letzter Zeuge ist nur noch eine alte Zugbrücke übrig. An der Ausgangsstelle dieses Kanals befindet sich eine Anlegestelle für Sportboote.
Zu seiner Blütezeit gegen Ende des 19. Jh. legten Dutzende von kleinen *berrichons* aus Bourges oder aus Montluçon im Hafen von »Marseilles« an. Die wenigen Geschäfte des Dorfes befanden sich alle am Kanal und man sieht sie noch heute am Quai August Mahaut am rechten Hafenufer. Es gibt eine Bäckerei, ein Café, ein Lebensmittelgeschäft und sogar eine Metzgerei.
Wer war Auguste Mahaut? Schiffer, Transportunternehmer, aber vor allem Visionär, was die Wasserstraßen betraf: man nannte ihn den »Kanalapostel«. Bekannt geworden ist er vor allem durch seinen erbitterten Widerstand gegen das Projekt, die Loire zu kanalisieren, das er mit Schreiben an die damaligen Parlamentsmitglieder bekämpfte. Nach seiner Meinung – und er hatte Recht! – musste ein Seitenkanal von Roanne bis Nantes ausgehoben werden.
Aber vor allem war er stolz auf sein Dorf, das er »kleines Mont-Saint-Michel am Loire-Seitenkanal« nannte. Wenn er in seiner Korrespondenz auch ein bisschen zur Übertreibung neigte, haben doch seine Bemühungen, das Beladungssystem zu verbessern, aus Marseilles-lès-Aubigny einen der wichtigsten Binnenhäfen Frankreichs gemacht.

SARL Chantier Naval Raimondo / Evezard WR:
02 48 76 03 04 /06 78 10 64 66
* ✳ Le Poids de Fer: 02 48 76 41 85

Die zwei Schleusen Nr. 25 und 26 werden von demselben Schleusenwärter bedient. Auf Bergfahrt verständigt der Wärter von Beffes seinen Kollegen in Marseilles von Ihrer Ankunft.

Le port de Marseilles-lès-Aubigny.

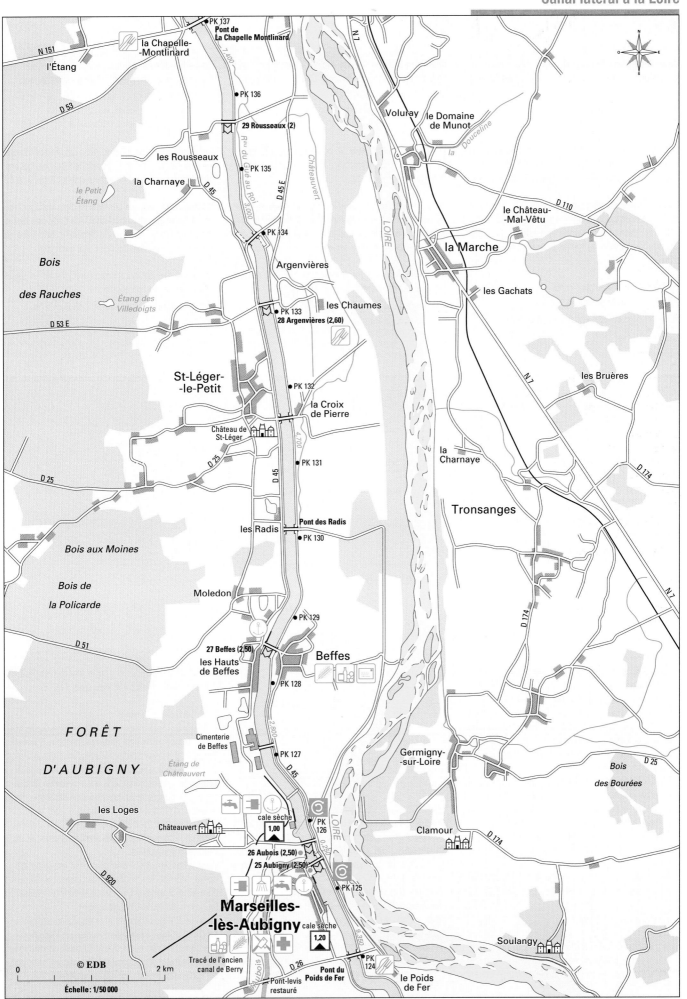

N 151

l'Étang

la Chapelle-
-Montlinard

D 53

● PK 137
● Pont de
La Chapelle Montlinard

Voluray

le Domaine
de Munot

● PK 136

29 Rousseaux (2)

les Rousseaux

la Charnaye

le Petit
Étang

D 45

● PK 135

D 45 E

● PK 134

D 53 E

Bois

des Rauches

Étang des
Villedoigts

la Marche

le Château-
-Mal-Vêtu

D 110

les Gachats

Argenvières

● PK 133

les Chaumes

28 Argenvières (2,60)

St-Léger-
-le-Petit

● PK 132

la Croix
de Pierre

les Bruères

N 7

Château de
St-Léger

D 25

● PK 131

la Charnaye

D 174

D 25

Bois aux Moines

Pont des Radis

Tronsanges

Bois de
la Policarde

les Radis

● PK 130

D 51

Moledon

● PK 129

D 174

27 Beffes (2,50)

les Hauts
de Beffes

Beffes

● PK 128

FORÊT

Cimenterie
de Beffes

● PK 127

Germigny-
-sur-Loire

D 25

Bois
des Bourées

D'AUBIGNY

Étang de
Châteauvert

D 45

les Loges

cale sèche

1,00

Châteauvert

PK
126

Clamour

D 174

26 Aubois (2,50)

25 Aubigny (2,50)

PK 125

D 920

Marseilles-
-lès-Aubigny

cale sèche

1,20

Soulangy

Tracé de l'ancien
canal de Berry

D 26

Pont du
Poids de Fer

PK
124

le Poids
de Fer

Pont-levis
restauré

© EDB

0   2 km

Échelle: 1/50 000

Canal latéral à la Loire

Cours-les-Barres. Plusieurs excellents restaurants sont accessibles à partir de la halte de Cours-les-Barres.

- ❋ Le Centre : 02 48 76 49 81 (F. dim. soir et lun.)
- ❋ L'Auberge de l'Écluse : 03 86 90 97 28
- ❋ La Bonne Franquette : 03 86 58 80 13 (F. mer.)

L'embranchement de Givry. Pour rentrer dans cet embranchement vous devez appeler le Service de la navigation à Marseilles-lès-Aubigny : 02 48 76 01 92.

L'embranchement des Lorrains n'est plus navigable et sert maintenant de rigole d'alimentation. Au bout de l'embranchement vous verrez une écluse ronde par laquelle les bateaux de l'Allier pouvaient rejoindre le canal.

Le Guétin. L'accès au pont-canal, de chaque côté de la rivière, est réglementé par un feu.

- ❋ L'Auberge du Pont-Canal : 02 48 80 40 76

Cours-les-Barres. *Several excellent restaurants can be reached from the moorings at Cours-les-Barres.*

- ❋ *Le Centre: 02 48 76 49 81 (C. Sun. eve. and Mon.)*
- ❋ *L'Auberge de l'Écluse: 03 86 90 97 28*
- ❋ *La Bonne Franquette: 03 86 58 80 13 (C. Wed.)*

The Givry Branch Canal. *To go into this branch canal you must call the navigation office at Marseilles-lès-Aubigny: 02 48 76 01 92.*

The Lorrains Branch Canal *is no longer navigable and is now only used as a feeder canal. At the end of this branch you will see a round lock which enabled boats from the Allier to join the canal.*

Le Guétin. *Access to the canal bridge, on each side of the river, is commanded by a set of lights.*

- ❋ *L'Auberge du Pont-Canal: 02 48 80 40 76*

Cours-les-Barres. Von der Anlegestelle in Cours-les-Barres erreichen Sie mehrere sehr gute Restaurants.

- ❋ Le Centre: 02 48 76 49 81 (G. sonn. ab. und mon.)
- ❋ L'Auberge de l'Écluse: 03 86 90 97 28
- ❋ La Bonne Franquette: 03 86 58 80 13 (G. mitt.)

Die Abzweigung nach Givry. Wenn Sie in diesen Zweigkanal abbiegen möchten, müssen Sie den Navigationsdienst in Marseilles-lès-Aubigny anrufen: 02 48 76 01 92.

L'embranchement des Lorrains ist nicht mehr schiffbar und dient heute als Zulaufkanal. Am Ende des Zweigkanals sehen Sie eine runde Schleuse, durch die die Boote vom Fluss Allier auf den Kanal gelangten.

Le Guétin. Die Zufahrt zur Kanalbrücke wird an beiden Seiten durch eine Ampel geregelt.

- ❋ L'Auberge du Pont-Canal: 02 48 80 40 76

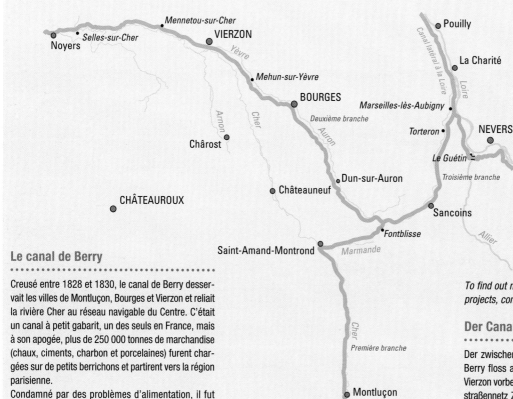

Le canal de Berry

Creusé entre 1828 et 1830, le canal de Berry desservait les villes de Montluçon, Bourges et Vierzon et reliait la rivière Cher au réseau navigable du Centre. C'était un canal à petit gabarit, un des seuls en France, mais à son apogée, plus de 250 000 tonnes de marchandise (chaux, ciments, charbon et porcelaines) furent chargées sur de petits berrichons et partirent vers la région parisienne.

Condamné par des problèmes d'alimentation, il fut définitivement fermé en 1954. Certaines sections furent comblées mais d'autres, ainsi que des ouvrages (écluses et ponts-canaux) ont été préservés.

Entre Selles-sur-Cher et Noyers, il a été restauré et rouvert à la navigation. Deux écluses ont été remises en service à Vierzon.

Pour vous renseigner sur ce canal et les projets de restauration, contactez l'ARECABE (voir page 11).

The Canal de Berry

Dug between 1828 and 1830, the canal de Berry served the towns of Montluçon, Bourges and Vierzon and linked the river Cher to the navigable network of central France. It was a small gauge canal, inspired by the Duke of Bridgewater, one of very few in France, but at the height of its activity, more than 250 000 tons of merchandise (lime, cement, coal and porcelain) were loaded on small Berrichon barges and shipped out to the Paris region.

Condemned by problems of water supply, it was definitively closed in 1954. Some sections were filled in but others, along with the structures (locks and canal bridges), have been preserved.

Between Selles-sur-Cher and Noyers it has been restored and reopened for navigation. Two locks have also been put back into service at Vierzon.

To find out more about this canal and the restoration projects, contact ARECABE (see page 11).

Der Canal de Berry

Der zwischen 1828 und 1830 ausgehobene Canal de Berry floss an den Städten Montluçon, Bourges und Vierzon vorbei und band den Fluss Cher an das Wasserstraßennetz Zentralfrankreichs an. Von seinen Abmessungen her gehörte er zu den »kleineren Kanälen« – von denen es in Frankreich nicht viele gibt – aber zu seiner Blütezeit wurden über 250 000 Tonnen Güter (Zement, Kohle und Porzellan) auf kleine *berrichons* verladen und nach Paris transportiert.

Wegen Wassermangel wurde er 1954 endgültig stillgelegt. Manche Abschnitte wurden zugeschüttet, andere blieben erhalten, einschließlich ihrer Wasserbauwerke (Schleusen, Kanalbrücken).

Zwischen Selles und Noyers ist er restauriert und wieder für die Schifffahrt freigegeben worden. In Vierzon wurden zwei Schleusen wieder in Betrieb genommen. Wenn Sie mehr wissen möchten über diesen Kanal und die Sanierungsprojekte, kontaktieren Sie ARECABE.

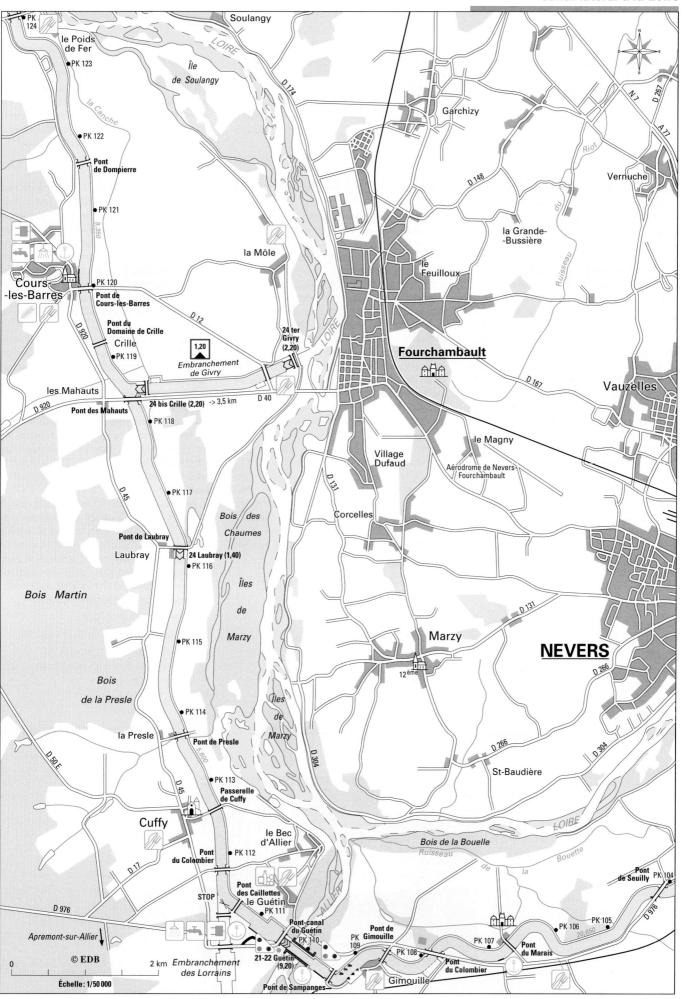

PK 124
le Poids
de Fer
PK 123

la Canche

Soulangy

Île
de Soulangy

D 174

LOIRE

Garchizy

Vernuche

D 148

la Grande-
-Bussière

PK 122

Pont
de Dompierre

PK 121

la Môle

9,350

le Feuilloux

Ruisseau du Riot

Cours-
-les-Barres

PK 120

Pont de
Cours-les-Barres

D 920

Pont du
Domaine de Crille

Crille

PK 119

D 12

24 ter
Givry
(2,20)

1,20

Embranchement
de Givry

Fourchambault

D 167

Vauzelles

les Mahauts

D 920

Pont des Mahauts

24 bis Crille (2,20) -> 3,5 km

D 40

PK 118

le Magny

Village
Dufaud

Aérodrome de Nevers-
Fourchambault

D 131

D 45

PK 117

Bois des
Chaumes

Corcelles

Pont de Laubray

Laubray

24 Laubray (1,40)

PK 116

Îles
de
Marzy

Bois Martin

Marzy

12 ème

NEVERS

D 131

D 266

PK 115

Bois
de la Presle

PK 114

Îles
de
Marzy

D 304

D 266

D 304

St-Baudière

D 50 E

la Presle

Pont de Presle

5,600

D 45

PK 113

Passerelle
de Cuffy

LOIRE

Cuffy

le Bec
d'Allier

Bois de la Bouelle

Ruisseau de la Bouette

Pont
du Colombier

PK 112

Pont
de Seuilly

PK 104

D 17

Pont
des Caillettes

le Guétin

STOP

PK 111

D 976

D 976

Apremont-sur-Allier

Pont-canal
du Guétin

PK 110

Pont de
Gimouille

PK 109

PK 108

PK 107

PK 106

PK 105

20,650

Pont
du Marais

0

© EDB

2 km

Échelle: 1/50 000

Embranchement
des Lorrains

21-22 Guétin
(9,20)

ALLIER

Pont
du Colombier

Gimouille

Pont de Sampanges

45

Plagny. Au port de Plagny vous êtes à 10 km du circuit de Magny-Cours. Vous y trouverez des restaurants et un circuit de karting ouvert au grand public. Le musée Ligier, avec une collection de 16 voitures de course, raconte l'histoire de l'écurie Ligier depuis 20 ans. Ouvert toute l'année sauf le mardi. Tél. : 03 86 21 82 01.

✳ La Gabare : 03 86 37 54 23 (F. dim.)

Nevers. Au PK 100 un embranchement avec deux écluses automatiques vous mène vers le port de Nevers. Cet endroit perd petit à petit son aspect sévère et industriel et devient un accostage agréable et accueillant. Au fond du port, l'ancienne écluse de descente en Loire est devenue une piscine avec toboggans, bassins à vagues et autres jeux pour les enfants.
En face de la capitainerie, l'accueillant Café de la Marine est le seul restaurant de Nevers à proposer la vraie friture de Loire. À ne pas manquer !
Pour accéder au centre-ville, traversez le pont sur la Loire et montez directement vers la cathédrale. L'office du tourisme, le palais ducal et les autres sites intéressants se trouvent à quelques pas.
Nous vous recommandons une visite au musée municipal Fréderic-Blandin, sur la promenade des Remparts. Dans la salle capitulaire de l'ancienne abbaye Notre-Dame vous pouvez voir une splendide collection de plus de 200 faïences. Les pièces fabriquées entre le XVIᵉ et le XIXᵉ siècle sont exposées d'après leur utilisation : grands plats, bouteilles, statues, objets de toilette... D'autres salles sont consacrées aux expositions temporaires.
Dans sa faïencerie, à côté de la porte du Croux, la famille Montagnon perpétue la tradition des céramistes de Nevers depuis 350 ans. La « Manufacture du bout du monde » est, en effet, la plus ancienne faïencerie de France. Dans la salle d'exposition vous pouvez voir et acquérir des objets toujours fabriqués à la main avec des méthodes et des matériaux traditionnels.

Office du tourisme : 03 86 68 46 00

Capitainerie : 03 86 37 54 79/ 06 74 54 81 77

▲ La cathédrale Saint-Cyr-Sainte-Juliette • Le palais ducal • La porte du Croux
✱ Marché : samedi
✳ Café de la Marine, port de la Jonction : 03 86 37 58 61

Chevenon
✳ Restaurant du Centre : 03 86 38 43 00

Plagny. From the port of Plagny it is only 10 km to the Magny-Cours racing circuit. Here you will find restaurants and a go-cart track open to the public. The Ligier museum, with its collection of 16 formula 1 cars, tells the story of the Ligier racing stable since its beginnings 20 years ago. Open all year round except for Tuesdays. Tel.: 03 86 21 82 01.

✳ *La Gabare: 03 86 37 54 23 (C. Sun.)*

Nevers. At PK 100 a branch with two automatic locks leads you to the port of Nevers. This port is losing its rather severe, industrial aspect and is slowly becoming an agreeable boat harbour. At the end of the port, the old lock for going down into the Loire has been replaced by a swimming pool complete with water slides and other games for the children.
Opposite the port office, the very welcoming Café de la Marine is the only restaurant in Nevers to propose the genuine Whitebait of the Loire. Not to be missed!
To reach the centre of town, cross the bridge and go up directly towards the cathedral. The tourist office, the Ducal palace and other points of interest are nearby. We recommend a visit to the Fréderic Blandin museum on the Promenade of the Ramparts. In the Capitulary room of the former abbey of Notre Dame, you will see a display of more than 200 pieces of china. These articles made between the 16th and the 19th centuries are grouped according to their uses; big plates, bottles, statues, bathroom objects etc. Other rooms contain contemporary exhibits.
In a china factory beside la Porte du Croux, the Montagnon family have carried on the tradition of Nevers ceramists for the last 350 years. The "factory of the end of the world" is the oldest china factory in France. In their exhibition room you can see and acquire articles made by hand using traditional methods and materials.

Tourist office: 03 86 68 46 00

Port office: 03 86 37 54 79/ 06 74 54 81 77

▲ *The Saint-Cyr-Sainte-Juliette cathedral • The Ducal palace • The Croux gate*
✱ *Market on Saturdays*
✳ *Café de la Marine, port de la Jonction: 03 86 37 58 61*

Chevenon
✳ *Restaurant du Centre: 03 86 38 43 00*

Plagny. Im Hafen von Plagny sind Sie 10 km von der Rennbahn Magny-Cours entfernt. Hier gibt es Restaurants und eine Kartingbahn, die für jeden zugänglich ist. Im Museum Ligier wird anhand einer Sammlung von 16 Rennwagen die Geschichte des Rennstalls Ligier in den letzten 20 Jahren aufgezeigt. Ganzjährig (außer Dienstags) geöffnet. Tel.: 03 86 21 82 01.

✳ La Gabare: 03 86 37 54 23 (G. sonn.)

Nevers. Am PK 100 führt eine Abzweigung mit zwei automatischen Schleusen zum Hafen von Nevers. Diese Stadt verliert allmählich ihr strenges, industrielles Gesicht und wird zu einem angenehmen und freundlichen Anlegeplatz. Die ehemalige Schleuse hinten im Hafen, die zur Loire führte, ist heute ein Schwimmbad mit Wasserrutschen, Wellenbad und anderen Attraktionen für Kinder. Das sehr einladende Café de la Marine gegenüber vom Hafenamt ist das einzige Restaurant in Nevers, das die echten fritierten Loire-Fische anbietet. Auf keinen Fall versäumen!
Zur Stadtmitte kommen Sie, wenn Sie über die Loirebrücke direkt bis zur Kathedrale hinaufgehen. Das Verkehrsamt, der Herzogspalast und die weiteren Sehenswürdigkeiten liegen ganz in der Nähe.
Empfehlenswert ist auch ein Besuch im Musée Municipal Fréderic-Blandin auf der »Promenade des Remparts«. Im Kapitelsaal der ehemaligen Abtei Notre-Dame sehen Sie eine herrliche Sammlung von über 200 Fayencen aus dem 16. bis 19. Jh., die nach ihrer Verwendung angeordnet sind: große Teller, Flaschen, Statuen, Toilettenartikel usw. In den anderen Sälen befinden sich Wechselausstellungen.
Die Familie Montagnon führt in ihrer Fayence-Manufaktur am Stadttor »Porte du Croux« seit 350 Jahren die Tradition der Keramiker von Nevers fort: ihre Manufaktur »Au Bout du Monde« (Am Ende der Welt) ist in der Tat die älteste Fayence-Manufaktur Frankreichs. In ihrem Ausstellungsraum können Sie Objekte besichtigen und erwerben, die von Hand und stets mit traditionellen Methoden und Materialien hergestellt werden.

Verkehrsamt: 03 86 68 46 00

Hafenamt: 03 86 37 54 79/ 06 74 54 81 77

▲ Kathedrale Saint-Cyr et Sainte-Juliette • Herzogspalast • Stadttor »Porte du Croux«
✱ Markt: samstags
✳ Café de la Marine: 03 86 37 58 61

Chevenon
✳ Restaurant du Centre: 03 86 38 43 00

Le port de Nevers.

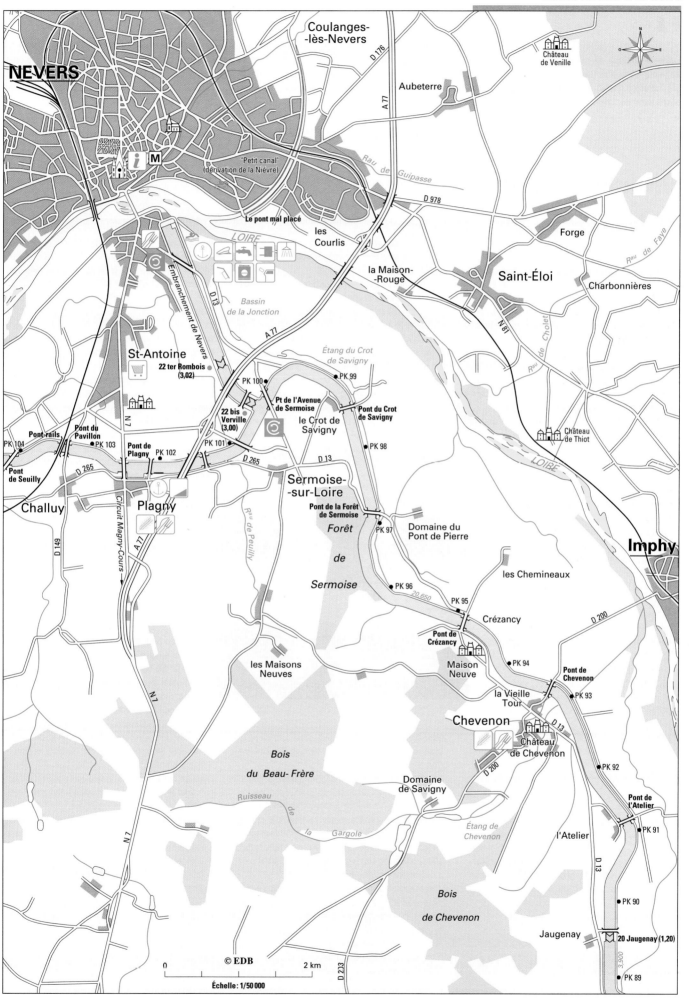

NEVERS

Coulanges-
-lès-Nevers

Château
de Venille

Aubeterre

D 176

A 77

Rau de Guipasse

D 978

Forge

Saint-Éloi

Charbonnières

"Petit canal"
(dérivation de la Nièvre)

Le pont mal placé

les
Courlis

la Maison-
-Rouge

LOIRE

N 81

Rau de Cholet

Rau de Faye

Bassin
de la Jonction

Embranchement de Nevers

D 13

A 77

Étang du Crot
de Savigny

Château
de Thiot

St-Antoine

22 ter Rombois
(3,02)

PK 100

PK 99

Pt de l'Avenue
de Sermoise

Pont du Crot
de Savigny

LOIRE

22 bis
Verville
(3,00)

le Crot de
Savigny

PK 98

Pont-rails

Pont du
Pavillon

PK 103

PK 101

N 7

D 265

D 13

PK 104

Pont de
Plagny

PK 102

Sermoise-
-sur-Loire

Pont de
Seuilly

D 265

D 13

Imphy

Challuy

Plagny

Pont de la Forêt
de Sermoise

Domaine du
Pont de Pierre

D 149

Circuit Magny-Cours

A 77

Rau de Peuilly

Forêt

de

Sermoise

PK 97

les Chemineaux

PK 96

20.650

PK 95

Crézancy

D 200

les Maisons
Neuves

Pont de
Crézancy

Maison
Neuve

PK 94

Pont de
Chevenon

N 7

la Vieille
Tour

PK 93

Chevenon

D 13

Château
de Chevenon

D 200

PK 92

Bois

du Beau-Frère

Domaine
de Savigny

Pont de
l'Atelier

Ruisseau

de

la Gargole

Étang de
Chevenon

l'Atelier

PK 91

D 13

Bois

de Chevenon

PK 90

Jaugenay

20 Jaugenay (1,20)

3,900

PK 89

© EDB

0   2 km

Échelle: 1/50 000

D 233

Luthenay-Uxeloup. Ici, ne manquez pas d'aller admirer les impressionnantes ruines du château de Rozemont, une forteresse féodale qui fut une des plus importantes places fortes de la région.

✱ Le Saint-Hubert : 03 86 58 14 88

Luthenay-Uxeloup. *Here you can see the impressive ruins of the Rozemont château, an imposing feudal fortress which was one of the most important strongholds in the region.*

✱ *Le Saint-Hubert: 03 86 58 14 88*

Luthenay-Uxeloup. Hier dürfen Sie auf keinen Fall einen Besuch der eindrucksvollen Ruinen der mittelalterlichen Burg von Rozemont versäumen, die damals eine der mächtigsten in der Region war.

✱ Le Saint-Hubert: 03 86 58 14 88

La pêche

En voyant les nombreux pêcheurs le long des berges, vous serez peut-être tenté de vous essayer à ce sport national.

Dans les ruisseaux de montagne vous pêcherez des poissons à chair rouge tels que la truite, mais votre itinéraire vous mènera plutôt vers les cours d'eau où les poissons blancs sont prolifiques.

Dans les canaux, on trouve presque tous les poissons d'eau douce tels que la perche, l'anguille et la carpe. Il faut les chercher surtout dans les ports désaffectés, moins troublés par le passage des bateaux.

En Loire on trouve ces mêmes espèces en grande quantité et aussi le black-bass qui affectionne surtout les bras de la Vieille Loire autour de Decize.

Depuis peu on constate la présence, dans les trous profonds, du terrible silure, véritable monstre de rivière, qui peut atteindre le poids de 80, même 100 kg. Si sa préparation en cuisine ne vous inspire pas, vous pouvez toujours pêcher les petits goujons et les ablettes qui se trouvent par milliers dans cette rivière.

Notez qu'il est interdit de pêcher après la tombée de la nuit et de pêcher à la traîne. Vous pouvez pêcher de votre bateau mais il doit être à l'arrêt. Pour pouvoir pêcher en France, il faut acquitter une taxe piscicole qui sert à financer le repeuplement des cours d'eau et des lacs. Le permis annuel coûte environ 60 €, mais, si vous êtes de passage, vous pouvez demander un permis « vacances » qui vous coûtera 30 €. Ce permis, valable pour une période de 15 jours entre le mois de juin et le mois de septembre, vous donnera le droit de pêcher sur tous les cours d'eau de la région. Il existe aussi une carte à la journée, disponible au prix de 8 €.

Vous pouvez acquérir votre permis dans certains cafés-tabacs ou dans un magasin d'articles de pêche où, pour une somme très modique, vous pouvez aussi acheter l'équipement nécessaire et les appâts.

Dans chaque département, la fédération de pêche édite un document avec bonnes adresses, règlements et conseils. La brochure éditée par la fédération de la Nièvre en collaboration avec le comité départemental du tourisme est exemplaire. Pour l'obtenir, adressez-vous à la Fédération de pêche de la Nièvre, 7, quai Mantoue, Nevers. Tél. : 03 86 61 18 98.

Fishing

Seeing the numerous fishermen that line the banks as you go past, you will perhaps be tempted to try your hand at this French national sport.

In the mountain streams you will find game fish such as trout but your itinerary will take you on waterways where "white" fish are abundant.

In the canals, for example, you will find perch, eel and carp, in fact most of the fresh water species in surprisingly large quantities. You should look for them preferably in the old disused loading ports where the water is not disturbed by passing boats.

In the Loire, you will find the same species and also the noble black bass which particularly likes the dead arms of the Old Loire around Decize.

Recently fishermen have started to find, in the deep parts of the Loire, a fish called the Silure. This veritable river monster can attain the weight of 80 kg and even up to 100 kg. If the cook on board is not overjoyed at the idea of preparing such a fish for dinner, you can always go for the shoals of whitebait which can be found in their thousands.

Note that it is forbidden to fish after nightfall or to caste in a line while the boat is moving. You can fish from the boat but it must be tied up.

You should also be aware that a licence is required to fish on the French inland waterways. An annual licence costs 60 € but if you are just passing through, you should ask for a holiday licence costing 30 €. It is valid for a period of 15 days between the months of June and September and will give you the right to fish all the lakes and streams of the region. There is also a daily licence costing 8 €.

Theses licences can be purchased at any fishing tackle shop where for a very modest sum you can also acquire the necessary equipment and bait.

In each department, the local fishing federation publishes a pamphlet with important addresses, local rules and regulations and other advice. The pamphlet published by the federation of the department of the

Nièvre along with the Departmental tourist committee is a very good example. To obtain a copy, contact the Fédération de Pêche de la Nièvre, 7, quai Mantoue, Nevers, Tel.: 03 86 61 18 98.

Angeln

Wenn Sie die vielen Angler am Ufer sehen, bekommen Sie vielleicht auch Lust, sich in diesem Nationalsport zu versuchen.

In den Gebirgsflüssen gibt es die sogenannten *poissons à chair rouge* wie die Forelle, aber auf Ihrer Route werden Sie eher in Gewässern angeln, die reich an *poissons blancs* sind.

In den Kanälen kommen fast alle Süßwasserfische vor: Barsch, Aal und Karpfen. Sie leben vor allem in den stillgelegten Häfen, weitab von durchfahrenden Schiffen.

In der Loire sind alle diese Arten reich vertreten, ebenso der edle Forellenbarsch, der sich gerne in den Altarmen der Loire rund um Decize aufhält.

Seit kurzem stößt man hin und wieder auf den furchterregenden Wels, der in den tiefen Löchern des Loirebettes lebt: ein wahres Ungeheuer, das bis zu 80 oder sogar 100 kg schwer werden kann. Wenn Ihr Bordkoch keine Lust hat, solch einen Fisch zuzubereiten, können Sie ja die kleinen Gründlinge und Weißfische fangen, die es in Unmengen in der Loire gibt.

Beachten Sie bitte, dass Angeln nach Einbruch der Dunkelheit oder aus einem fahrenden Boot untersagt ist. Sie dürfen von Ihrem Boot aus angeln, es darf dabei aber nicht fahren.

Um in Frankreich angeln zu dürfen, müssen Sie eine Angelsteuer entrichten, die zur Erneuerung des Fischbestandes in Flüssen und Seen verwendet wird. Ein Jahres-Angelschein kostet etwa 60 €, aber Sie können auch für etwa 30 € einen »Urlaubs-Angelschein« erwerben, der für einen Zeitraum von 15 Tagen zwischen Juni und September gültig ist und mit dem Sie in allen Gewässern der Region angeln dürfen. Eine Tageskarte kostet 8 €.

Diese Scheine bekommen Sie in manchen Cafés und Tabakgeschäften oder in Angelgeschäften; dort können Sie auch für wenig Geld die notwendige Ausrüstung und Köder kaufen.

In jedem Departement gibt der Anglerbund ein Informationsblatt mit nützlichen Adressen, Verordnungen und Tipps heraus. Die gemeinsam vom Anglerbund und vom Fremdenverkehrskomitee Nièvre herausgegebene Broschüre ist beispielhaft. Erhältlich bei der Fédération de pêche de Nièvre, 7 quai Mantoue, Nevers, Tel: 03 86 61 18 98.

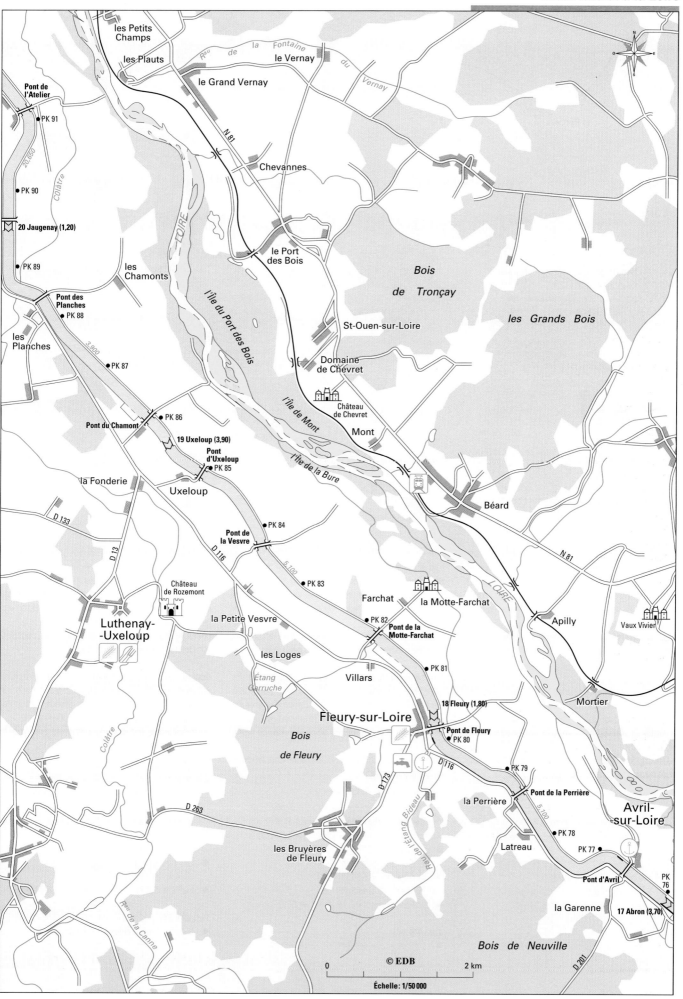

les Petits Champs
les Plauts
Rau de la Fontaine du Vernay
le Vernay
le Grand Vernay
Pont de l'Atelier
PK 91
N 81
Chevannes
Côlatre
20.650
PK 90
20 Jaugenay (1,20)
PK 89
les Chamonts
le Port des Bois
LOIRE
l'île du Port des Bois
Bois de Tronçay
les Grands Bois
Pont des Planches
PK 88
les Planches
3.900
PK 87
St-Ouen-sur-Loire
l'île de Mont
Domaine de Chevret
Château de Chevret
Pont du Chamont
PK 86
19 Uxeloup (3,90)
Pont d'Uxeloup
PK 85
la Fonderie
l'île de la Bure
Mont
Uxeloup
Béard
D 133
PK 84
Pont de la Vesvre
D 13
D 116
5.100
PK 83
N 81
Farchat
la Motte-Farchat
LOIRE
Château de Rozemont
Apilly
Luthenay-
-Uxeloup
la Petite Vesvre
PK 82
Pont de la
Motte-Farchat
Vaux Vivien
les Loges
Étang Garruche
PK 81
Villars
Mortier
18 Fleury (1,80)
Fleury-sur-Loire
Pont de Fleury
Bois
PK 80
de Fleury
D 116
PK 79
Côlatre
D 173
Rau de l'Étang Bideau
la Perrière
Pont de la Perrière
5.100
D 263
Avril-
sur-Loire
les Bruyères
de Fleury
PK 78
Latreau
PK 77
Rau de la Canne
Pont d'Avril
PK 76
la Garenne
17 Abron (3,70)
Bois de Neuville
D 201

0   © EDB   2 km

Échelle: 1/50 000

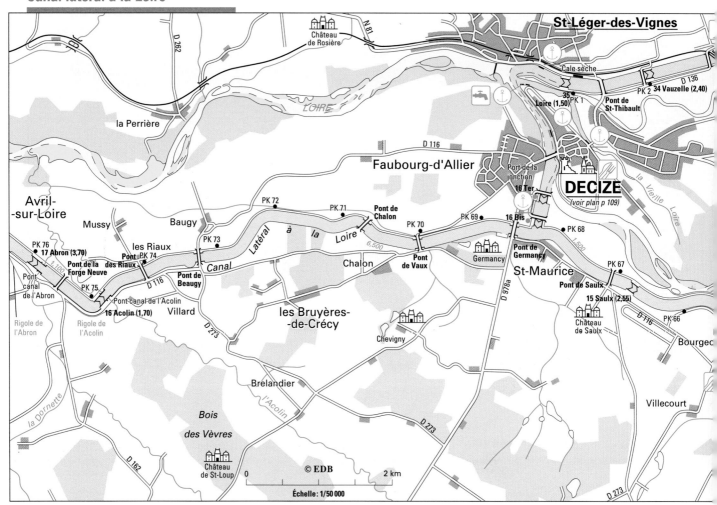

Après le passage de l'écluse n° 16 bis, vous êtes dans le grand port de Decize. L'accostage est possible devant la base Crown Blue Line. Il y a un très bon restaurant et un supermarché derrière la base, mais pour accéder au centre-ville, vous devez traverser le pont sur la Loire en suivant le chemin de service.

Pour la traversée de la Loire en bateau et l'accès à la halte nautique de Decize, suivez nos instructions page 108.

Decize. Une jolie petite ville sur une île de la Loire. Un marché très animé a lieu tous les vendredis et le troisième mardi du mois. Une partie des marchands s'installe à côté du port. Vous trouverez aussi à cet endroit l'office du tourisme.

Fait exceptionnel, les supermarchés indiqués sur la carte sont ouverts le dimanche matin.

   Office du tourisme : 03 86 25 27 23

▲ L'église Saint-Aré et sa crypte mérovingienne •
La porte du Marquis d'Ancre et la tour
de l'Horloge • Les remparts • La promenade
des Halles

✻ Le Charolais : 03 86 25 22 27 (F. dim. soir et lun.)
✻ La Grignotte : 03 86 25 26 20
(F. mer. soir et dim.)
✻ Le Paris-Saigon : 03 86 25 23 34 (7/7)

Tort (PK 64)
✻ L'Auberge des Feuillats : 03 86 25 05 19

After going through lock No. 16 bis, you are in the big port of Decize. You can moor up in front of the Crown Blue Line hire base. There is a very good restaurant and a supermarket behind the base, but to get to the town centre, you must following the towpath and cross the bridge over the Loire .

To cross the Loire by boat and reach the Decize town moorings, follow our instructions on page 108.

Decize. *A pretty little town built on an island on the Loire. A bustling street market is held every Friday and the third Tuesday of each month at Decize. Some of the merchants set up their stalls next to the port on the dead arm of the Loire. The tourist office can also be found here.*

Note that the supermarkets shown on the map are open on Sunday mornings.

   Tourist Office: 03 86 25 27 23

▲ *The Saint-Aré church and its Merovingian crypt •
The gate of the Marquis of Ancre and the clock
tower • The ramparts • The Market promenade*

✻ *Le Charolais: 03 86 25 22 27
(C. Sun. eve. and Mon.)*
✻ *La Grignotte: 03 86 25 26 20
(C. Wed. eve. and Sun.)*
✻ *Le Paris-Saigon: 03 86 25 23 34 (7/7)*

Tort (PK 64)
✻ *L'Auberge des Feuillats: 03 86 25 05 19*

Nach der Schleuse Nr. 16 bis befinden Sie sich im großen Hafen von Decize. Liegen können Sie vor der Basis von Crown Blue Line. Hinter der Basis gibt es ein sehr gutes Restaurant und einen Supermarkt. Wenn Sie allerdings ins Stadtzentrum wollen, folgen Sie dem Treidelpfad und gehen dann über die Loirebrücke.

Loire-Überquerung per Boot und Zufahrt zum Liegeplatz von Decize: siehe Anweisungen Seite 108.

Decize. Ein hübscher kleiner Ort auf einer Loire-Insel. Freitags und jeden dritten Dienstag im Monat findet ein lebhafter Markt statt. Ein Teil der Stände sind in der Nähe des Hafens. Hier ist auch das Verkehrsamt. Ausnahmsweise sind die eingezeichneten Supermärkte sonntags morgens geöffnet.

   Verkehrsamt: 03 86 25 27 23

▲ Kirche Saint-Aré mit Krypta aus
der Merowingerzeit • Stadttor »Porte du Marquis
d'Ancre« und Stadttor mit großer Turmuhr •
Stadtmauern • Promenade des Halles

✻ Le Charolais: 03 86 25 22 27
(G. sonn. ab. und mon.)
✻ La Grignotte: 03 86 25 26 20
(G. mitt. ab. und sonn.)
✻ Le Paris-Saigon: 03 86 25 23 34 (k. Ruhetag)

Tort (PK 64)
✻ L'Auberge des Feuillats: 03 86 25 05 19

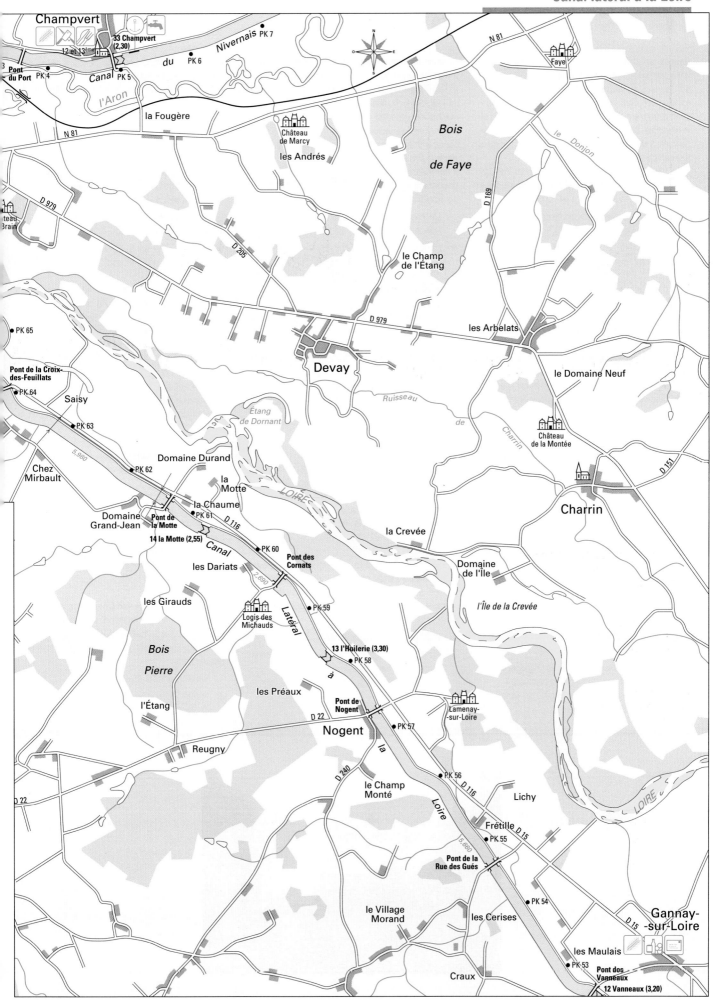

Champvert

33 Champvert (2,30)
12 et 13ème

Pont du Port

Canal du Nivernais   PK 7

PK 6
PK 5
PK 4

l'Aron

la Fougère

N 81

Château de Marcy

les Andrés

Faye

N 81

Bois de Faye

le Donjon

D 169

Château Brain

D 979

D 205

le Champ de l'Étang

les Arbelats

D 979

PK 65

Devay

le Domaine Neuf

Pont de la Croix-des-Feuillats

PK 64

Saisy

PK 63

Ruisseau   de

Étang de Dornant

Charrin

Château de la Montée

D 151

Chez Mirbault

PK 62

Domaine Durand

la Motte

LOIRE

Charrin

Domaine Grand-Jean

la Chaume

PK 61

D 116

la Crevée

Pont de la Motte

14 la Motte (2,55)

Canal

PK 60

Pont des Cornats

Domaine de l'Île

les Dariats

2,690

l'Île de la Crevée

les Girauds

PK 59

Logis des Michauds

Latéral

Bois

Pierre

13 l'Huilerie (3,30)

PK 58

les Préaux

à

l'Étang

Pont de Nogent

Lamenay-sur-Loire

D 22

Nogent

PK 57

Reugny

la

le Champ Monté

D 240

PK 56

D 116

Lichy

Loire

D 22

Frétille   D 15

5,660

PK 55

Pont de la Rue des Gués

le Village Morand

les Cerises

PK 54

Gannay-sur-Loire

D 15

les Maulais

PK 53

Craux

Pont des Vanneaux

12 Vanneaux (3,20)

51

Gannay-sur-Loire. Dans le large, en amont de l'écluse, une halte nautique offre toutes les commodités.

Sur la place du village, se dresse un arbre au tronc noueux. Cet arbre, que Sully fit planter en 1597, marquait la frontière entre la Bourgogne, le Bourbonnais et le Nivernais. Songez à tout ce qu'il a vu et enduré pour parvenir à rester debout tout ce temps ! Ne manquez pas de saluer dignement cet ancêtre.

À quelques mètres derrière le port, le potier Yannick Boucard fabrique une poterie colorée et agréable. Vous pouvez visiter son atelier, tél. : 04 70 43 48 65.

 Gardiennage, réparations, vente de bateaux
 France Fluvial : 03 86 81 54 55

✳ La Vacancière : 04 70 43 04 98
 (F. lun. soir et mer. soir)

Au sud de l'écluse des Gailloux, PK 49, vous trouverez des bollards. Accostez ici et vous pourrez visiter, pas très loin, un élevage de chèvres. Le propriétaire vous fera goûter son fromage qui est aussi à vendre.

Au PK 46, avant l'écluse de Rosière, vous pouvez accoster sur la rive gauche. À 2 km se trouve une exploitation horticole. Dans la grange vous pourrez admirer une belle exposition de fleurs séchées et vous trouverez des produits locaux en vente.

Saint-Martin-des-Lais
✳ L'Ardillier : 04 70 43 49 58

Paray-le-Frésil. Cet agréable petit village a plusieurs commerces, y compris deux épiceries et un boulanger. L'Auberge du Tigrou offre une cuisine campagnarde à des prix très raisonnables. Ce restaurant est un « point multiservice » et le propriétaire propose un service officiel de téléphone, minitel et fax. Tél. : 04 70 43 42 41.

À **Garnat-sur-Engièvre** vous n'êtes qu'à 9 km de **Bourbon-Lancy,** une sympathique ville thermale. De belles vieilles maisons, des antiquaires, un centre de *fitness* avec piscine chauffée et deux musées garantissent une visite intéressante.

 Office du tourisme : 03 85 89 18 27

▲ Les remparts et le beffroi (tour de l'Horloge) •
 Église Saint-Nazaire transformée en musée •
 Musée des Uniformes • Musée du Breuil exposant
 des découvertes gallo-romaines

Gannay-sur-Loire. *In the wide area upstream from the lock, there are moorings with full facilities.*

In the village square stands a knotty tree, planted in 1597 by Sully, the finance minister of Henri IV, This tree marked the boundary between Burgundy, the Bourbon territory and the Nivernais region. Think of all he has put up with over the centuries and go and pay your respects to this venerable ancestor.

A few metres behind the port, Yannick Boucard makes colourful and pleasant objects in pottery. You can visit his workshop. Tel.: 04 70 43 48 65.

 Moorings, repairs, boat sales
 France Fluvial: 03 86 81 54 55

✳ *La Vacancière: 04 70 43 04 98*
 (C. Mon. eve. and Wed. eve.)

Just south of the Gailloux lock, PK 49, you will see some bollards. Tie up here and you can visit the nearby goat farm. The owner will let you taste his goat's cheese which is also for sale.

At PK 46, before the Rosière lock, you can tie up on the left bank and visit a flower farm two kilometres away. In the barn you will find a beautiful display of dried-flowers as well as local produce for sale.

Saint-Martin-des-Lais
✳ *L'Ardillier: 04 70 43 49 58*

Paray-le-Frésil. *This attractive little town has several shops, including two grocers and a baker. The Auberge du Tigrou proposes country style cooking at reasonable prices. This restaurant is also a "multiservice point" and the owner offers an official fax, Minitel and telephone service. Tel.: 04 70 43 42 41.*

*At **Garnat-sur-Engièvre** you are only 9 kilometres away from **Bourbon-Lancy,** a lovely spa village. Beautiful old houses, antique shops, a fitness centre with heated swimming pool and two museums guarantee an interesting visit.*

 Tourist office: 03 85 89 18 27

▲ *The ramparts and the clock tower • Saint-Nazaire church converted into a museum • Uniforms museum • Breuil Museum with its Gallo-Roman exhibits*

Gannay-sur-Loire. Oberhalb der Schleuse gibt es einen voll ausgestatteten Anlegeplatz.

Auf dem Dorfplatz steht ein Baum mit knorrigem Stamm, den Sully, der Schatzkanzler Heinrichs IV., 1597 pflanzen ließ, um den Grenzpunkt zwischen Burgund, dem Bourbonnais und dem Nivernais zu markieren. In den vierhundert Jahren hat er so allerlei gesehen und erlebt und verdient sicherlich auch Ihren ehrerbietigen Gruß.

Wenige Meter hinter dem Hafen stellt der Töpfer Yannick Boucard farbenfrohe, schöne Tonwaren her. Sein Atelier können Sie besichtigen. Tel.: 04 70 43 48 65.

 Winterplätze, Reparaturen, Schiffsverkauf
 France Fluvial: 03 86 81 54 55

✳ La Vacancière: 04 70 43 04 98
 (G. mon. ab. und mitt. ab.)

Südlich der Schleuse Gailloux, PK 49, sehen Sie einige Poller. Machen Sie hier fest und besichtigen Sie eine Ziegenfarm ganz in der Nähe. Der Besitzer lässt Sie auch seinen Ziegenkäse probieren, den Sie natürlich auch kaufen können.

Am PK 46, vor der Schleuse Rosière, können Sie am linken Ufer anlegen. 2 km weiter liegt eine Gärtnerei. In der Scheune können Sie eine schöne Trockenblumen-Ausstellung bewundern und lokale Spezialitäten erwerben.

Saint-Martin-des-Lais
✳ L'Ardillier: 04 70 43 49 58

Paray-le-Frésil. In diesem netten Dörfchen gibt es mehrere Geschäfte, darunter zwei Lebensmittelgeschäfte und einen Bäcker. Das Restaurant »Auberge du Tigrou« bietet ländliche Kost zu sehr vernünftigen Preisen. Es ist auch ein *point multiservice* und der Inhaber bietet einen offiziellen Telefon-, Minitel- und Faxservice an. Tel.: 04 70 43 42 41.

In **Garnat-sur-Engièvre** sind Sie nur 9 km von **Bourbon-Lancy,** einem ansprechenden Kurort, entfernt. Schöne alte Häuser, Antiquitätenhändler, ein Fitnesscenter mit beheiztem Schwimmbad und zwei Museen sind einen Besuch wert.

 Verkehrsamt: 03 85 89 18 27

▲ Stadtmauer und Bergfried (Uhrturm) •
 Kirche Saint-Nazaire (heute Museum) • Uniformen-
 Museum • Musée du Breuil mit gallorömischen
 Funden

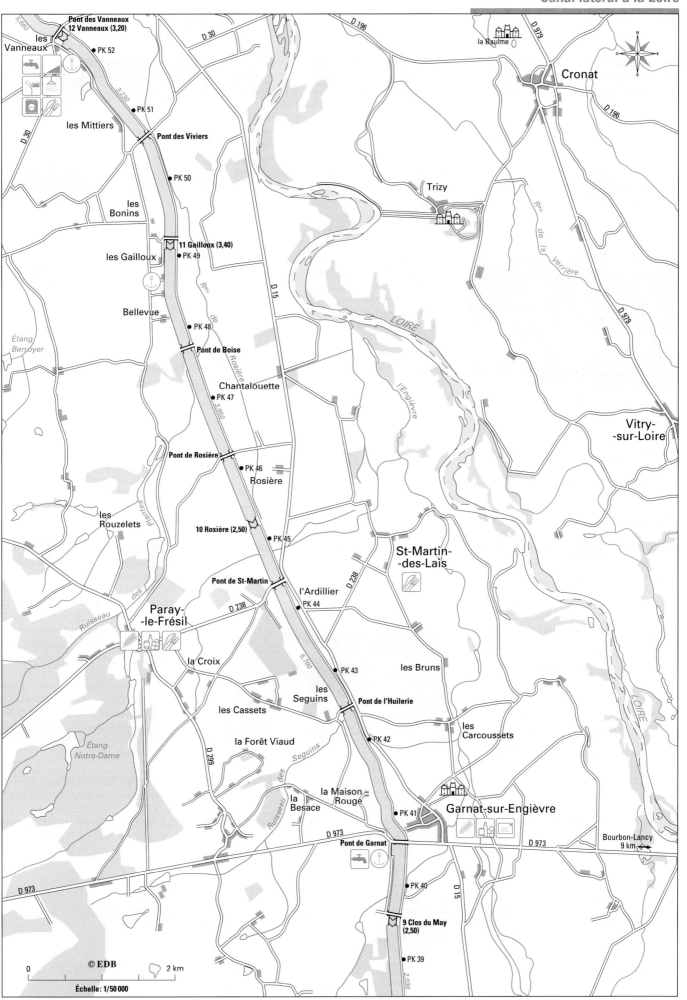

Pont des Vanneaux
12 Vanneaux (3,20)
les Vanneaux
PK 52

les Mittiers
PK 51

Pont des Viviers
PK 50

les Bonins

11 Gailloux (3,40)
les Gailloux
PK 49

Bellevue
PK 48

Pont de Boise

Chantalouette
PK 47

Pont de Rosière
PK 46
Rosière

les Rouzelets

10 Rosière (2,50)
PK 45

Pont de St-Martin

Paray-
-le-Frésil
la Croix
l'Ardillier
PK 44

les Seguins
les Cassets
PK 43
les Bruns

la Forêt Viaud
Pont de l'Huilerie
PK 42
les Carcoussets

la Maison Rouge
la Besace
PK 41
Garnat-sur-Engièvre

Pont de Garnat

PK 40

9 Clos du May (2,50)

PK 39

Étang Berroyer

Étang Notre-Dame

St-Martin-
-des-Lais

la Baulme
Cronat

Trizy

LOIRE

Vitry-
-sur-Loire

Bourbon-Lancy
9 km

© EDB
0   2 km
Échelle: 1/50 000

D 30, D 196, D 979, D 15, D 238, D 299, D 973

53

Beaulon. Au-dessus de la salle des fêtes de Beaulon, quelques passionnés ont rassemblé une collection d'outils et d'autres objets qui témoignent de la rude vie des gens de la région avant l'âge des machines.

On y trouve une cuisine et le coin alcôve d'une maison simple de campagne, sans confort et sans électricité. L'exposition est complétée par une collection d'habits du XIXᵉ siècle : vêtements de bourgeois et de paysans, robes de mariées et simples jupons.

* ✳ Marché : le 4ᵉ jeudi de chaque mois
* ✳ La Vieille Maison : 04 70 42 71 44
* ✳ Le Commerce : 04 70 42 70 59

Abbaye de Sept-Fons.

Abbaye de Sept-Fons. L'histoire de cette belle abbaye, bâtie sur les rives de la Loire et de la Besbre, est assez remarquable. Elle a été fondée en 1132 par Willem et Wicard de Bourbon, seigneurs de Dompierre, sous le nom de Notre-Dame-de-Saint-Lieu. La désignation de Sept-Fons vient des sept fontaines dont la source se trouvait tout près.

Tombée en ruine au XVᵉ siècle, elle a été sauvée au XVIIᵉ siècle par l'abbé Eustache de Beaufort. Mais pendant plusieurs années la vie dissolue des moines fit scandale dans la région ; ils en furent bannis et envoyés à Cîteaux en « préretraite ». De Beaufort s'est mis ensuite à reconstruire la vie de l'abbaye et elle prospéra jusqu'au début de la Révolution. À cette époque les moines se sont encore distingués mais cette fois-ci pour leur fidélité au pape et à l'Église, et on dénombre parmi eux plusieurs martyrs.

L'abbaye est fermée au public mais une salle de réception à l'entrée accueille les visiteurs. On peut y visionner un film vidéo racontant la vie des moines, et acheter des produits fabriqués à l'abbaye tels que des aliments diététiques, des eaux de Cologne et des confitures (tél. : 04 70 48 14 90).

Dompierre-sur-Besbre. Vous pouvez accéder à Dompierre par l'embranchement mais attention, le tirant d'eau est de 1,20 m et parfois moins en été. Au fond vous trouverez un port aménagé avec tous services. Le Pal, parc animalier et centre d'attractions, se trouve à 8 km de Dompierre. Prix d'entrée : adulte 16 €, enfant de moins de 10 ans 13 €.

Maison du val de Besbre : 04 70 34 61 31

* ✳ Marché : samedi matin
* ✳ Auberge de l'Olive : 04 70 34 51 87 (F. ven.)
* ✳ La Paix : 04 70 48 00 44

Diou
* ✳ Restaurant de la Gare : 04 70 42 90 97
  (F. mer. soir)

Beaulon. *Above the Beaulon town hall some amateurs of local history have assembled a collection of tools and other articles which recall the tough life of the inhabitants of this region prior to the machine age.*

They have installed a kitchen and the bedroom of a simple country house going back to the days when there was no electricity and few comforts. The exhibition is competed by a collection of 19th century clothing: once owned by bourgeois or peasants, from wedding dresses to simple petty coats.

* ✳ *Market on the 4th Thursday of each month*
* ✳ *La Vieille Maison: 04 70 42 71 44*
* ✳ *Le Commerce: 04 70 42 70 59*

Abbaye de Sept-Fons. *The history of this abbey, built on the banks of the Loire and the Besbre, is quite remarkable. It was founded way back in 1132 by Willem and Wicard de Bourbon, noblemen of Dompierre under the name of Our Lady of the Holy Place. The title "Sept-Fons" comes from the seven fountains whose source is close by.*

By the 15th century the abbey had fallen into ruin but was saved in the 17th century with the appointment of Eustache de Beaufort. For several years the dissolute life of the monks was the scandal of the region and finally they were banished to the town of Cîteaux. De Beaufort then set about reconstructing the life of the abbey and it thrived until the beginning of the Revolution. During the Revolution the monks once again distinguished themselves but this time for their faithfulness to the Pope and to the Church and many became martyrs.

The Abbey is closed to the public but visitors are welcomed in a reception hall near the entrance. Here one can see a video film showing the life of the monks, and purchase products made by them such as diet foods, eaux de Cologne and jams. Tel.: 04 70 48 14 90.

Aciérie de Dompierre-sur-Besbre.

Dompierre-sur-Besbre. *You can reach Dompierre by the branch canal but, be careful, the available depth is only 1,20 m and sometimes less in Summer. At the end you will find serviced moorings.*

The Pal animal and amusement park is 8 km away from Dompierre. Entry, 16 € for adults and 13 € for children less than 10 years old.

Maison du val de Besbre: 04 70 34 61 31

* ✳ *Market on Saturday morning*
* ✳ *Auberge de l'Olive: 04 70 34 51 87 (C. Fri.)*
* ✳ *La Paix: 04 70 48 00 44*

Diou
* ✳ *Restaurant de la Gare: 04 70 42 90 97*
  (C. Wed. eve.)

Point kilométrique 30.

Beaulon. Über dem Rathaussaal haben einige Geschichtsliebhaber eine Sammlung von Werkzeugen und anderen Objekten zusammengetragen, die vom harten Leben der Einheimischen vor dem Maschinenzeitalter zeugen.

Zu sehen ist eine Küche mit einem Alkoven in einem einfachen Landhaus ohne Komfort und ohne Strom. Eine Sammlung von Kleidungsstücken aus dem 19. Jh. vervollständigt die Ausstellung: Kleidung von Bürgern und Bauern, Hochzeitskleider und einfache Unterröcke.

* ✳ Markt: jeden 4. Donnerstag im Monat
* ✳ La Vieille Maison: 04 70 42 71 44
* ✳ Le Commerce: 04 70 42 70 59

Abbaye de Sept-Fons. Die Geschichte dieses schönen Klosters am Ufer der Loire und der Besbre ist recht bemerkenswert: Es wurde 1132 von Willem und Wicard de Bourbon, Seigneurs von Dompierre, unter dem Namen Notre-Dame-de-Saint-Lieu gegründet. Der Name Sept-Fons stammt von den sieben Brunnen, deren Quelle ganz in der Nähe liegt.

Im 15. Jh. war das Kloster bereits stark verfallen, wurde aber im 17. Jh. von dem Abt Eustache de Beaufort zu neuem Leben erweckt. Jahrelang sorgte das ausschweifende Leben der Mönche für Skandale, bis sie nach Cîteaux in den »Vorruhestand« verbannt wurden. Anschließend machte sich der Abt De Beaufort an die Neuorganisation des klösterlichen Lebens und bis zum Beginn der Revolution war das Kloster auch recht wohlhabend. Während der Revolution machten die Mönche wieder von sich reden: diesmal jedoch durch ihre Treue zum Papst und zur Kirche, mehrere wurden sogar zu Märtyrern.

Das Kloster ist nicht zu besichtigen, am Eingang gibt es jedoch einen Empfangsraum für Besucher. Hier wird ein Videofilm über das Leben der Mönche gezeigt, und Sie können Erzeugnisse kaufen, die im Kloster hergestellt werden, wie Diät-Lebensmittel, Kölnisch Wasser und Marmelade. Tel.: 04 70 48 14 90.

Dompierre-sur-Besbre. Auf der Abzweigung kommen Sie nach Dompierre, fahren Sie jedoch vorsichtig, da der Tiefgang nur 1,20 m beträgt, im Sommer manchmal noch weniger. Am Ende der Strecke erreichen Sie einen voll ausgestatteten Hafen. 8 km von Dompierre liegt der Tier- und Vergnügungspark »Le Pal« (Eintritt Erwachsene 16 €, Kinder 13 €).

Maison du val de Besbre: 04 70 34 61 31

* ✳ Markt: samstags morgens
* ✳ Auberge de l'Olive: 04 70 34 51 87 (G. frei.)
* ✳ La Paix: 04 70 48 00 44

Diou
* ✳ Restaurant de la Gare: 04 70 42 90 97
  (G. mitt. ab.)

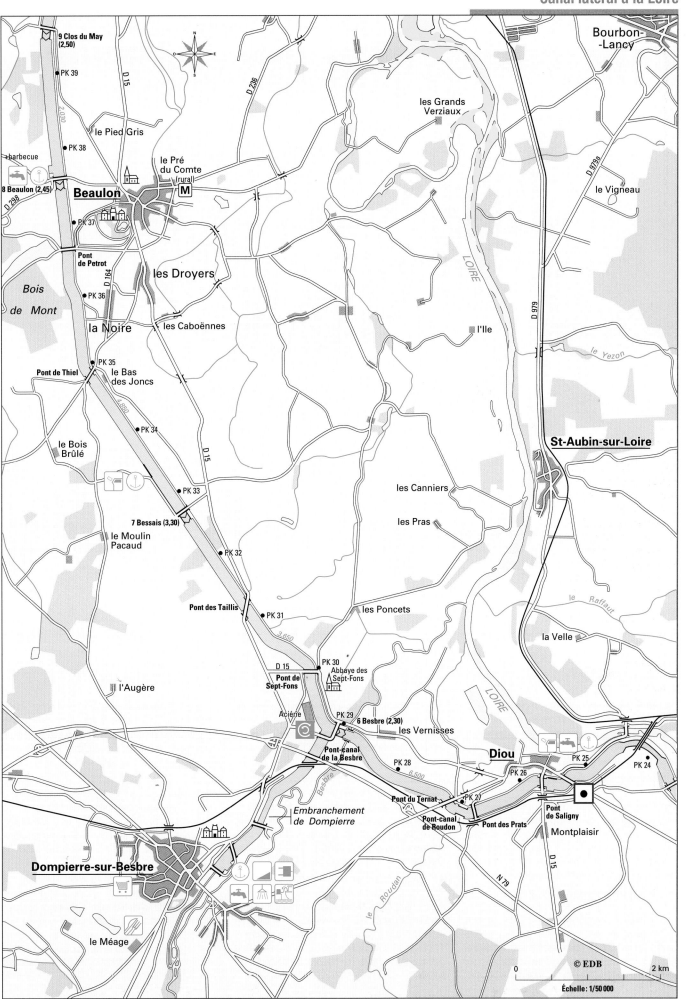

9 Clos du May (2,50)

PK 39

le Pied Gris

PK 38

barbecue

8 Beaulon (2,45)

Beaulon

le Pré
du Comte
(rural) M

Pont
de Petrot

les Droyers

PK 37

PK 36

Bois
de Mont

la Noire

les Caboënnes

PK 35

Pont de Thiel

le Bas
des Joncs

le Bois
Brûlé

PK 34

PK 33

7 Bessais (3,30)

le Moulin
Pacaud

PK 32

Pont des Taillis

PK 31

les Poncets

les Canniers

les Pras

la Velle

l'Augère

PK 30
Abbaye des
Sept-Fons

D 15

Pont de
Sept-Fons

Aciérie

PK 29

6 Besbre (2,30)

les Vernisses

Pont-canal
de la Besbre

PK 28

Pont du Ternat

Diou

PK 26

PK 27

Pont des Prats

Pont-canal
de Roudon

Embranchement
de Dompierre

Dompierre-sur-Besbre

le Méage

PK 25

Pont
de Saligny

Montplaisir

les Grands
Verziaux

**Bourbon-
-Lancy**

le Vigneau

l'Ile

St-Aubin-sur-Loire

le Yezon

le Raffaut

PK 25

PK 24

© EDB

0   2 km

Échelle: 1/50 000

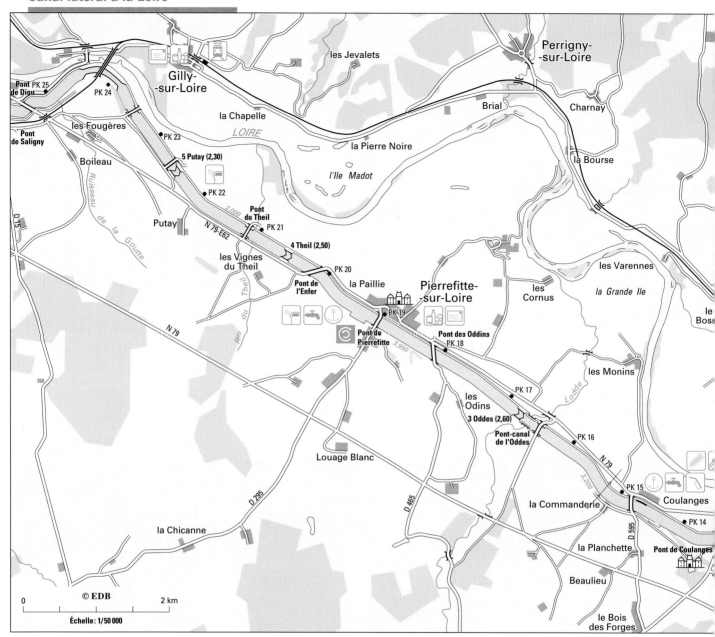

Gilly-sur-Loire

✳ Auberge Gourmande : 03 85 53 93 14

Pierrefitte-sur-Loire. Derrière le port vous apercevrez la grande digue d'un plan d'eau dédié aux loisirs nautiques. La pêche, la baignade et la voile se pratiquent sur le lac et, aux alentours, il y a des sentiers balisés pour randonneurs et cyclistes.

Office du tourisme : 04 70 34 61 31

Coulanges. Il y a quelques commerces et un restaurant dans ce village ainsi qu'une station-service située tout près du canal. Deux beaux châteaux méritent d'être vus mais ne se visitent pas : le château de Mortillon, classé monument historique, et le château des Prats. Un vieux four à chaux datant du XVIIIe siècle longe le canal.

✳ Auberge de la Forge : 04 70 47 02 66 (F. lun.)

Un pont-canal en maçonnerie traverse la Loire et vous amène vers la ville de Digoin. Ce bel ouvrage, construit entre 1834 et 1838, est soutenu par 11 piles et mesure 235 m. Son bac de 6 m de large permet le passage d'un seul bateau à la fois. Le premier engagé a la priorité.

Gilly-sur-Loire

✳ *Auberge Gourmande : 03 85 53 93 14*

Pierrefitte-sur-Loire-sur-Loire. Behind the port, you will see the big bank of a lake dedicated to water sports. Fishing, swimming and sailing are carried out on the lake and around it there are paths for cyclists and hikers.

Tourist Office : 04 70 34 61 31

Coulanges. There are some shops and a restaurant in his village as well as a garage selling fuel not too far from the canal. Two attractive chateaux are worth seeing but can not be visited : the chateau of Mortillon, classified as a historical monument, and the chateau of the Prats. Along the canal you will see and old lime oven.

✳ *Auberge de la Forge : 04 70 47 02 66 (F. lun.)*

A stone canal bridge takes you across the Loire towards the town of Digoin. This imposing structure, built between 1834 and 1838 is 235 m long and is supported by 11 pylons. Its caisson, 6 metres wide only allows one boat to pass at a time. The first boat on the bridge has priority.

Gilly-sur-Loire

✳ Auberge Gourmande: 03 85 53 93 14

Pierrefitte-sur-Loire. Hinter dem Hafen sehen Sie den großen Damm eines Sees, an dem Wassersport betrieben wird: Angeln und Segeln auf dem See, rundherum ausgeschilderte Wege für Wanderer und Radfahrer.

Verkehrsamt: 04 70 34 61 31

Coulanges. In diesem Dorf gibt es einige Geschäfte und ein Restaurant, sowie eine Tankstelle ganz in der Nähe des Kanals. Zwei schöne Schlösser sind sehenswert, aber nicht zu besichtigen: das Château de Mortillon und das Château des Prats. Am Kanalufer sehen Sie einen alten Kalkofen aus dem 18. Jh.

✳ Auberge de la Forge: 04 70 47 02 66 (G. mon.)

Eine gemauerte Kanalbrücke über die Loire führt Sie nach Digoin. Dieses schöne Bauwerk entstand zwischen 1834 und 1838, es ist 235 m lang und ruht auf 11 Pfeilern. Aufgrund der Breite von 6 m kann jeweils nur ein Schiff die Brücke befahren. Vorfahrt hat immer das zuerst eingefahrene Schiff.

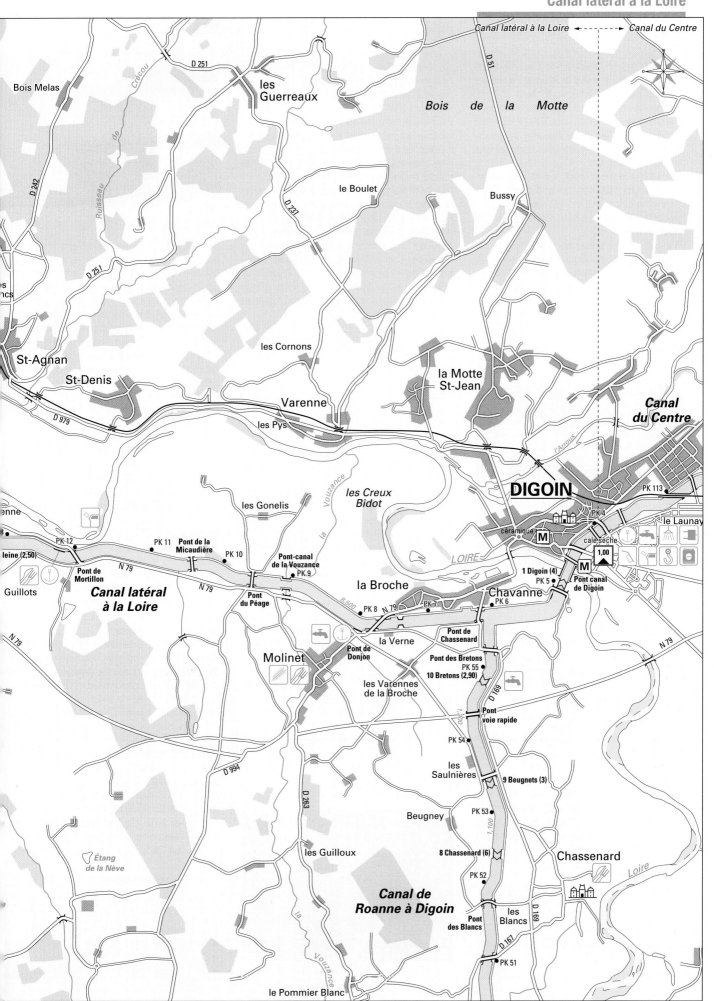

Bois Melas

les Guerreaux

D 251

Bois de la Motte

D 251

le Boulet

D 231

Bussy

D 51

les Cornons

St-Agnan

St-Denis

la Motte
St-Jean

Varenne

**Canal
du Centre**

D 979

les Pys

l'Arroux

les Creux
Bidot

DIGOIN

PK 113

la Vouzance

les Gonelis

PK 4

céramique

le Launay

PK-12

PK 11

Pont de la
Micaudière

PK 10

M

cale sèche

1,00

leine (2,50)

N 79

Pont-canal
de la Vouzance

PK 9

la Broche

LOIRE

1 Digoin (4)

M

▲

Pont de
Mortillon

**Canal latéral
à la Loire**

N 79

Pont
du Péage

8.500

PK 8

N 79

PK 7

Chavanne

PK 6

PK 5

Pont canal
de Digoin

Guillots

la Verne

Pont de
Chassenard

N 79

N 79

la Verne

Molinet

Pont de
Donjon

Pont des Bretons

PK 55

les Varennes
de la Broche

10 Bretons (2,90)

D 169

D 994

Pont
voie rapide

1,100

PK 54

les
Saulnières

9 Beugnets (3)

D 263

Beugney

PK 53

la

1,100

Étang
de la Nève

les Guilloux

8 Chassenard (6)

Chassenard

PK 52

Loire

D 169

**Canal de
Roanne à Digoin**

Pont
des Blancs

les
Blancs

D 167

Vouzance

PK 51

le Pommier Blanc

Canal de Roanne à Digoin

Le canal de Roanne à Digoin prolonge le canal latéral vers son terminus à la ville de Roanne. Dix écluses manuelles rachètent une hauteur totale de 37,27 m. La navigation est paisible et le paysage agréable. Ici la Loire n'est jamais très loin du canal. N'ayant pas encore reçu les eaux de l'Allier, elle est plus intime, plus accessible mais tout aussi belle que le grand fleuve que nous connaissons plus en aval.

Sur les 55 km de son parcours, le canal possède plusieurs ouvrages intéressants. Le pont-canal à double voie d'Artaix fut construit en 1933 suite à l'effondrement de la digue, accident qui a coûté la vie à un malheureux marinier.

Il y a, aussi, plusieurs écluses avec une hauteur de chute impressionnante dont celle de Bourg-le-Comte (7 m), une des plus profondes du réseau Freycinet. Et finalement, avant d'arriver à Roanne, vous passerez sous le pont Pisserot, ouvrage de l'ingénieur Mazoyer et copie conforme, à petite échelle, du pont-canal de Briare.

Pont-canal de Digoin.

Digoin. L'activité principale de la ville de Digoin est la création d'articles en céramique. Plusieurs magasins proposent des produits des fabricants locaux et le musée de la Céramique installé dans l'ancienne hostellerie de l'Écu de France, retrace l'histoire de la céramique depuis l'époque romaine jusqu'au xxᵉ siècle. Sont aussi exposées les productions des trois dernières usines actuellement en activité à Digoin.

Au bout du pont-canal, sur la rive droite, vous apercevrez le bâtiment de l'Observaloire, une évocation vivante de tous les aspects de la Loire : sa faune, sa flore et les hommes qui gagnaient leur vie sur ses eaux.

Vous commencez votre visite « sous l'eau » en compagnie des poissons de la Loire avant de monter à l'étage où vous pouvez voir et même sentir les différentes marchandises transportées sur les gabares.

Dernière étape, une grande salle vitrée d'où vous observerez les différentes espèces d'oiseaux qui fréquentent la belle plaine fluviale en face.

Digoin offre plusieurs restaurants de grande qualité. Choisissez un de ces restaurants en fonction de votre budget et goûtez la fameuse viande de Charolais ou « l'assiette du canalou », un savoureux mélange de morceaux de sandre, de brochet, de saumon et d'anguille avec une sauce mijotée au vin rouge.

Office du tourisme : 03 85 53 00 81

Capitainerie : ·
Tél. : 03 85 88 97 26 - Fax : 03 85 53 73 03

* Marché : vendredi et dimanche matin
* Les Canalous : 03 85 53 25 28)
* Les Diligences : 03 85 53 06 31 (7/7)
* Le Merle Blanc : 03 85 53 17 13 (7/7)

The canal from Digoin to Roanne extends the Loire lateral canal owards its terminus at the city if Roanne. Ten manual locks with lock-keepers will help you climb a total height of 37.27 m.

Cruising is peaceful and the countryside pleasant. Here the Loire is never far from the canal. Having not yet received the waters of the Allier, it is more intimate, more accessible but just as beautiful as the majestic river we know so well further downstream.

Over the 55 kilometres of its length, the canal has several interesting structures. The two-way canal-bridge at Artaix was built in 1933 following a breach in the bank, an incident which cost the life of an unfortunate bargee. There are also some very deep locks including that of Bourg-le-Comte (7 m), one of the deepest on the whole Freycinet network. And finally, before arriving at Roanne, you will go under the Tisserot bridge, built by the engineer Mazoyer as a small scale copy of the Briare canal bridge.

Digoin. The main industrial activity at Digoin is the manufacture of articles in ceramic. Several shops offer locally made objects for sale and the museum in the hotel of the Ecu de France, traces the history of ceramic production from the Roman era right up to the 20th century. You can also see items produced by the three remaining factories still in production at Digoin.

At the end of the canal bridge, right bank, you will see the building of the Observaloire, a living evocation of all the aspects of the river: its flora, its fauna and the men who gained their living on its waters.

You will start your visit "under water" in the presence of the different species of Loire fish before going upstairs where you can see and even smell the various different cargoes transported on the river boats.

Last stage, a big glassed room from which you can observe, with the help of binoculars, the different species of birds which inhabit the river flats opposite.

Digoin has several quality restaurants. Choose one of them according to your budget and taste a juicy Charolais steak or the bargee's plate, a tasty mixture of pieces of perch, pike, salmon and eel in a red wine sauce.

Tourist Office: 03 85 53 00 81

Port Office:
Tel.: 03 85 88 97 26 - Fax: 03 85 53 73 03

* Market on Friday and Sunday mornings
* Les Canalous: 03 85 53 25 28
* Les Diligences: 03 85 53 06 31 (7/7)
* Le Merle Blanc: 03 85 53 17 13 (7/7)

Observaloire, Digoin.

Pont Pisserot.

Der Canal zwischen Roanne und Digoin ist eine Verlängerung des Loire-Seitenkanals bis zur »Endstation« Roanne. Zehn manuelle Schleusen gleichen einen Höhenunterschied von 37,27 m aus. Es erwartet Sie eine friedliche Fahrt durch eine hübsche Landschaft. Die Loire verläuft hier nie weit vom Kanal entfernt. Da der Allier noch nicht eingemündet ist, ist sie noch sehr ruhig und zugänglich, aber donnoch genauso schön wie weiter talwärts, wo wir sie als majestätischen Fluss kennen. Auf seinem 55 km langen Parcours besitzt der Kanal mehrere interessante Wasserbauwerke. Die zweispurige Kanalbrücke in Artaix wurde 1933 nach dem Dammbruch gebaut, bei dem ein Schiffer ums Leben kam. Hier gibt es auch mehrere Schleusen mit einem beeindruckenden Fall, darunter die in Bourg-le-Comte (7m), die eine der tiefsten aller Freycinet-Schleusen ist. Und schließlich fahren Sie kurz vor Roanne unter der Brücke Pont Pisserot hindurch. Sie ist das Werk des Ingenieurs Mazoyer und – in einem kleineren Maßstab – absolut identisch mit der Kanalbrücke von Briare.

Digoin. Die Stadt Digoin lebt hauptsächlich von der Keramikherstellung. Mehrere Geschäfte verkaufen die Artikel der hier ansässigen Hersteller, und im Keramik-Museum in der ehemaligen »Hostellerie de l'Écu de France« lässt sich die Geschichte der Keramik von der Römerzeit bis ins 20. Jh. nachvollziehen. Ausgestellt sind dort ebenfalls die Artikel, die die drei letzten Fabriken heute noch in Digoin herstellen.

Am Ende der Kanalbrücke sehen Sie am rechten Ufer das »Observaloire«, ein lebendiges Observatorium rund um die Loire: Fauna, Flora und die Menschen, die auf der Loire ihren Lebensunterhalt verdienen. Die Besichtigung beginnt »unter Wasser« in Begleitung der in der Loire lebenden Fische. Oben sehen Sie – und riechen sie sogar – die verschiedenen Waren, die auf den Lastkähnen transportiert wurden.

Letzte Etappe ist ein großer verglaster Saal, wo Sie die verschiedenen Vogelarten beobachten können, die in der schönen Flussebene gegenüber leben.

In Digoin gibt es mehrere ganz ausgezeichnete Restaurants. Suchen Sie sich je nach Budget eines davon aus, und probieren Sie das berühmte Fleisch von den Charolais-Rindern oder die »Canalou«-Platte, eine leckere Mischung aus Zander, Hecht, Lachs und Aal mit Rotweinsauce.

Verkehrsamt: 03 85 53 00 81

Hafenmeisterei:
Tel.: 03 85 88 97 26 - Fax: 03 85 53 73 03

* Markt: freitags und sonntags morgens
* Les Canalous: 03 85 53 25 28
* Les Diligences: 03 85 53 06 31 (k. Ruhetag)
* Le Merle Blanc: 03 85 53 17 13 (k. Ruhetag)

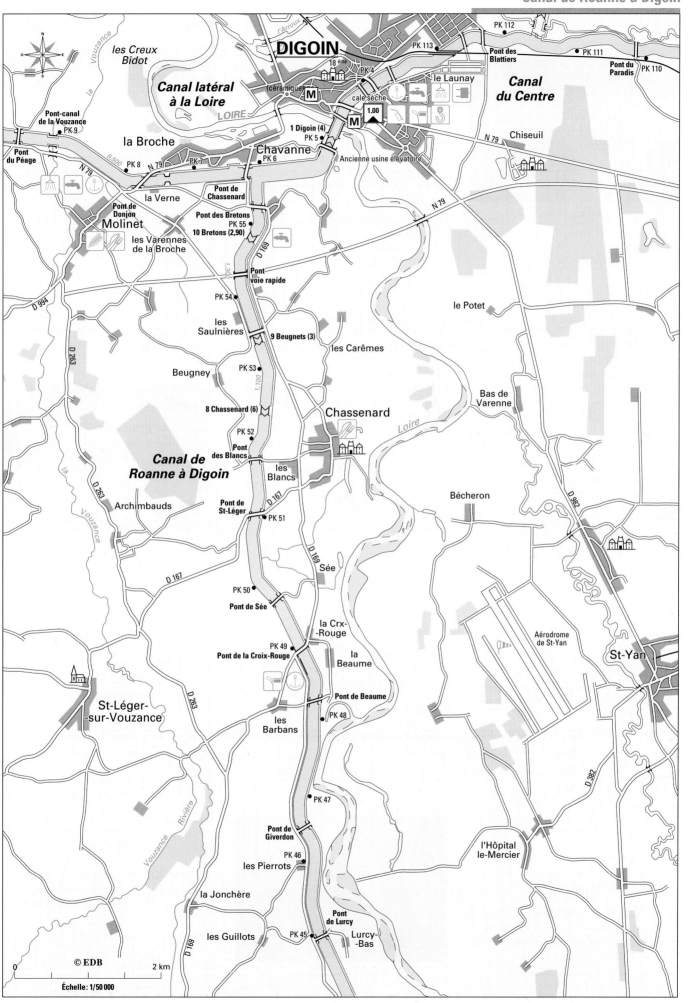

DIGOIN

**Canal latéral
à la Loire**

**Canal
du Centre**

les Creux
Bidot

la Vouzance

Pont-canal
de la Vouzance
PK 9

N

O   E

S

Pont
du Péage

N 79

la Broche

Chavanne

PK 8

N 79

PK 7

PK 6

8.500

la Verne

Pont de
Chassenard

Pont de
Donjon

Molinet

les Varennes
de la Broche

Pont des Bretons
PK 55
10 Bretons (2,90)

D 994

D 169

1.300

Pont
voie rapide

PK 54

les
Saulnières

9 Beugnets (3)

Beugney

PK 53

1.100

8 Chassenard (6)

PK 52

Pont
des Blancs

Chassenard

les Carêmes

D 263

D 263

la Vouzance

**Canal de
Roanne à Digoin**

Archimbauds

les
Blancs

D 167

Pont de
St-Léger

PK 51

D 169

Sée

Bécheron

Bas de
Varenne

le Potet

Loire

Chiseuil

N 79

N 79

le Launay

cale sèche

1,00

M

M

1 Digoin (4)
PK 5

Ancienne usine élévatoire

18 ème

(céramique)

LOIRE

l'Arroux

PK 4

PK 112

PK 113

Pont des
Blattiers

PK 111

Pont du
Paradis

PK 110

**Canal
du Centre**

PK 50

Pont de Sée

la Crx-
-Rouge

la Beaume

PK 49

Pont de la Croix-Rouge

D 263

St-Léger-
-sur-Vouzance

Vouzance Rivière

Pont de Beaume

les
Barbans

PK 48

Aérodrome
de St-Yan

St-Yan

D 382

l'Hôpital
le-Mercier

D 382

PK 47

D 169

Pont de
Giverdon

PK 46

les Pierrots

la Jonchère

les Guillots

D 169

Pont
de Lurcy

PK 45

Lurcy-
-Bas

0   2 km

Échelle: 1/50 000

59

Pont-canal d'Artaix.

Chassenard
* Le Petit Galet : 03 85 88 97 17

Pont-de-Bonnand
* Pont de la Loire : 04 70 55 30 31 (7/7)

Bourg-le-Comte. À quelques kilomètres de l'accostage PK 36,5 se trouve le golf du château de la Frédière. Vous y trouverez, dans un cadre magnifique, un practice, un parcours de 18 trous, une piscine et un restaurant. Tél. : 03 85 25 19 67.

Taxi, M. Fernandez à Marcigny, tél. : 03 85 25 15 63.
* Chambres d'Hôtes, Comme un Coq en Pâte : 03 85 25 27 05

L'écluse de Bourg-le-Comte est une des plus profondes de tout le réseau Freycinet en France ; elle rattrape une différence de niveau de 7,20 m. Ne vous inquiétez pas, elle est très douce et facile à négocier, même si elle n'est pas équipée de bollards flottants. Notez que les écluses de Chassenard et d'Artaix font 6 m de hauteur chacune.

Marcigny. À 2,5 km du canal, une jolie petite ville dont le centre est composé de maisons à pans de bois du XIe siècle et d'hôtels particuliers du XVIIIe. L'office du tourisme propose une visite guidée des rues. Un marché très animé tous les lundis et un marché fermier tous les vendredis vous donnent d'autres raisons de faire une halte dans ce village.
Marcigny est aussi le lieu de fabrication des célèbres céramiques culinaires Émile Henry. À l'usine, un magasin est ouvert au public.

Office du tourisme : 03 85 25 39 06
▲ Musée de la tour du Moulin
✳ Marché : lundi
* Auberge de Briant : 03 85 25 98 69
  (F. mar. soir et mer.)
* Restaurant du Marché : 03 85 25 11 05 (7/7)
* Restaurant Saint-Antoine : 03 85 25 11 23 (7/7)
  (Le patron viendra vous chercher au bateau)

Saint-Martin-du-Lac
▲ Église romane (XIe siècle) • Ancienne cure restaurée • Musée des Attelages

Melay. L'espace d'expositions du pressoir propose la visite d'un imposant pressoir de 1683. Il accueille aussi régulièrement des expositions temporaires sur des sujets variés (tél. : 03 85 84 15 19).
* Restaurant des Sports : 03 85 84 16 28

Chassenard
* Le Petit Galet: 03 85 88 97 17

Pont-de-Bonnand
* Pont de la Loire: 04 70 55 30 31 (7/7)

Bourg-le-Comte. A few kilometres from the moorings at PK 36.5, there is the golf club of the Chateau of the Frédière. Here you will find, in a magnificent setting, a practise range, an 18 hole course, a swimming pool and a restaurant. Tel.: 03 85 25 19 67.

Taxi, Mr. Fernandez at Marcigny, Tel.: 03 85 25 15 63.
* Chambres d'Hôtes, Comme un Coq en Pâte: 03 85 25 27 05

The lock at Bourg-le-Comte is one of the deepest of the whole Freycinet network in France; it makes up for a difference in level of 7.20 m. Don't worry, it is easy to negotiate, even if it is not equipped with floating bollards. Note that the Chassenard and Artaix locks each measure 6 metres.

Marcigny. 2.5 km away from the canal, this small town contains numerous 11th century gabled houses and 18th century mansions. The local tourist office organises guided visits. A very lively street market on Mondays and a live produce market on Fridays give two other reasons to visit Marcigny.
Marcigny is also the place where the famous Emile Henry cookware articles are made. There is a shop open to the public at the factory.

Tourist Office: 03 85 25 39 06
▲ The Mill tower museum
✳ Market on Monday
* Auberge de Briant: 03 85 25 98 69
  (C. Tue. eve. and Wed.)
* Restaurant du Marché: 03 85 25 11 05 (7/7)
* Restaurant Saint-Antoine: 03 85 25 11 23 (7/7)
  (The owner will come and collect you from your boat)

Saint-Martin-du-Lac
▲ 11th century Romanesque church • Old vicarage • Museum of coaches of "La Belle Époque"

Melay. At the wine press exhibition area you will see a wine press in use since 1683. There are also temporary exhibitions on various different themes. (tel.: 03 85 84 15 19).
* Restaurant des Sports: 03 85 84 16 28

Écluse de Bourg-le-Comte.

Chassenard
* Le Petit Galet: 03 85 88 97 17

Pont-de-Bonnand
* Pont de la Loire: 04 70 55 30 31 (k. Ruhetag)

Bourg-le-Comte. Einige Kilometer vom Anlegeplatz PK 36,5 liegt der Golfplatz Château de la Frédière. In einer wunderschönen Umgebung haben Sie hier einen Practice, einen 18-Löcher-Parcours, ein Schwimmbad und ein Restaurant. Tel.: 03 85 25 19 67.

Taxi, M. Fernandez in Marcigny, Tel: 03 85 25 15 63.
* Chambres d'Hôtes, Comme un Coq en Pâte: 03 85 25 27 05

Die Schleuse von Bourg-le-Comte ist eine der tiefsten im ganzen Freycinet-Netz Frankreichs: sie gleicht einen Höhenunterschied von 7,20 m aus. Keine Sorge, sie lässt sich ganz leicht passieren, auch wenn sie keine Schwimmpoller hat. Bedenken Sie, dass die Schleusen in Chassenard und Artaix einen Fall von 6 m haben.

Musée de la Soierie, Charlieu.

Marcigny. Ein hübsches Städtchen, 2,5 km vom Kanal entfernt, mit Fachwerkhäusern aus dem 11. Jh. und herrschaftlichen Stadthäusern aus dem 18. Jh. Das Fremdenverkehrsamt bietet Führungen an. Ein sehr belebter Markt (montags) und ein Bauernmarkt (freitags) sind weitere Gründe, in Marcigny Halt zu machen.
In Marcigny wird auch die berühmte Tafelkeramik »Emile Henry« hergestellt. Direktverkauf ab Fabrik für alle.

Verkehrsamt: 03 85 25 39 06
▲ Museum »Tour du Moulin« (Kunst und Geschichte)
✳ Markt: montags
* Auberge de Briant: 03 85 25 98 69
  (G. dien. ab. und mitt.)
* Restaurant du Marché: 03 85 25 11 05
  (k. Ruhetag)
* Restaurant Saint-Antoine: 03 85 25 11 23
  (k. Ruhetag. Der Inhaber holt Sie am Boot ab)

Saint-Martin-du-Lac
▲ Romanische Kirche (11. Jh.) • Restauriertes Pfarrhaus • Kutschenmuseum

Melay. Im Ausstellungsraum »Le Pressoir« sehen Sie eine beeindruckende Kelter aus dem Jahr 1683. Regelmäßig finden Wechselausstellungen statt, Tel: 03 85 84 15 19.
* Restaurant des Sports: 03 85 84 16 28

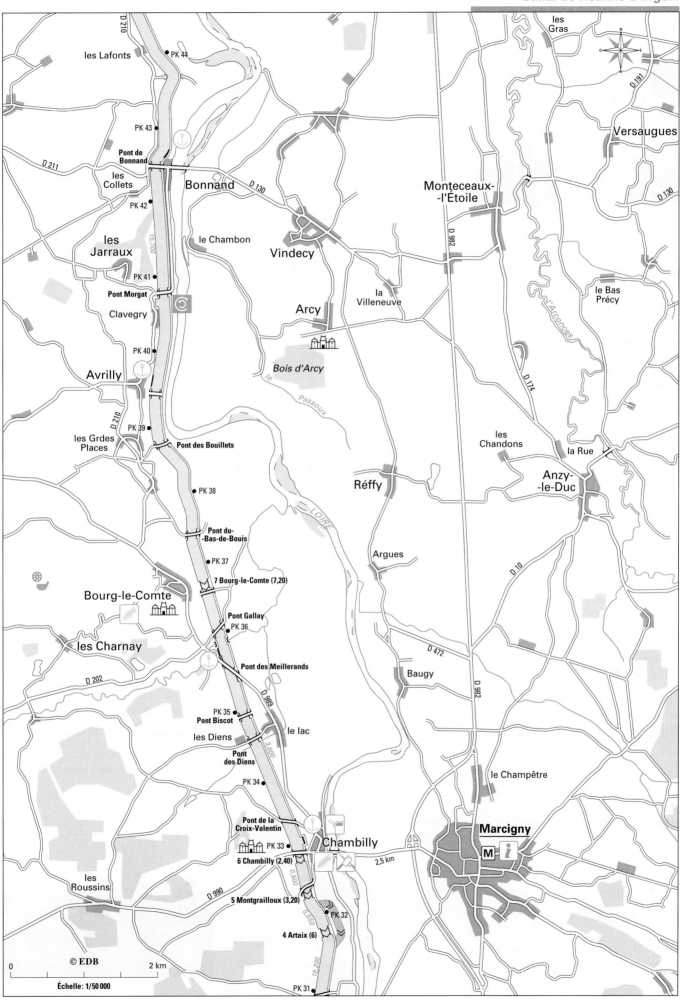

les Gras

Versaugues

les Lafonts • PK 44

D 210

PK 43 •

Pont de Bonnand

les Collets

Bonnand

D 211

PK 42 •

les Jarraux

le Chambon

Vindecy

Monteceaux-l'Étoile

D 982

15,700

PK 41 •

Pont Morgat

Clavegry

Arcy

la Villeneuve

le Bas Précy

PK 40 •

Avrilly

D 210

Bois d'Arcy

l'Arconce

D 174

PK 39 •

les Grdes Places

Pont des Bouillets

le Passoux

les Chandons

la Rue

Anzy-le-Duc

• PK 38

Réffy

LOIRE

Pont du-Bas-de-Bouis

• PK 37

Argues

D 10

7 Bourg-le-Comte (7,20)

Bourg-le-Comte

Pont Gallay

PK 36

les Charnay

Pont des Meillerands

D 202

D 472

Baugy

D 989

PK 35

Pont Biscot

les Diens

le lac

3,800

D 982

Pont des Diens

• PK 34

le Champêtre

Pont de la Croix-Valentin

PK 33

Chambilly

Marcigny

M

6 Chambilly (2,40)

2,5 km

les Roussins

D 990

0,500

5 Montgrailloux (3,20)

0,550

• PK 32

4 Artaix (6)

18,200

© EDB

0   2 km

Échelle: 1/50 000

PK 31

Huilerie Leblanc, Iguerande.

Iguerande. Dans son huilerie artisanale, M. Leblanc presse à l'ancienne des huiles de table à base de noix, colza grillé, amandes, arachides, noisettes, etc. Elles sont tout simplement délicieuses.

▲ Musée Reflet... Brionnais, un musée de tout ce qu'on trouve dans le Brionnais, vignobles, élevage, culture.
✳ Le Lion d'Or : 03 85 84 08 92 (F. mer. soir)

Briennon. L'endroit où l'on chargeait les tuiles produites au village s'est désormais reconverti à la plaisance. Ce très beau port, avec son atelier de réparations et son *shipchandler*, mérite bien une escale. L'accostage est payant (5 € la nuit) mais la première nuit est gratuite. Le Parc des canaux, en face du port, permet aux enfants (plus ou moins grands) de s'initier au pilotage d'un bateau fluvial avec des bateaux radiocommandés. Si vous êtes déjà un « marin d'eau douce » confirmé, vous préférerez peut-être visiter la péniche *Dhuys*, mise à terre dans le parc.

Marins d'Eau Douce : 04 77 69 92 92
✳ Le Faubourg Saint-Hilaire : 04 77 69 92 98
✳ Le Relais du Canal : 04 77 69 39 32 (F. mer.)

Pouilly-sous-Charlieu. Cette ville, de l'autre côté de la Loire, était un important centre de céramique. Jusqu'à la construction du canal, sa production était envoyée par gabare à partir d'un port sur la Loire. Elle possède un restaurant très réputé.

✳ Marché : dimanche matin
✳ Restaurant de la Loire : 04 77 60 81 36

Charlieu. À 6,5 km du canal, l'ancienne abbaye de Charlieu est en grande partie ruinée depuis la Révolution, pourtant son église était réputée être la « plus parée des filles de Cluny ». Les parties encore debout donnent une idée de la splendeur que revêtait le site.
Le musée de la soierie offre une visite fascinante aux membres féminins de votre équipage. Ici, vous verrez des échantillons de soie fournie aux plus grandes maisons de couture françaises. Vous verrez fonctionner des métiers à tisser de différentes époques, toujours en service, et l'exposition est complétée par une collection de robes en soie de la maison Chanel.
Dans le même bâtiment, l'ancien Hôtel-Dieu de Charlieu a été soigneusement reconstitué avec son apothicairerie, ses salles d'opération et la grande salle des malades.

Office du tourisme : 04 77 60 12 42
✳ Marché : mercredi et samedi matin

Mably. Tout près de la halte nautique se trouve le musée de Maya consacré à l'apiculture. Tél. : 04 77 65 20 75.

Iguerande. In his table oil factory, Mr. Leblanc presses table oils in the traditional way using walnuts, colza, almonds, peanuts, Hazel-nuts etc. They are quite simply delicious.

▲ *Museum of reflections on the Brionnais region, vineyards, grazing, general cultivating.*
✳ *Le Lion d'Or: 03 85 84 08 92 (C. Wed. eve.)*

Briennon. The place where the tiles produced in the village used to be loaded up has now been converted into a boat harbour. This very attractive port with its boat repair facilities and ship chandler provides comfortable overnight moorings. The fee is 5 € per night but the first night is free.
The canal park, opposite the port enables children of all ages to learn about boat handling on inland waterways using radio controlled boats. If you are already an experienced "fresh water sailor" you may prefer to visit the barge Dhuys which has been brought ashore in the park.

Marins d'Eau Douce: 04 77 69 92 92
✳ *Le Faubourg Saint-Hilaire: 04 77 69 92 98*
✳ *Le Relais du Canal: 04 77 69 39 32 (C. Wed.)*

Port de Briennon.

Pouilly-sous-Charlieu. This town on the other side of the Loire was known for the production of ceramics. Before the canal was built, the articles were sent off on river barges from the port on the river.
It has a very good restaurant.

✳ *Market: Sunday morning*
✳ *Restaurant de la Loire: 04 77 60 81 36*

Charlieu. The old abbey of Charlieu has been practically a ruin since the revolution, however its church was reputed to have been the "most decorative of the daughters of Cluny". Those parts which are still standing give an idea of the splendour which the site once possessed, The silk museum offers a fascinating visit for the feminine members of your crew. Here you can see samples of the silks supplied to France's leading dress makers. You will also in working order, examples of weaving looms from different periods in history. The exhibition is completed by a collection of silk dresses from the house of Chanel.
In the same building, the old Hôtel-Dieu hospital has been reconstituted in the smallest detail with its pharmacy, its operation theatres and the huge sick room for the patients.

Tourist Office: 04 77 60 12 42
✳ *Market: Wednesday and Saturday mornings*

Mably. Right next to the port you can visit a museum dedicated to bees and honey. Tel.: 04 77 65 20 75.

Iguerande. In seiner Ölmühle presst Monsieur Leblanc auf traditionelle Art Tafelöle aus Walnüssen, Raps, Mandeln, Erdnüssen, Haselnüssen und anderen Ölfrüchten. Sie schmecken ganz und gar einmalig.

▲ Heimatmuseum mit allem, was es in dieser Region so gibt: Weinberge, Viehzucht, Ackerbau
✳ Le Lion d'Or: 03 85 84 08 92 (G. mitt. ab.)

Briennon. Der alte Hafen, in dem früher die hier gefertigten Backsteine und Ziegel verladen wurden, ist heute ein Freizeithafen. Dieser schöne Hafen mit Reparaturwerft und Schiffsausstatter ist einen Halt wert. Das Anlegen ist gebührenpflichtig, 5 € pro Nacht, die erste Nacht ist jedoch kostenlos.
Im »Parc des Canaux« können sich (mehr oder weniger große) Kinder anhand von ferngesteuerten Booten mit dem Lenken eines Flussschiffes vertraut machen. Wenn Sie bereits ein fortgeschrittener »Süßwasser-Seemann« sind, sehen Sie sich vielleicht lieber die *Dhuys* an, die im Park an Land liegt.

Marins d'Eau Douce: 04 77 69 92 92
✳ Le Faubourg Saint-Hilaire: 04 77 69 92 98
✳ Le Relais du Canal: 04 77 69 39 32 (G. mitt.)

Pouilly-sous-Charlieu. Diese Stadt liegt auf der anderen Loireseite und war ein bedeutendes Keramikzentrum. Bis zum Bau des Kanals wurden die Waren auf Lastkähnen in einem Loire-Hafen verschifft. Hier gibt es ein sehr renommiertes Restaurant.

✳ Markt: sonntags morgens
✳ Restaurant de la Loire: 04 77 60 81 36

Charlieu. Das alte Kloster von Charlieu (6,5 km vom Kanal) ist seit der Revolution größtenteils zerstört, obwohl die Kirche den Ruf genoss, die »schönste Tochter von Cluny« zu sein. Die noch existierenden Überreste vermitteln einen Eindruck von der ehemaligen Größe und der Pracht des Klosters.
Das Seidenmuseum ist für die weiblichen Mitglieder Ihrer Crew sicher faszinierend: Hier sehen Sie Muster von Seidenstoffen, die an die bedeutendsten französischen Haute-Couture-Häuser geliefert wurden. Auch Webstühle aus verschiedenen Epochen sind in Betrieb und können besichtigt werden. Und schließlich wird noch eine Kollektion von Seidenkleidern aus dem Hause Chanel gezeigt. Im selben Gebäude wurde das ehemalige Hospital »Hôtel-Dieu de Charlieu« mit seiner Apotheke, den Operationssälen und dem großen Krankensaal sorgfältig wiederhergerichtet.

Verkehrsamt: 04 77 60 12 42
✳ Markt: mittwochs und samstags morgens

Mably. Ganz in der Nähe der Anlegestelle liegt das Maja-Museum zum Thema Bienenzucht, Tel: 04 77 65 20 75.

Port de Roanne.

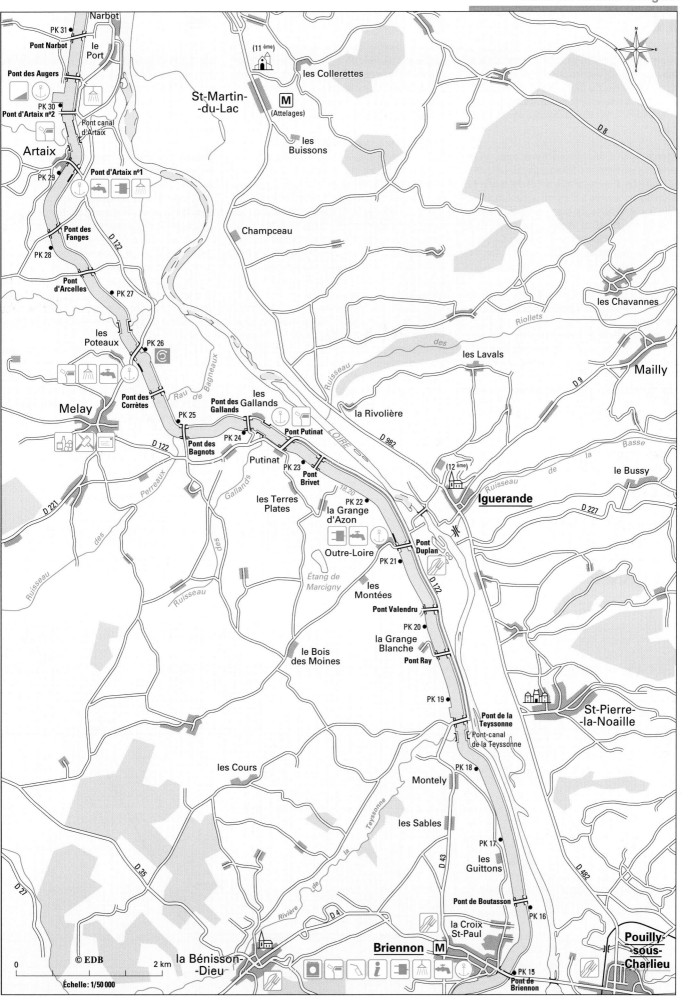

Narbot
PK 31
Pont Narbot
le Port
Pont des Augers
PK 30
Pont d'Artaix nº2
Pont canal d'Artaix
Artaix
PK 29
Pont d'Artaix nº1
Pont des Fanges
PK 28
D 122
Pont d'Arcelles
PK 27
les Poteaux
PK 26
Pont des Corrètes
Melay
les Gallands
Pont des Gallands
PK 25
Pont des Bagnots
PK 24
Pont Putinat
Putinat
PK 23
Pont Brivet
les Terres Plates
PK 22
la Grange d'Azon
Outre-Loire
PK 21
les Montées
le Bois des Moines
Étang de Marcigny

St-Martin-du-Lac
(11 ème)
les Collerettes
M (Attelages)
les Buissons
Champceau

les Chavannes
Riollets
des
les Lavals
Ruisseau
Mailly
D 9
la Rivolière
D 982
LOIRE
(12 ème)
Iguerande
le Bussy
la Basse
D 227
Ruisseau
de
la
Pont Duplan
D 122
Pont Valendru
PK 20
la Grange Blanche
Pont Ray
PK 19
St-Pierre-la-Noaille
Pont de la Teyssonne
Pont-canal de la Teyssonne
PK 18
les Cours
Montely
les Sables
PK 17
les Guittons
D 43
D 482
Pont de Boutasson
PK 16
la Croix St-Paul
Pouilly-sous-Charlieu

D 221
des
Ruisseau
Perreaux
Gallands
sep
Ruisseau
la
Teyssonne
Rivière
de
D 4

D 35
D 27
© EDB
0   2 km
Échelle: 1/50 000

la Bénisson-Dieu
Briennon M
i
PK 15
Pont de Briennon

Le pont Pisserot (PK 2,3) permet à la rivière Oudon de traverser le canal pour rejoindre la Loire. C'est un ouvrage assez rare car habituellement les canaux traversent les rivières, et non l'inverse. Construit en 1897 en acier doux, c'est un petit frère du pont-canal de Briare.

Roanne. Même avant la construction du canal, la ville de Roanne, qui marquait la limite amont de la Loire navigable, constituait un centre important de la batellerie. Au siècle dernier le grand port servait de point de liaison entre la voie navigable et le chemin de fer, mais aujourd'hui les péniches et les wagons ayant disparu, il est aménagé pour la plaisance. L'accostage est payant mais les prix très raisonnables (bateau de moins de 12 m : 4 € par jour, bateau de plus de 12 m : 6 € par jour, électricité : 4 € par jour).
L'accès à la Loire, théoriquement possible à partir du port, est limité aux petites embarcations et vedettes de ski nautique.
Les gourmets savent sans doute déjà que c'est ici, près de la gare, que se trouve l'un des meilleurs restaurants de France : la Maison Troisgros (3 étoiles au *Michelin*), tél. 04 77 71 66 97 (fermé mardi et mercredi) ; mais bien d'autres, moins prestigieux, permettent de dîner agréablement.

Office du tourisme : 04 77 71 51 77

Capitainerie : 04 77 72 59 96

Réparations de bateaux
Créa Nautique : 08 72 34 33 73
Roanne Diesel : 04 77 72 76 22

The Pisserot aqueduct (PK 2.3) enables the river Oudon to cross the canal before joining the Loire. It is a rather unusual structure for it is more common for canals to cross rivers than the contrary. Built in 1897 out of mild steel, it is a small brother of the Briare canal bridge.

Roanne. Even before the construction of the canal, Roanne, at the upstream limit of the navigable Loire, was an important inland waterways town. Last century, in the big canal basin, goods were transhipped from barges to trains but now that the barges and the wagons have disappeared, the port has been fitted out for recreational boating. Moorings are charged for but the prices are most reasonable. (4 € per day for a boat less than 12 metres long, 6 € per day for a boat more than 12 metres long and 4 € per day for electricity).
Access onto the Loire, theoretically possible from the port, is restricted to small boats and ski boats.
Those who like good food probably know already that it is here, next to the station, that you will find one of France's greatest restaurants: La Maison Troisgros (3 Michelin stars): 04 77 71 66 97 (closed Tuesdays and Wednesdays), but there are plenty of other less prestigious places where you can have a good meal.

Tourist Office: 04 77 71 51 77

Port Office: 04 77 72 59 96

Boat repairs
Créa Nautique: 08 72 34 33 73
Roanne Diesel: 04 77 72 76 22

Die Wasserbrücke Pisserot (PK 2,3) führt das Wasser des Flusses Oudon über den Kanal in die Loire. Es ist ein seltenes Wasserbauwerk, denn normalerweise überqueren die Kanäle die Flüsse und nicht umgekehrt. Sie wurde 1897 aus Stahl gebaut und ist sozusagen die kleine Schwester der Kanalbrücke in Briare.

Roanne. Ab Roanne war die Loire stromaufwärts nicht mehr schiffbar, und daher war die Stadt auch schon vor dem Bau des Kanals ein wichtiges Zentrum der Schifffahrt. Im letzten Jahrhundert diente der große Hafen als Verbindung zwischen Wasserweg und Eisenbahn. Heute jedoch sind die *Berrichons* und die Waggons verschwunden und der Hafen wurde für die Freizeitschifffahrt ausgebaut. Das Anlegen ist gebührenpflichtig, die Preise sind jedoch äußerst vernünftig (Boot weniger als 12 m Länge: 4 € pro Tag, Boot mehr als 12 m Länge: 6 € pro Tag, Stromanschluss 4 € pro Tag).
Die Zufahrt zur Loire – theoretisch möglich vom Hafen aus – ist nur für kleine Boote und Wasserskifahrzeuge gestattet.
Die Freunde der Gastronomie wissen sicher schon, dass sich hier in der Nähe des Bahnhofs eines der besten Restaurants von ganz Frankreich befindet: La Maison Troisgros (3 Sterne im Michelin-Führer) 04 77 71 66 97 (G. dien. und mitt.). Aber auch in vielen anderen weniger berühmten Restaurants lässt sich gut essen.

Verkehrsamt: 04 77 71 51 77

Hafenmeisterei: 04 77 72 59 96

Schiffsreparaturen
Créa Nautique: 08 72 34 33 73
Roanne Diesel: 04 77 72 76 22

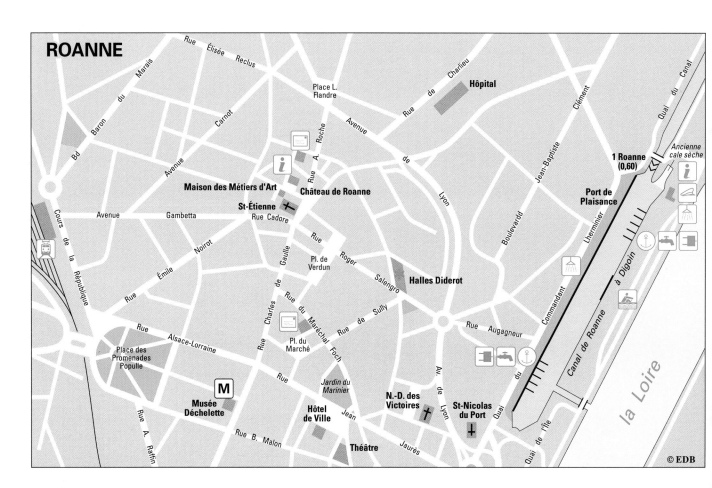

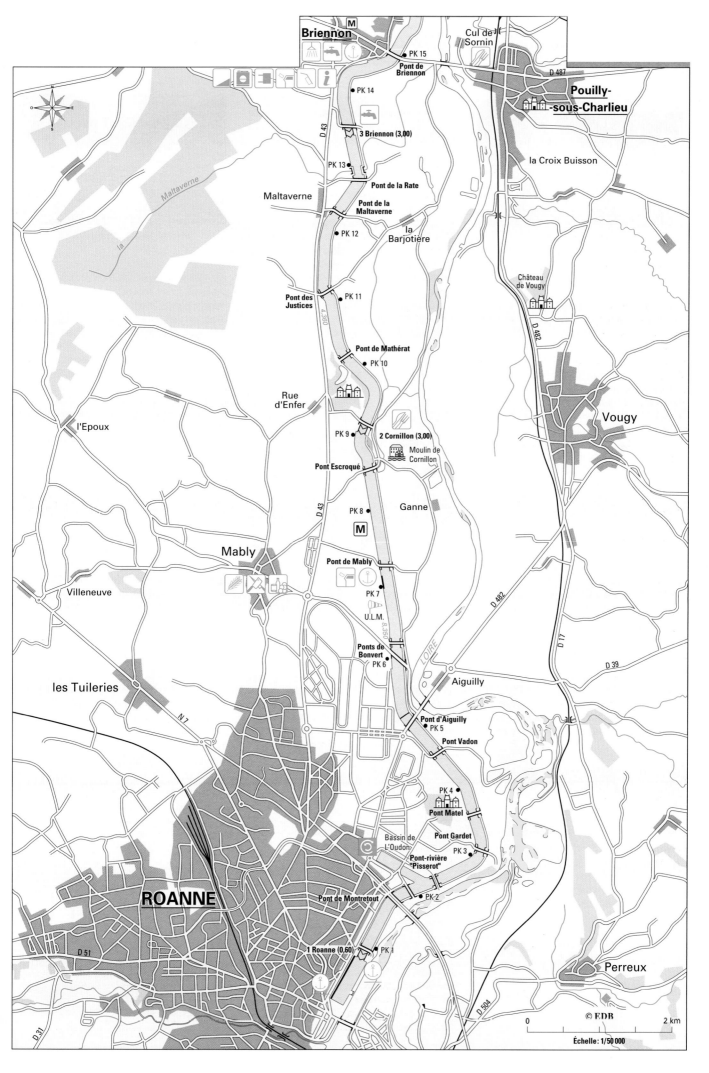

Briennon

Cul de Sornin

Pouilly-
-sous-Charlieu

PK 15

Pont de
Briennon

D 487

PK 14

la Croix Buisson

3 Briennon (3,00)

PK 13

Pont de la Rate

Maltaverne

Pont de la
Maltaverne

Château
de Vougy

PK 12

la
Barjotière

D 482

Pont des
Justices

PK 11

4.360

Pont de Mathérat

PK 10

Vougy

Rue
d'Enfer

PK 9

2 Cornillon (3,00)

Moulin de
Cornillon

Pont Escroqué

PK 8

Ganne

D 43

M

Mably

D 482

Pont de Mably

PK 7

Villeneuve

U.L.M.

8.360

D 17

D 39

les Tuileries

Ponts de
Bonvert

PK 6

LOIRE

Aiguilly

N 7

Pont d'Aiguilly

PK 5

Pont Vadon

PK 4

Pont Matel

Bassin de
L'Oudon

Pont Gardet

PK 3

Pont-rivière
"Pisserot"

ROANNE

Pont de Montretout

PK 2

1 Roanne (0,60)

PK 1

Perreux

D 51

D 31

D 504

0   2 km

© EDB

Échelle: 1/50 000

l'Epoux

Bateau chargé à Digoin.

L'histoire du canal du Centre

Les premiers projets pour relier la vallée de la Loire à la vallée de la Saône datent du XVIe siècle et sont attribués aux grands ingénieurs de l'époque tels qu'Adam de Craponne et même Léonard de Vinci. L'œuvre a finalement été réalisée entre 1783 et 1793 par l'ingénieur et architecte Émile Gauthey déjà connu pour la construction de quelques beaux ponts, églises, théâtres et hôtels de ville dans la région.

Au début le canal s'appelait le canal du Charolais et même « Le Longpendu », du nom de l'étang que l'on avait choisi pour l'alimenter en eau. Plus tard, il a pris son nom actuel, le canal du Centre.

Il a connu une activité très importante pendant le XIXe siècle et tout au début du XXe siècle grâce au développement des mines de charbon de Blanzy, aux forges du Creusot et aux nombreuses usines de poterie installées le long de son parcours. Les images de l'époque montrent les ports de Montceau-les-Mines, Saint-Léger-sur-Dheune et Montchanin encombrés de péniches en cours de chargement de charbon, d'agglomérés, de tuiles et autres produits industriels.

Le canal a fonctionné sans grand changement pendant tout un siècle mais avec la mise au gabarit Freycinet à la fin du XIXe siècle, la plupart des ouvrages de Gauthey ont disparu. Il garde néanmoins son tracé d'origine qui épouse si bien le relief du beau paysage charolais. D'après Gauthey « les grandes lignes droites sont communément ennuyeuses » et il a tout fait pour les éviter. Mais attention, ces courbes si harmonieuses, souvent suivies d'une écluse, imposent quelques précautions au marinier moderne dont le bateau n'est plus halé tranquillement par des ânes, des chevaux ou des mulets.

Deux musées évoquent l'histoire du canal du Centre :

Musée du canal
71210 ÉCUISSES
Tél. : 03 85 78 97 04
E-mail : contact@canal-du-centre.asso.fr

Observaloire
Rue des Perruts, 71160 DIGOIN
Tél. : 03 85 53 75 71 - Fax : 03 85 53 75 74
E-mail : contact@observaloire.com
Site Web : www.observaloire.com

The History of the Canal du Centre

The first projects to link the valley of the Loire to the valley of the Saône date back to the 16th century and are attributed to famous engineers such as Adam de Craponne and even Leonardo da Vinci. The task was finally achieved by the engineer and architect, Emiland Gauthey who was already known for the construction of several beautiful bridges, churches, theatres and town halls in the region.

In the beginning the canal was called the canal du Charolais and even "Le Longpendu", from the name of the lake chosen to provide water. A little later it was given its present name, the canal du Centre.

It was the scene of intense activity during the 19th century and the beginning of the 20th century thanks to the development of the Blanzy coal mines, the forges at Le Creusot and the many pottery works established along its course. Photos taken during this period show the port of Montceau-les-Mines, Saint-Léger-sur-Dheune and Montchanin crowded with barges being loaded with coal, stone, tiles and other industrial products.

Montchanin.

It operated without change for a whole century but was modified at the end of the 19th century to conform to the Freycinet gauge and most of the original Gauthey constructions disappeared. Despite these modifications, it has kept its original winding course which follows so closely the beautiful hills of the Charolais region. According to Gauthey, "long straight lines are particularly boring" and he did all he could to avoid them. But beware, these lovely curves, often followed by a lock require a few precautions on the part of a modern day mariner whose boat is no longer hauled gently along by donkeys, horses or mules.

Two museums evoke the history of the Canal du Centre:

Musée du canal
71210 ÉCUISSES
Tel.: 03 85 78 97 04
E-mail: contact@canal-du-centre.asso.fr

Observaloire
Rue des Perruts, 71160 DIGOIN
Tel.: 03 85 53 75 71 - Fax: 03 85 53 75 74
E-mail: contact@observaloire.com
Web site: www.observaloire.com

Geschichte des Canal du Centre

Die ersten Pläne für eine Verbindung zwischen der Loire und der Saône stammen aus dem 16. Jh. und werden den großen Ingenieuren der damaligen Zeit wie Adam de Craponne und sogar Leonardo da Vinci zugeschrieben. Die Durchführung übernahm letztendlich zwischen 1783

Montceau-les-Mines, bassin du canal.

und 1793 der Ingenieur und Architekt Émile Gauthey, der bereits für die Konstruktion von einigen schönen Brücken, Kirchen, Theatern und Rathäusern in der Region bekannt war.

Zu Beginn hieß der Kanal Canal du Charolais und sogar »le Longpendu«, nach dem See, der für die Wasserversorgung des Kanals ausgewählt worden war. Erst später bekam er seinen heutigen Namen »Canal du Centre«. Im 19. und zu Beginn des 20. Jh. war er sehr stark befahren, da die Kohlenbergwerke in Blanzy, die Hüttenwerke in Le Creusot und zahlreiche Keramikfabriken entlang des Kanals »auf Hochtouren liefen«. Auf Abbildungen aus jener Zeit sind die Häfen von Montceau-les-Mines, Saint-Léger-sur-Dheune und Montchanin voll belegt mit Lastkähnen, die dort mit Kohle, Briketts, Ziegeln und anderen Industrieerzeugnissen beladen werden. Fast ein Jahrhundert lang sind am Kanal keine größeren Veränderungen vorgenommen worden. Mit der Anpassung an Freycinet-Maße am Ende des 19. Jh. sind jedoch die meisten Originalkonstruktionen von Gauthey verschwunden. Der ursprüngliche Verlauf, der sich so harmonisch in die schöne hügelige Charolais-Landschaft einfügt, wurde beibehalten. Gauthey meinte, dass »lange, gerade Strecken gemeinhin langweilig sind« und hat alles daran gesetzt, sie zu umgehen. Geben Sie jedoch acht: diese so harmonischen Biegungen, die oft mit einer Schleuse enden, verlangen vom modernen Schiffsführer, dessen Boot nicht mehr gemächlich von Eseln, Pferden oder Maultieren getreidelt wird, einige Vorsicht.

Zwei Museen erzählen die Geschichte des Canal du Centre:

Musée du canal
71210 ÉCUISSES
Tel: 03 85 78 97 04
E-mail: contact@canal-du-centre.asso.fr

Observaloire
Rue des Perruts, 71160 DIGOIN
Tel: 03 85 53 75 71 - Fax: 03 85 53 75 74
E-mail: contact@observaloire.com
Website: www.observaloire.com

Montceau-les-Mines, vieux port.

Fonctionnement des écluses

Versant Loire

N° 1 (Océan) - N° 9 (Montceau) : automatiques.

N° 10 (Chavannes) : manuelle.

N° 11 (Vernois) : automatique.

N° 12 (Four) - N° 13 (Azy) : manuelles, en cours d'automatisation.

N° 14 (Ciry) - N° 18 (Thiellay) : manuelles.

N° 19 (Digoine) - N° 20 (Gravoine) : manuelles, en cours d'automatisation.

N° 21 (Halliers) - N° 26 (Bessons) : automatiques.

Versant Saône

N° 1 (Méditerranée) - N° 34 (Fragnes) : automatiques.

N° 34 bis (Crissey) : mécanisée, éclusier présent.

Pour le passage de toutes les écluses, qu'elles soient manuelles ou automatiques, avant de vous mettre en route, il faut prévenir le poste central de commande de Montceau. Appelez le numéro vert 0810 187 383 en précisant votre position et la direction que vous allez prendre. Les appels sont acceptés uniquement pendant les heures d'ouverture du canal (voir page 9).

Toutes les écluses sont équipées d'une borne d'appel d'urgence de couleur orange. En appuyant sur le bouton pressoir vous pouvez contacter le PCC.

Les écluses manuelles sont divisées en chaînes. Un éclusier s'occupe de plusieurs écluses et il vous accompagnera pendant le passage de ses écluses. S'il y a en même temps des bateaux montants et avalants dans la chaîne vous pouvez prévoir une attente.

Les écluses automatiques

• L'écluse sera préparée par radiocommande à partir du PCC de Montceau-les-Mines et l'état de préparation sera indiqué par des feux ;

• entrez seulement si vous voyez deux feux verts. Si vous entrez quand l'écluse est en préparation (feu vert, feu rouge), ou fermée (deux feux rouges), vous risquez de voir votre bateau coincé dans les portes ;

• une fois dans l'écluse attendez 40 secondes avant de tirer sur la corde bleue qui fermera les portes ;

• si vous êtes plusieurs bateaux dans l'écluse, sortez ensemble. Après la sortie du premier bateau, vous avez un délai de 40 secondes avant que les portes commencent à se fermer ;

• si vous avez l'intention de vous arrêter au milieu d'une chaîne, appelez le PCC en indiquant l'heure prévue de votre départ.

How the Locks Work

Loire side

No. 1 (Océan) - No. 9 (Montceau): automatic.

No. 10 (Chavannes): manual.

No. 11 (Vernois): automatic.

No. 12 (Four) - No. 13 (Azy): manual but being converted to automatic.

No. 14 (Ciry) - No. 18 (Thiellay): manual.

No. 19 (Digoine) - No. 20 (Gravoine): manual but being converted to automatic.

No. 21 (Halliers) - No. 26 (Bessons): automatic.

Saône Side

No. 1 (Méditerranée) - No. 34 (Fragnes): automatic.

No. 34 bis (Crissey): mechanised with lock-keeper.

To go through all the locks, whether they be manual or automatic, before setting out you must warn the control centre at Montceau. Call the free number 0810 187 383 giving your position and the direction you will be taking. Calls are taken during normal lock operation hours (see page 9).

All the locks are all equipped with an orange coloured emergency communications post. In the event of an incident, press the button and you will be in immediate contact with the central control station.

The manual locks are divided into chains. One lock-keeper looks after several locks and he will accompany you as you go through his section. If there are at the same time upstream boats and downstream boats in the same chain, you can expect some delays.

Going through an Automatic Lock

• The lock will be prepared by radio-command from the central control station at Montceau-les-Mines and the state of preparation is shown by the usual lights;

• go in only if you see two green lights. If you go in as the lock is being prepared (green light, red light), or closed (two red lights), you run the risk of having your boat caught in the gates;

• once in the lock, wait 40 seconds before pulling the blue cord which will close the gates;

• if there are several boats in the lock, you must all leave together. Forty seconds after the first boat goes out, the gates will begin to close;

• if you intend to stop in the middle of a chain, let the lock-keeper know. Also advise him of your estimated departure time so he can reprogram the locks.

Funktionsweise der Schleusen

Loire-Seite

Nr. 1 (Océan) – Nr. 9 (Montceau): automatisch

Nr. 10 (Chavannes): manuell

Nr. 11 (Vernois): automatisch

Nr. 12 (Four) – Nr. 13 (Azy): manuell, demnächst automatisch

Nr. 14 (Ciry) – Nr. 18 (Thiellay): manuell

Nr. 19 (Digoine) – Nr. 20 (Gravoine): manuell, demnächst automatisch

Nr. 21 (Halliers) – Nr. 26 (Bessons): automatisch

Saône-Seite

Nr. 1 (Méditerranée) – Nr. 34 (Fragnes): automatisch

Nr. 34 b (Crissey): mit elektrischem Antrieb, Schleusenwärter anwesend

Für jede Schleuse, egal ob manuell oder automatisch, müssen Sie sich vor Ihrer Abfahrt beim zentralen Kontrollposten in Montceau anmelden. Wählen Sie die kostenlose Nummer 0810 187 383 und geben Sie Ihre Position und Ihre gewünschte Fahrtrichtung an. Anrufe werden nur während der Betriebszeiten der Schleusen entgegengenommen (siehe Seite 9).

Alle Schleusen sind mit einer orangefarbenen Notrufsäule ausgestattet. Wenn Sie auf den Knopf drücken, können Sie mit dem zuständigen Personal im Kontrollposten sprechen.

Die manuellen Schleusen sind in Schleusenketten eingeteilt. Ein Schleusenwärter ist für mehrere Schleusen zuständig und begleitet Sie während Ihrer Fahrt durch seine Schleusen. Wenn sich gleichzeitig tal- und bergfahrende Boote in der Schleusenkette befinden, müssen Sie sich auf etwas Wartezeit einstellen.

Das Passieren einer automatischen Schleuse

• Die Schleuse wird per Funksteuerung vom Kontrollposten in Montceau-les-Mines vorbereitet und der Status durch Lichtzeichen angegeben.

• Nur dann einfahren, wenn Sie zwei grüne Lichtzeichen sehen. Wenn Sie während der Bereitstellung (grünes und rotes Licht) oder bei sich schließender Schleuse (zwei rote Lichter) einfahren, kann es Ihnen passieren, dass Ihr Boot zwischen den Toren eingeklemmt wird.

• Wenn Sie in der Schleuse sind, warten Sie noch 40 Sekunden, bevor Sie die blaue Leine ziehen, die das Schließen der Tore auslöst.

• Wenn Sie sich mit mehreren anderen Booten in der Schleuse befinden, fahren Sie gemeinsam hinaus. 40 Sekunden nach dem ersten ausgefahrenen Boot schließen sich die Tore wieder, es sei denn, Sie fahren alle hintereinander hinaus.

• Wenn Sie die Absicht haben, innerhalb einer Schleusenkette anzuhalten, verständigen Sie bitte den Kontrollposten und geben Sie auch an, wann Sie weiterfahren möchten.

À la sortie de Digoin (PK 111,5), on passe devant un beau pont-levis qui signale le commencement de l'ancienne **rigole de l'Arroux.** Ce canal long de 14 km permettait aux péniches en provenance de Montluçon d'amener du minerai de fer à l'usine Campionnet de Gueugnon. Il ne faisait que 3 m de large et 20 garages d'eaux permettaient aux berrichons tirés par des ânes ou des mulets de se croiser.

Aujourd'hui il est fermé à la navigation mais garde son rôle de rigole d'alimentation pour les derniers biefs du canal du Centre.

Trois ouvrages intéressants se trouvent tout près de l'entrée du canal : le pont-levis, un beau pont-canal en pierres de taille sur la Bourbince et la première écluse avec son gabarit étriqué de 27 m par 2,50 m.

Une piste cyclable vous permet de suivre la rigole sur toute sa longueur.

On leaving Digoin (PK 111.5), you will go by an attractive lift bridge which announces the beginning of the **Arroux feeder canal.** *This little canal, 14 km long, enabled boats to bring iron ore from the mines at Montluçon to the Campionnet factory at Gueugnon. It was only 3 m wide and 20 water garages enabled Berrichon barges drawn by donkeys or mules to get past each other. Today it is closed to boats but has kept its role as a feeder canal for the last pounds of the canal du Centre.*

Three interesting structures can be seen at the entrance to the canal: the lift bridge, a stone aqueduct over the Bourbince river and the first lock with its unusual dimensions 27 m by 2.50 m.

A bicycle trail enables you to follow this waterway over the whole of its length.

Wenn Sie Digoin verlassen (PK 111,5), kommen Sie an einer schönen Hebebrücke vorbei: hier beginnt der ehemalige Speisekanal »Rigole de l'Arroux«. Auf diesem 14 km langen Kanal transportierten die kleinen Lastschiffe aus Montluçon das Eisenerz bis zur Fabrik Campionnet in Geugnon. Er war nur 3 m breit, und mit Hilfe von 20 Ausweichbuchten konnten die Kähne, die von Eseln oder Maultieren gezogen wurden, sich kreuzen.

Heute ist er für die Schifffahrt gesperrt, speist aber weiterhin die letzten Kanalstrecken des Canal du Centre.

Ganz in der Nähe des Kanals sind drei interessante Bauwerke zu sehen: die Hebebrücke, eine schöne Kanalbrücke aus Naturstein über die Bourbince und die erste Schleuse mit ganz seltsamen Maßen: 27 m x 2,50 m.

Ein Radweg führt auf der ganzen Länge an der Rigole entlang.

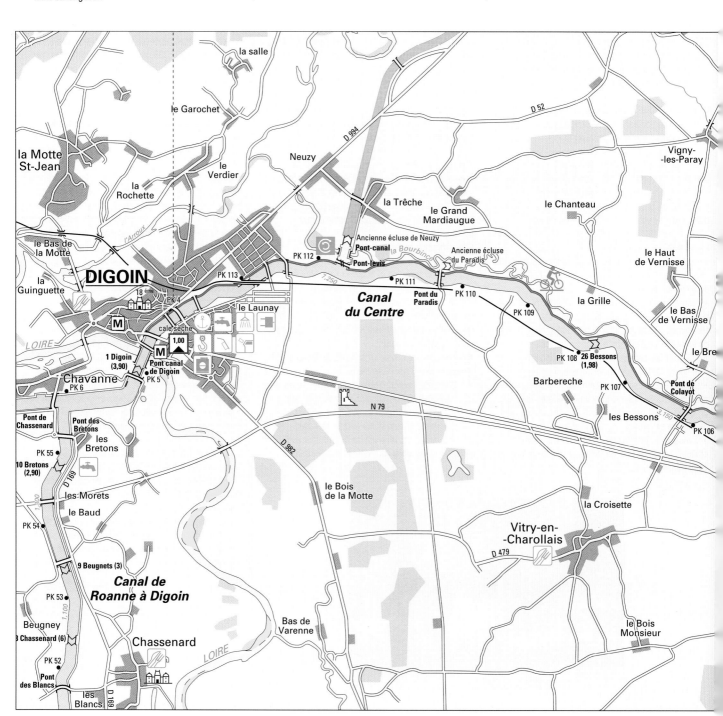

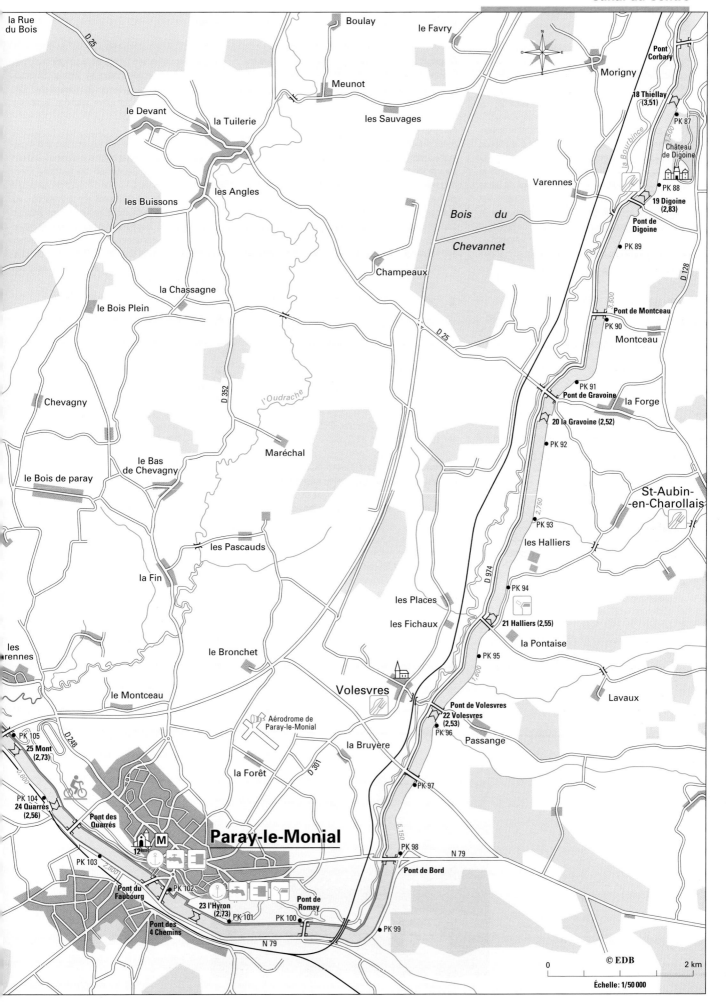

la Rue
du Bois

D 25

Boulay

le Favry

Pont
Corbary

Meunot

les Sauvages

Morigny

18 Thiellay
(3,51)

PK 87

le Devant

la Tuilerie

Château
de Digoine

Varennes

les Angles

PK 88

les Buissons

Bois   du

19 Digoine
(2,83)

Chevannet

Pont de
Digoine

la Chassagne

Champeaux

PK 89

le Bois Plein

D 25

Pont de Montceau

PK 90

Montceau

Chevagny

D 352

l'Oudrache

PK 91

Pont de Gravoine

la Forge

20 la Gravoine (2,52)

le Bas
de Chevagny

Maréchal

PK 92

le Bois de paray

2.750

St-Aubin-
-en-Charollais

PK 93

D 974

les Halliers

les Pascauds

PK 94

la Fin

les Places

21 Halliers (2,55)

les Fichaux

la Pontaise

les
rennes

le Bronchet

PK 95

le Montceau

Volesvres

Pont de Volesvres

Lavaux

22 Volesvres
(2,53)

PK 96

Passange

PK 105

Aérodrome de
Paray-le-Monial

la Bruyère

25 Mont
(2,73)

D 248

la Forêt

D 301

PK 97

PK 104
24 Quarrés
(2,56)

Pont des
Quarrés

PK 98

N 79

12ème

M

Paray-le-Monial

Pont de Bord

PK 103

Pont du
Faubourg

PK 102

23 l'Hyron
(2,73)

Pont de
Romay

Pont des
4 Chemins

PK 101

PK 100

PK 99

N 79

© EDB

0   2 km

Échelle: 1/50 000

69

Digoin. Vous trouverez dans l'excellent port de Digoin tous les services dont vous aurez besoin : eau, électricité et un *shipchandler* bien achalandé. Pour une description de la ville et de ses services, voir page 58.

Paray-le-Monial. Deux quais biens aménagés et ombragés donnent accès au centre de Paray et à ses beaux monuments. La splendide basilique romane du XIᵉ et XIIᵉ siècle attire de nombreux touristes tandis que la chapelle de la Visitation, lieu des révélations du Sacré Cœur à la jeune Marguerite Alacoque au XVIIᵉ siècle, est la destination préférée des pèlerins, très nombreux en été. D'autres belles chapelles, la chapelle de Romay et la chapelle de la Colombière, soulignent l'influence de cette ville au sein du mouvement chrétien.

Office du tourisme : 03 85 81 10 92

▲ Le musée d'Art sacré du Hiéron • Le musée de la Faïence dans le cloître bénédictin • Le musée de la Céramique Paul-Charnoz • La tour Saint-Nicolas • La façade de la Maison Jayet

✳ Hostellerie des Trois Pigeons : 03 85 81 03 77 (7/7)

✳ Aux Vendanges de Bourgogne : 03 85 81 13 43 (7/7)

✳ Restaurant de la Basilique : 03 85 81 11 13

✳ Le Val d'Or : 03 85 81 05 07

Volesvres. À Hautefond, au sud de Volesvres, une association restaure et anime le site d'un ancien four à briques et sa salle de séchage. Ce four, construit en 1875, servait aux besoins des fermiers de la région mais a cessé son activité en 1930.

▲ Galerie de peinture de M. Kulik

Palinges. Le château de Digoine (XVIIIᵉ siècle) est entouré d'un jardin de style français et d'un beau parc à l'anglaise. Les jardins et le théâtre, cher à l'actrice Sarah Bernhardt, se visitent.

▲ La Maison des arts et traditions populaires (ouverte tous les jours de 14 h 30 à 18 h 00) abrite une collection de poteries ornementales

✳ Marché : vendredi matin

✳ Auberge de Digoine : 03 85 88 11 28 (F. mar.) (en face de l'écluse de Digoine)

Digoin. In the excellent port of Digoin you will find all the services you want: water, electricity and a shipchandler with ample stocks. For a description of the town and its services, see page 58.

Paray-le-Monial. Two fully serviced quays give easy acces to the centre of town and its numerous historical monuments. The splendid Romanesque basilica dating back to the 11th and 12th centuries attracts many tourists while the chapel of the visitation, situated where the sacred heart was revealed to the young Marguerite Alacoque in the 17th century, is the preferred destination of the pilgrims, who come in their crowds in Summer. Other beautiful chapels, the chapel of Romay and the chapel of the Colombière, show the importance of this town to the Christian faith.

Tourist Office: 03 85 81 10 92

▲ The Museum of the sacred Hiéron art • The museum of pottery in the Benedictine cloister • The Paul Charnoz ceramics museum • Saint Nicolas tower • The facade of the Maison Jayet

✳ Hostellerie des Trois Pigeons: 03 85 81 03 77 (7/7)

✳ Aux Vendanges de Bourgogne: 03 85 81 13 43 (7/7)

✳ Restaurant de la Basilique: 03 85 81 11 13

✳ Le Val d'Or: 03 85 81 05 07

Volesvres. At Hautefond, south of Volesvres, an association is restoring and promoting a brick oven and its drying chambers. This oven, built in 1875, served the needs of the local farmers until it stopped production in 1930.

▲ M. Kulik's art gallery

Palinges. The 18th century château of Digoine is surrounded by formal French gardens and an English style park. These gardens and a theatre, dear to the actress Sarah Bernhardt, can be visited.

▲ School of Arts and Popular Tradition (open 7/7 from 2.30 p.m. to 6 p.m.) presents a collection of household and ornamental pottery

✳ Market on Friday mornings

✳ Auberge de Digoine: 03 85 88 11 28 (C. Tue.) (opposite the Digoine lock)

Digoin. Der Hafen von Digoin ist ausgezeichnet, hier finden Sie alle Serviceeinrichtungen: Wasser, Stromanschluss und einen gut sortierten Schiffsausrüster. Eine Beschreibung der Stadt mit allem, was dort angeboten wird, finden Sie auf Seite 58.

Paray-le-Monial. Die zwei gut ausgebauten und schattigen Kais liegen ganz in der Nähe vom Zentrum und den schönen historischen Bauwerken. Die herrliche romanische Basilika aus dem 11. und 12. Jh. zieht zahlreiche Touristen an, während die Kapelle »de la Visitation«, wo die junge Marguerite Alacoque im 17. Jh. eine Erscheinung des Herzens Jesu hatte, das Hauptziel der Pilger ist, die im Sommer sehr zahlreich herbeiströmen. Weitere schöne Kapellen – die Chapelle de Romay und die Chapelle de la Colombière – zeugen von der Bedeutung dieser Stadt für das Christentum.

Verkehrsamt: 03 85 81 10 92

▲ Musée du Hiéron (Sakrale Kunst) • Fayencenmuseum im Benediktinerkloster • Keramikmuseum Paul Charnoz • Saint-Nicolas-Turm • Fassade der Maison Jayet

✳ Hostellerie des Trois Pigeons: 03 85 81 03 77 (k. Ruhetag)

✳ Aux Vendanges de Bourgogne: 03 85 81 13 43 (k. Ruhetag)

✳ Restaurant de la Basilique: 03 85 81 11 13

✳ Le Val d'Or: 03 85 81 05 07

Volesvres. In Hautefond südlich von Volesvres hat ein Verein einen ehemaligen Ziegelofen und die dazugehörige Trockenkammer restauriert. Dieser Ofen aus dem Jahre 1875 diente den hiesigen Bauern, bis er 1930 stillgelegt wurde.

▲ Monsieur Kuliks Gemäldegalerie

Palinges. Das Château von Digoine aus dem 18. Jh. ist von einem schönen Englischen Garten und von einem Park *à la française* umgeben. Die Gartenanlagen und das Theater, das Sarah Bernhardt so sehr schätzte, können besichtigt werden.

▲ Volkskunstmuseum mit einer Sammlung von dekorativen Töpferwaren

✳ Markt: freitags morgens

✳ Auberge de Digoine: 03 85 88 11 28 (G. dien.) (an der Schleuse Digoine)

Génelard
* ✳ Marché le dimanche matin
* ✲ Le Provençal : 03 85 79 28 90
* ✲ Le Commerce : 03 85 79 20 87

Perrecy-les-Forges. Au IXᵉ siècle ce village appartenait aux moines de Saint-Benoît-sur-Loire. Le beau prieuré témoigne encore aujourd'hui de leur présence.

* ▲ Musée du prieuré, ouvert en été
* ✲ Péché Gourmand : 03 85 79 30 67 (F. mer. soir)

Ciry-le-Noble. L'ancienne usine céramique Vairet-Baudot des Touillards, sur les berges du canal, fabriquait des tuiles réfractaires, des briques et autres poteries entre 1863 et 1967. Une exposition permet de découvrir l'organisation d'une entreprise de céramique au début du XXᵉ siècle. Tél. : 03 85 73 92 00.

Génelard
* ✳ Market on Sunday mornings
* ✲ Le Provençal: 03 85 79 28 90
* ✲ Le Commerce: 03 85 79 20 87

Perrecy-les-Forges. In the 9th century this village belonged to the monks of Saint Benoît-sur-Loire. The attractive priory is all that is left to remind us of their presence.

* ▲ Museum of the Priory, open in summer
* ✲ Péché Gourmand: 03 85 79 30 67 (C. Wed. eve.)

Ciry-le-Noble. The old Vairet-Baudot tile factory, on the banks of the canal, manufactured heat resistant tiles and bricks between 1863 and 1967. Various exhibits show how a ceramic business operated at the beginning of the 20th century. Tel.: 03 85 73 92 00.

Génelard
* ✳ Markt: sonntags morgens
* ✲ Le Provençal: 03 85 79 28 90
* ✲ Le Commerce: 03 85 79 20 87

Perrecy-les-Forges. Im 9. Jh. gehörte dieses Dorf den Mönchen von Saint-Benoît-sur-Loire. Die schöne Priorei zeugt noch heute von ihrer Gegenwart.

* ▲ Priorei-Museum, geöffnet im Sommer
* ✲ Péché Gourmand: 03 85 79 30 67 (G. mitt. ab.)

Ciry-le-Noble. Die ehemalige Keramikfabrik Vairet-Baudot in Les Touillards am Kanalufer stellte zwischen 1863 und 1967 feuerbeständige Dach- und Mauerziegel und andere Keramikwaren her. Eine Ausstellung zeigt, wie eine Keramikfabrik zu Beginn des 20. Jh. funktionierte. Tel.: 03 85 73 92 00.

Charbonnages de France, lavoir-chargement, PK 67.

En aval du port de Montceau vous franchirez trois ponts mobiles. Le premier, en venant du sud, est un pont basculant, celui du milieu un pont-levis et le troisième, un pont levant (le tablier se lève horizontalement).
Pour ouvrir le premier de ces ponts, que vous soyez montant ou avalant, vous devez simplement actionner la tirette suspendue au-dessus du canal. L'ouverture du deuxième et du troisième est assurée par un pontier en poste au pont de Montceau.
Des feux vous indiquent quand vous pouvez avancer.

Saint-Vallier
✳ Restaurant du Moulin : 03 85 57 18 85
   (F. mar. soir, mer.)
✳ River Boat : 03 85 58 06 75

Montceau-les-Mines. Cette ville minière s'est développée au XIXᵉ siècle, époque où le charbon était extrait par quantités énormes de la veine de Blanzy. Malgré ce « noir » passé, la ville est agréable et mérite bien une halte.
Les nombreux magasins, cafés et salons de thé de la ville sont concentrés dans une rue piétonne parallèle au port. C'est accueillant et animé. Une mention spéciale pour la galerie d'art de Monique Thierry, en face du pont-levis. Vous y trouverez des œuvres des meilleurs artistes de la région.
Le grand port de Montceau, autrefois rempli de péniches, est aujourd'hui aménagé avec une série de pontons pour les plaisanciers. Les tarifs sont raisonnables : pas plus de 5 € par jour pour un bateau de 10 m. Tous les services habituels sont disponibles à la capitainerie et l'office du tourisme est situé dans le même bâtiment. Tous les mardis et samedis le port est animé par un grand marché qui s'étale le long des quais.

   Office du tourisme : 03 85 69 00 00
   Capitainerie : 03 85 69 00 00
▲ Musée des Écoles
✳ Marché : mardi et samedi matin
✳ Le Nota Bene : 03 85 69 10 15
✳ Restaurant Grilhôtel : 03 85 57 49 49 (7/7)
✳ Le France : 03 85 67 95 30

Blanzy. Pour mieux faire connaître la vie des mineurs de Blanzy, la ville a reconstitué un ancien puits d'extraction et son carreau. Ce musée est ouvert samedi et dimanche hors saison et tous les jours du 1ᵉʳ juillet au 14 septembre.

✳ Marché mardi matin
✳ Auberge de Montchevrier : 03 85 68 22 42 (7/7)
✳ Hôtel du Centre : 03 85 68 03 82

Downstream from the port of Montceau you will go through three movable bridges. The first, coming from the south, is a bascule bridge, le middle one a swing bridge and the third a lifting bridge (the bridge table rises horizontally).
To open the first of these, whether you are going upstream or downstream, you simply pull on the pole hanging over the canal. A bridge keeper posted beside the Montceau bridge will open the two others.
Lights indicate when you can go ahead.

Saint-Vallier
✳ Restaurant du Moulin: 03 85 57 18 85
   (C. Tue. eve., Wed.)
✳ River Boat: 03 85 58 06 75

Montceau-les-Mines. This mining town was developed in the 19th century, a time when coal was extracted in enormous quantities from the Blanzy vein. In spite of its "black" past, the town is a pleasant one and is worth visiting.
The town's many shops, coffee shops and tea saloons are concentrated in the pedestrian mall parallel to the port. It is busy and welcoming. A special mention for Monique Thierry's art gallery opposite the lifting bridge. here you will find the works of the best artists in the region.
The big port of Montceau, formerly filled with barges, is now equipped with pontoons for leisure craft. The tariffs are reasonable: no more than 5 € per day for a ten metre boat. All the usual services are available at the port office and the local tourist office is in the same building.
Each Tuesday and Saturday, the quays are lined with the stalls of the local street market.

   Tourist Office: 03 85 69 00 00
   Port Office: 03 85 69 00 00
▲ School museum
✳ Markets on Tuesday and Saturday mornings
✳ Le Nota Bene: 03 85 69 10 15
✳ Restaurant Grilhôtel: 03 85 57 49 49 (7/7)
✳ Le France: 03 85 67 95 30

Port de plaisance, Montceau-les-Mines.

Blanzy. To help you find out more about the life of the miners of Blanzy, the town has reconstructed an old extraction shaft and its "slab". The mine museum is open Saturdays and Sundays out of season and seven days a week from 1/07 to 14/09.

✳ Market Tuesday morning
✳ Auberge de Montchevrier: 03 85 68 22 42 (7/7)
✳ Hôtel du Centre: 03 85 68 03 82

Unterhalb des Hafens von Montceau fahren Sie unter drei beweglichen Brücken hindurch. Die erste, von Süden aus gesehen, ist eine Klappbrücke, die mittlere eine Wippbrücke und die dritte eine Hubbrücke (die Fahrbahn wird waagerecht nach oben bewegt).
Um die erste dieser Brücken zu öffnen, brauchen Sie – egal ob auf Berg- oder auf Talfahrt – nur die Stange betätigen, die über dem Kanal hängt. Die zweite und dritte wird von einem Brückenwärter, der an der Montceau-Brücke postiert ist, geöffnet.
Lichtzeichen geben an, wann Sie fahren können.

Saint-Vallier
✳ Restaurant du Moulin: 03 85 57 18 85
   (G. dien. ab., mitt.)
✳ River Boat: 03 85 58 06 75

Le pont-levis de Montceau-les-Mines.

Montceau-les-Mines. Diese Bergwerksstadt hat sich im 19. Jh. entwickelt, als die Kohle in enormen Mengen aus dem Blanzy-Flöz gefördert wurde. Trotz dieser »schwarzen« Vergangenheit ist Montceau heute eine gefällige Stadt und lohnt einen Besuch.
Die zahlreichen Geschäfte, Cafés und Teesalons finden sich fast alle in einer parallel zum Hafen verlaufenden Fußgängerzone: sehr einladend und belebt. Besonders erwähnt werden sollte die Kunstgalerie von Monique Thierry gegenüber der Wippbrücke. Hier finden Sie die Werke der besten Künstler der gesamten Region.
Der große Hafen von Montceau, in dem früher unzählige Lastkähne lagen, ist heute mit einer Reihe von Pontons für die Freizeitkapitäne ausgestattet. Die Preise sind durchaus vernünftig: unter 5 € pro Tag für ein 10-m-Boot. In der Hafenmeisterei stehen alle üblichen Serviceangebote zur Verfügung. Auch das Verkehrsamt befindet sich im selben Gebäude.
Dienstags und samstags findet hier im Hafen an den Kais ein lebhafter, großer Markt statt.

   Verkehrsamt: 03 85 69 00 00
   Hafenmeisterei: 03 85 69 00 00
▲ Schul-Museum
✳ Markt: dienstags und samstags morgens
✳ Le Nota Bene: 03 85 69 10 15
✳ Restaurant Grilhôtel: 03 85 57 49 49 (k. Ruhetag)
✳ Le France: 03 85 67 95 30

Blanzy. Die Stadt hat einen ehemaligen Förderschacht und eine Halde nachgebaut, um Besuchern das Leben der Bergarbeiter näherzubringen. Dieses Museum ist in der Nebensaison samstags und sonntags und vom 01.07. bis 14.09. täglich geöffnet.

✳ Markt: dienstags morgens
✳ Auberge de Montchevrier: 03 85 68 22 42
✳ Hôtel du Centre: 03 85 68 03 82

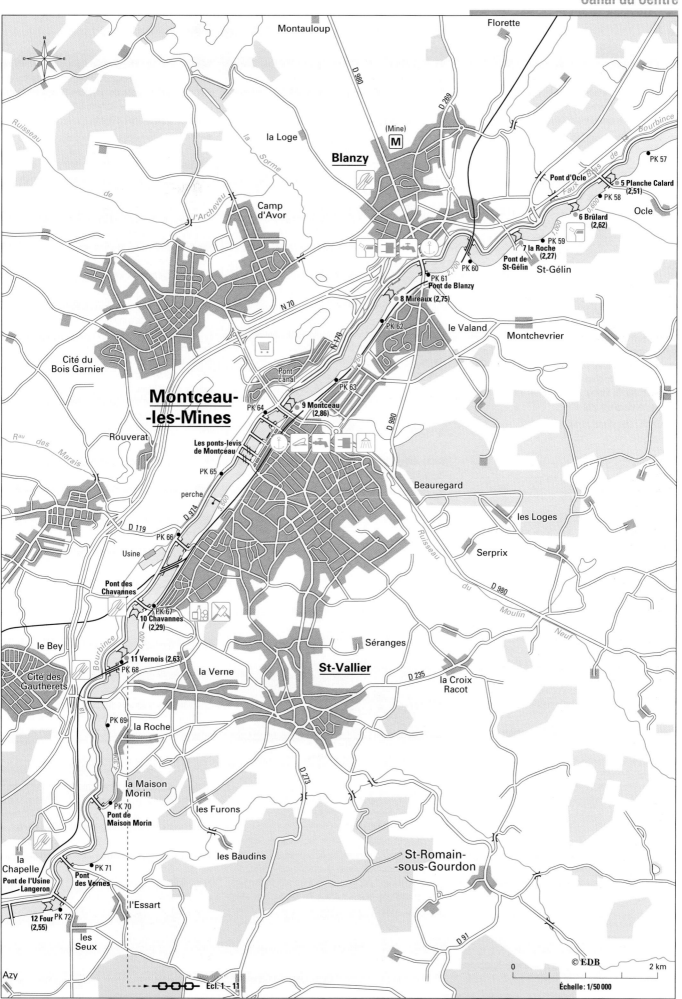

Montauloup

Florette

D 980

D 269

la Loge

(Mine)
M

Blanzy

Bourbince

PK 57

Pont d'Ocle

5 Planche Calard
(2,51)

PK 58

Ocle

Faux Bras de

Camp
d'Avor

6 Brûlard
(2,62)

PK 59

7 la Roche
(2,27)

St-Gélin

Pont de
St-Gélin

l'Archevau

la Sorme

de

N 70

PK 60

PK 61
Pont de Blanzy

8 Mireaux (2,75)

le Valand

Montchevrier

Cité du
Bois Garnier

N 170

PK 62

Montceau-
-les-Mines

Pont
canal

PK 63

Rau des Marais

Rouverat

9 Montceau
(2,86)

PK 64

Les ponts-levis
de Montceau

D 980

Beauregard

PK 65

les Loges

perche

D 914

D 119

Serprix

Ruisseau du Moulin Neuf

D 980

PK 66

Usine

Pont des
Chavannes

PK 67

10 Chavannes
(2,29)

Séranges

le Bey

11 Vernois (2,63)

PK 68

la Verne

St-Vallier

D 235

la Croix
Racot

Cité des
Gautherets

Bourbince

PK 69

la Roche

la Maison
Morin

D 273

PK 70

Pont de
Maison Morin

les Furons

les Baudins

St-Romain-
sous-Gourdon

la
Chapelle

PK 71

Pont
des Vernes

Pont de l'Usine
Langeron

l'Essart

12 Four PK 72
(2,55)

les
Seux

D 91

Azy

© EDB

0   2 km

Ecl. 1 – 11

Échelle: 1/50 000

Saint-Eusèbe. Au PK 55 vous verrez un petit pont qui permettait autrefois au chemin de halage de traverser un déversoir. Appelé le pont Parizenot, c'est un des rares ouvrages d'origine, et le seul pont survivant construit par l'ingénieur Gauthey lui-même.

✷ Relais du Pont des Morands : 03 85 78 19 77

Montchanin. Entre 1858 et 1967, la Grande Tuilerie de Bourgogne produisait à Montchanin les fameuses tuiles losangées si typiques de la Bourgogne ainsi que d'autres éléments de décoration de toiture et façade. En parcourant les rues de Montchanin, on peut observer de nombreuses maisons décorées de ces produits qui donnent à cette ville, au passé plutôt industriel, un caractère très spécifique.

✱ Marché : mercredi matin
✷ Le Vieux Saule (Torcy) : 03 85 55 09 53
   (F. dim. soir et lun.)

Écuisses. À la première écluse de l'échelle d'Écuisses, vous pouvez visiter La maison du Canal, siège du Comité de développement du canal du Centre. Vous y trouverez de l'information historique et touristique sur le canal, des produits du terroir et des expositions d'artistes locaux. La visite est gratuite.

✷ Entre Terre et Mer : 03 85 78 93 88
✷ Le Saint-Pierre : 03 85 78 14 74 (F. lun. soir)

Saint-Julien. Un beau port est aménagé en face du village mais malheureusement sans services.

✷ Restaurant du Lac : 03 85 78 94 66
✷ Le Manoir : 03 85 78 97 10

Saint-Eusèbe. At PK 55 you will notice a little bridge which once enabled the towpath to cross a spillway. Called the bridge Parizenot, this one of the rare original constructions and the only surviving bridge built by the engineer Gauthey himself.

✷ *Relais du Pont des Morands: 03 85 78 19 77*

Montchanin. Between 1858 and 1967 the Grand Burgundy Tile Factory produced the famous diamond-shaped tiles so typical of the Burgundy region as well as other articles used to decorate roofs and facades. Walking through the streets of Montchanin you will see numerous houses decorated with these objects which give this town, despite its industrial past, a special character of its own.

✱ *Market on Wednesday morning*
✷ *Le Vieux Saule (Torcy): 03 85 55 09 53*
   (C. Sun. eve. and Mon.)

Écuisses. At the first lock of the Écuisses staircase, you can visit the House of the canal, headquarters of the Committee for the Developement of the Canal du Centre. here you will find historical and touristic information about the canal, local produce and exhibitions by local artists. The visit is free.

✷ *Entre Terre et Mer: 03 85 78 93 88*
✷ *Le Saint-Pierre: 03 85 78 14 74 (C. Mon. eve.)*

Saint-Julien. There is an attractive new port opposite this village but unfortunately without any services.

✷ *Restaurant du Lac: 03 85 78 94 66*
✷ *Le Manoir: 03 85 78 97 10*

Saint-Eusèbe. Am PK 55 sehen Sie eine kleine Brücke, auf der früher der Treidelpfad verlief. Sie heißt Pont Parizenot und ist eines der wenigen Originalbauwerke und die einzige noch erhaltene Brücke, die von dem Ingenieur Gauthey erbaut wurde.

✷ Relais du Pont des Morands: 03 85 78 19 77

Montchanin. Zwischen 1858 und 1967 stellte die Große Burgunder Ziegelbrennerei in Montchanin die berühmten rautenförmigen, für das Burgund typischen Ziegel her. Auch andere Dekorationselemente für Dächer und Fassaden wurden hier hergestellt. Beim Spaziergang durch die Straßen von Montchanin sehen Sie viele Häuser, die mit diesen Elementen dekoriert sind, was der Stadt trotz ihrer eher industriellen Vergangenheit einen ganz besonderen Charakter verleiht.

✱ Markt: mittwochs morgens
✷ Le Vieux Saule (Torcy): 03 85 55 09 53
   (G. sonn. ab. und mon.)

Écuisses. An der ersten Schleuse in der Schleusentreppe von Ecuisses können Sie „La Maison du Canal", den Sitz des Komitees für die Entwicklung des Canal du Centre, besichtigen. Hier finden Sie historische und touristische Informationen über den Kanal, lokale Spezialitäten und Ausstellungen von hiesigen Künstlern. Eintritt frei.

✷ Entre Terre et Mer: 03 85 78 93 88
✷ Le Saint-Pierre: 03 85 78 14 74 (G. mon. ab.)

Saint-Julien. Hier gibt es einen schönen Hafen, leider ohne Serviceeinrichtungen.

✷ Restaurant du Lac: 03 85 78 94 66
✷ Le Manoir: 03 85 78 97 10

Le musée du Canal

En face du village d'Écuisses une échelle de sept écluses, séparées par de petits biefs, annonçait le commencement de la descente vers la Saône. Ces écluses ont été remplacées à la fin du XIXᵉ siècle par 4 nouvelles écluses mais l'une d'elles, la n° 9, est maintenant restaurée et ses portes en bois remises en place.
Au même endroit, un écomusée rassemble de nombreuses pièces relatives à l'histoire de la navigation. À l'intérieur de la péniche l'*Armançon* sont exposées plusieurs belles maquettes de bateaux et des photos du début du siècle. Un film vidéo raconte l'histoire de la mise à sec de l'*Armançon* pour la création du musée. Une autre exposition, dans la vieille maison éclusière, montre le lien étroit entre l'usine de céramique Perrusson du village d'Écuisses et le canal. Le musée est ouvert tous les jours de 14 h 00 à 18 h 00. Vous pouvez demander une visite guidée avec des documents de support en anglais ou en allemand (tél. : 03 85 78 97 04).

The Canal Museum

Opposite the village of Écuisses, a chain of 7 locks separated by small pounds announced the beginning of the descent towards the Saône. These locks were

L'Armançon.

replaced at the end of the 19th century by 4 new locks but one of them, No. 9, has been restored and its wooden gates replaced.
At the same place, a museum houses an exhibition of waterways objects. In the Armançon, *a 38 metre barge, you will see several interesting models of canal boats and photos dating from the beginning of the century. A video film also shows how the Armançon was lifted out of the canal and placed in its present position to house the exhibition. Another exhibition, in the former lock house, shows how the Perrusson ceramic factory which once operated in this town was dependant on the canal. The museum is open every day from 2 p.m. to 6 p.m. You can ask*

for a guided visit and there are written explanations in English and German (tel.: 03 85 78 97 04).

Das Kanal-Museum

Auf der Höhe des Dorfes Ecuisses kündigte eine Schleusentreppe aus sieben Schleusen, die durch kurze Haltungen voneinander getrennt waren, die bevorstehende Talfahrt zur Saône hinunter an. Sie wurden Ende des 19. Jh. durch vier neue Schleusen ersetzt, aber eine von ihnen, die Nr. 9, ist restauriert worden und hat wieder die alten Schleusentore aus Holz.
Hier befindet sich ein Öko-Museum mit einer umfangreichen Ausstellung zur Geschichte der Schifffahrt. Im Inneren des Lastkahns *Armançon* sind mehrere schöne Schiffsmodelle und Fotos vom Beginn des letzten Jahrhunderts ausgestellt. In einem Videofilm sieht man, wie die *Armançon* aus dem Wasser gehoben und als Museum hergerichtet wurde. Eine andere Ausstellung im alten Schleusenwärterhaus zeigt, wie sehr die Keramikfabrik Perrusson in Ecuisses auf den Kanal angewiesen war.
Das Museum ist täglich von 14 bis 18 Uhr geöffnet. Es gibt auch Führungen mit Unterlagen in Englisch oder Deutsch (Tel: 03 85 78 97 04).

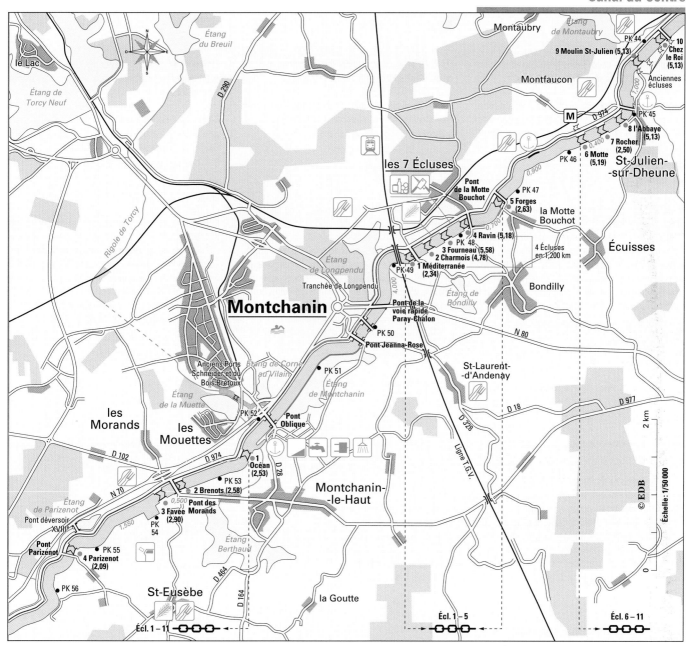

Les étangs d'alimentation

L'écluse de l'Océan et l'écluse de la Méditerranée marquent les deux extrémités du bief de partage. À cet endroit le canal passe à côté de l'étang de Longpendu séparé seulement par une étroite digue. Cet étang fournissait, à ses débuts, tous les besoins en eau mais avec l'augmentation du trafic, ses réserves s'avéraient insuffisantes et le canal fermait pendant au moins 80 jours chaque année.

Vers la fin du XIXe siècle, les réserves ont été augmentées et aujourd'hui il dispose d'un total de 22 millions de m³ d'eau emmagasinés dans environ 15 réservoirs. D'autres réservoirs, visibles du canal, sont les étangs de Parizenot, de la Muette (PK 52), de la Corne au Vilain (PK 51,8) et celui de Montchanin qui le longe entre le PK 50 et le PK 52.

Saint-Bérain-sur-Dheune (p. 77). À 3 km, à l'est de Saint-Bérain au village de Saint-Jean-de-Trézy, vous pouvez pratiquer l'équitation. Des poneys et des chevaux peuvent être loués à l'heure. Tél. : 03 85 45 31 18.

▲ Chapelle du Cimetière (Xe siècle)

✳ La Petite Auberge : 03 85 45 60 78 (F. mer.)

The Water Supply Reservoirs

The lock of the Méditerranée and the lock of the Océan mark the two extremities of the dividing pound. Here the canal passes alongside the Lonpendu lake separated only by a narrow bank. In the beginning this lake supplied all its requirements in water but with the increase in traffic, it was soon found to be insufficient and the canal was closed for up to 80 days each year. Towards the end of the 19th century, the reserves were increased and today there are more than 22 million m³ available in about 15 reservoirs.

Other reservoirs visible from the canal are the Parizenot lake, the Muette PK 52, la Corne au Vilain, PK 51.8 and the Montchanin lake, PK 50 and PK 52.

Saint-Bérain-sur-Dheune (p. 77). *Three kilometres east of Saint-Bérain at the village of Saint-Jean-de-Trézy, you can go horse riding. Ponies and horses can be hired by the hour. Tel.: 03 85 45 31 18.*

▲ *Chapelle du Cimetière (10th century)*

✳ *La Petite Auberge: 03 85 45 60 78*

Die Speicherbecken

Die Schleusen »Océan« und »Méditerranée« befinden sich am Anfang bzw. am Ende dieser Scheitelstrecke. Hier fließt der Kanal am See von Longpendu entlang und ist nur durch einen schmalen Deich abgetrennt. Der See existiert seit dem Bau des Kanals und lieferte ganz zu Anfang das nötige Wasser. Es stellte sich jedoch heraus, dass diese Reserve nicht ausreichte, und der Kanal musste mindestens 80 Tage im Jahr geschlossen werden.

Gegen Ende des 19. Jh. wurden die Reserven aufgestockt und heute verfügt der Kanal über insgesamt 22 Millionen Kubikmeter Wasser aus etwa 15 Speicherbecken.

Weitere Speicherbecken, die vom Kanal aus sichtbar sind, sind der Etang de Parizenot, La Muette PK 52, La Corne au Vilain PK 51,8 und der Étang de Montchanin, der zwischen PK 50 und PK 52 am Kanal liegt.

Saint-Bérain-sur-Dheune (S. 77). 3 km östlich von Saint-Bérain, im Dorf Saint-Jean-de-Trézy, können Sie reiten. Ponys und Pferde werden stundenweise verliehen. Tel.: 03 85 45 31 18.

▲ Friedhofskapelle (10. Jh.)

✳ La Petite Auberge: 03 85 45 60 78 (G. mitt.)

ℹ Au PK 41 vous passez sous le pont le plus bas du canal. Le tirant d'air disponible est de 3,50 m.

Saint-Léger-sur-Dheune. Cette petite ville dispose d'un port de plaisance très bien situé et aménagé, ainsi que de nombreux commerces. Une escale agréable.

Capitainerie : 03 85 98 03 03

✳ Marché le mardi
✳ L'Amiral : 03 85 45 33 87 (F. lun. et mar.)

Couches. Le château de Couches est une ancienne abbaye transformée en château fort au XIIIᵉ siècle. C'est ici que la reine Marguerite de Bourgogne aurait séjourné après sa séparation du roi Louis X le Querelleur. C'est un bâtiment imposant, d'aspect sévère, entouré de remparts et truffé de souterrains. Il est ouvert aux visiteurs tous les jours de la semaine entre le mois de juin et le mois de septembre. Tél. : 03 85 45 57 99.

Office du tourisme : 03 85 49 69 47

✳ Marché : mercredi matin
✳ La Tour Bajole : 03 85 45 54 54 (F. dim. soir, lun.)
✳ Auberge Couchoise : 03 85 49 68 38

ℹ *At PK 41 you will go under the lowest bridge on the canal. The headroom available is 3.50 m.*

Saint-Léger-sur-Dheune. *This little town has a very well-situated and well-equipped boat harbour as well as numerous shops. A pleasant stopover.*

Port Office: 03 85 98 03 03

✳ *Market on Tuesdays*
✳ *L'Amiral: 03 85 45 33 87 (C. Mon. and Tue.)*

Couches. *The château of Couches was originally an abbey, transformed into a fortress in the 13th century. It was here that Queen Marguerite of Burgundy stayed after being separated from King Louis X the Quarreller. It is an imposing building surrounded by ramparts and with many tunnels passing underneath its walls. It is open to visitors every day of the week between the month of June and the month of September. Tel.: 03 85 45 57 99.*

Tourist Office: 03 85 49 69 47

✳ *Market on Wednesday morning*
✳ *La Tour Bajole: 03 85 45 54 54 (C. Sun. eve., Mon.)*
✳ *Auberge Couchoise: 03 85 49 68 38*

ℹ Am PK 41 fahren Sie unter der niedrigsten Brücke auf dem gesamten Kanal durch: die Durchfahrtshöhe beträgt 3,50 m.

Saint-Léger-sur-Dheune. Hier gibt es einen sehr schön gelegenen, gut ausgestatteten Freizeithafen und viele Geschäfte. Besonders angenehme Etappe.

Hafenmeisterei: 03 85 98 03 03

✳ Markt: dienstags
✳ L'Amiral: 03 85 45 33 87 (G. mon., dien.)

Couches. Das Schloss von Couches ist ein ehemaliges Kloster, das im 13. Jh. in eine Burg umgebaut wurde. Hier soll die Königin Marguerite von Burgund nach ihrer Trennung von König Ludwig X., dem Streitsüchtigen, gewohnt haben. Es ist ein imposantes, sehr streng aussehendes Bauwerk mit Wehrmauern und vielen unterirdischen Gängen. Besichtigt werden kann es an jedem Wochentag von Juni bis September. Tel.: 03 85 45 57 99.

Verkehrsamt: 03 85 49 69 47

✳ Markt: mittwochs morgens
✳ La Tour Bajole: 03 85 45 54 54 (G. sonn. ab., mon.)
✳ Auberge Couchoise: 03 85 49 68 38

Les vignobles du sud de la Bourgogne

En descendant vers la vallée de la Saône, le canal du Centre traverse l'extrémité sud du vignoble bourguignon. Au nord, se trouvent les villages de Santenay et les Trois Maranges, derniers bastions des Côtes de Beaune tandis qu'au sud, commence la Côte chalonnaise. Ici on quitte les pentes sévères des Hautes Côtes pour un paysage doux et vallonné, où les vignes partagent les pentes avec bosquets et champs. Vous y découvrirez des vins rouges et blancs de caractère, puissants et parfumés, et de surcroît, vendus à des prix tout à fait raisonnables.

The Vineyards of Southern Burgundy

As it descends towards the Saône valley, the Canal du Centre crosses the southern limits of the Burgundy vineyards. North of the canal, are the villages of Santenay and the "three Maranges", last bastions of the Côtes de Beaune while further down south, begins the Côte Chalonnaise. Here, the sharp hills of the Hautes Côtes give way to a gentle undulating countryside where vines share the slopes with forests and fields. You will discover reds and whites full of character, strong and flavourful and, better still, available at reasonable prices.

Die Weinberge in Süd-Burgund

Auf seinem Weg hinunter ins Saône-Tal durchquert der Canal du Centre die südlichste Spitze der Burgunder Weinberge. Nördlich des Kanals liegen die Dörfer Santenay und die drei Maranges, die letzten Bastionen der Côtes de Beaune, während im Süden die Côte Chalonnaise beginnt. Sie verlassen nun die steilen Hänge der Hautes Côtes und kommen in eine Landschaft, die von sanften Hügeln geprägt ist und wo Weinberge sich mit Wäldchen und Feldern die Hänge teilen. Hier werden Sie charaktervolle, kräftige und bukettreiche Rot- und Weißweine kennenlernen, die Sie zu durchaus vernünftigen Preisen erwerben können.

DIJON

Marsannay-la-Côte

Gevrey-Chambertin

A 31

Canal de Bourgogne

Côte de Nuits

Vosne-Romanée

A 6

Nuits-St-Georges

St-Jean-de-Losne

Savigny-lès-Beaune

Côte de Beaune

N 6

BEAUNE

A 36

St-Romain   Pommard

Seurre

St-Aubin   Puligny-Montrachet

Santenay

Chagny

Rully

St-Léger-sur-Dheune   Mercurey

Saône

Côte Chalonnaise

CHALON-SUR-SAÔNE

Canal du Centre

N 80

N 6

A 6

Montagne-lès-Buxy

D 981

Saône

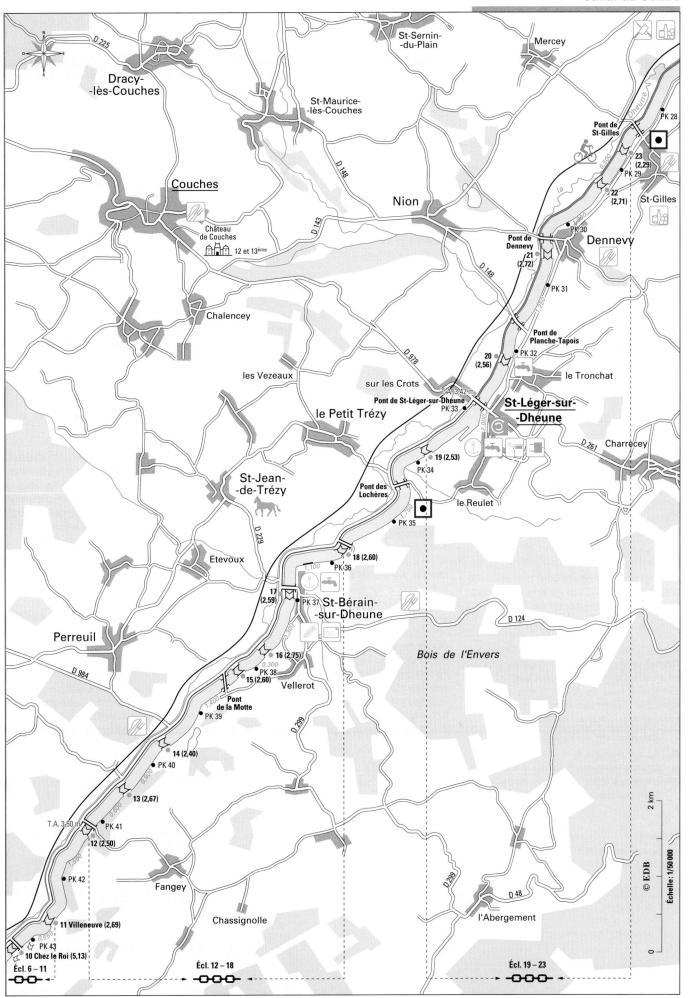

Dracy-
-lès-Couches

D 225

St-Sernin-
du-Plain

Mercey

PK 28

Pont de
St-Gilles

St-Maurice-
lès-Couches

D 148

Couches

Nion

23
(2,29)

PK 29

St-Gilles

22
(2,71)

Château
de Couches

12 et 13ème

D 143

PK 30

Dennevy

Pont de
Dennevy

21
(2,72)

Chalencey

D 148

PK 31

Pont de
Planche-Tapois

les Vezeaux

D 978

20
(2,56)

PK 32

le Tronchat

sur les Crots

T.A. 3,42 m

Pont de St-Léger-sur-Dheune

St-Léger-sur-
-Dheune

le Petit Trézy

PK 33

Charrecey

D 261

St-Jean-
-de-Trézy

19 (2,53)

PK 34

Pont des
Lochères

le Reulet

D 229

PK 35

Etevoux

18 (2,60)

1,100

PK 36

17
(2,59)

PK 37

St-Bérain-
-sur-Dheune

D 124

Perreuil

Bois de l'Envers

D 984

16 (2,75)

0,300

PK 38

15 (2,60)

Vellerot

Pont
de la Motte

PK 39

D 299

14 (2,40)

PK 40

0,900

13 (2,67)

0,800

T.A. 3,50 m

PK 41

12 (2,50)

1,500

PK 42

Fangey

D 299

D 48

Chassignolle

l'Abergement

11 Villeneuve (2,69)

0,550

PK 43

10 Chez le Roi (5,13)

Écl. 6 – 11

Écl. 12 – 18

Écl. 19 – 23

© EDB

Échelle : 1/50 000

2 km

0

La voie verte. Entre Saint-Léger-sur-Dheune et Chalon, le chemin de halage est aménagé en piste cyclable. La nouvelle surface goudronnée permet aux cyclistes et même aux pratiquants du roller de circuler facilement. Cette piste fait partie d'un grand projet européen de relier Nantes à la mer Noire en suivant les vallées de la Loire, de la Saône, du Doubs, du Rhin et du Danube.

Cheilly-lès-Maranges. Un accostage au pont du D 33 vous donne accès au beau village de Cheilly et aux premiers vignobles des côtes de Beaune. À la cave de Cheilly, Renée Martin vous propose de livrer gratuitement vos achats à votre bateau (tél. : 03 85 91 14 51).

✳ Auberge des Maranges : 03 85 91 18 10

Chassey-le-Camp. Le site de Chassey était occupé il y a 6 000 ans par des hommes néolithiques venus du sud de la France. Ensuite, les Romains y ont érigé un sanctuaire faisant de la montagne de Chassey un lieu sacré. Pour participer à une visite guidée du site vous pouvez prendre rendez-vous avec l'office de tourisme de Chagny (tél. :03 85 87 25 95). La visite dure plus de 2 heures.

✳ Auberge du Camp Romain : 03 85 87 09 91 (7/7)

Santenay. Ce petit village viticole, à 15 minutes de marche du canal, mérite bien une visite. Ses coteaux produisent des vins de grande qualité que vous devez absolument goûter. Plusieurs sites intéressants sont à visiter : le château de Philippe le Hardi avec son puissant donjon, l'église Saint-Jean-de-Narosse et le moulin Sorine, moulin à vent construit au xixᵉ siècle.

Office de tourisme : 03 80 20 69 15

✳ Marché : jeudi
✳ Le Terroir : 03 80 20 63 47

Remigny. Vous trouverez une petite halte avec deux bollards devant ce village de vignerons connu autant pour ses vins blancs que pour ses vins rouges.

✳ L'Escale : 03 85 87 07 03 (F. lun.)

Chagny. La ville de Chagny marque la frontière entre la Côte de Beaune au nord et la Côte chalonnaise qui s'allonge vers le sud. Outre ses bons vins, cette petite ville est très connue pour ses restaurants et tout particulièrement pour le célèbre Lameloise (3 étoiles au *Michelin*) un des meilleurs restaurants en France.

Office du tourisme : 03 85 87 25 95

■ Foire aux vins autour du 15 août
✳ Marché : jeudi et dimanche matin
✳ Lameloise : 03 85 87 08 85
   (F. mar. midi, mer. midi et jeu. midi)
✳ Le Grenier à Sel : 03 85 87 09 10 (7/7)

Fontaines
✳ Auberge Gourmande (à l'écluse 31) :
   03 85 91 48 00

The Green Way. *Between Saint-Léger-sur-Dheune and Chalon, the towpath has been made into a bicycle trail. The new tarmac surface provides comfortable conditions for cyclists, pedestrians and even roller bladers. The trail is part of a huge European project to link Nantes to the Black Sea following the valleys of the Loire, the Saône, the Doubs, the Rhine and the Danube.*

Cheilly-lès-Maranges. *Moorings at the bridge for the departmental road D33 give access to the attractive town of Cheilly and the first vineyards of the Côtes de Beaune. Visit the Cheilly cellars and Renée Martin will deliver your purchases to your boat free of charge (tel: 03 85 91 14 51).*

✳ *Auberge des Maranges: 03 85 91 18 10*

Chassey-le-Camp. *The site of this town was inhabited 6 000 years ago by neolithic tribes originating from the south of France. Later on the Romans built a sanctuary here and so thc mountain of Chassey became a sacred place. To take part in a guided tour of the site, you should contact the tourist office at Chagny (tel.: 03 85 87 25 95). The visit lasts more than 2 hours.*

✳ *Auberge du Camp Romain: 03 85 87 09 91 (7/7)*

Santenay. *This little wine growing village, 15 minutes walk away from the canal, is worth visiting. The surrounding slopes produce quality wines which you definitely should taste. Several interesting sites can also be visited; the château of Philippe le Hardi with its powerful dungeon, the church of Saint Jean de Narosse and the Sorine windmill dating from the 19th century.*

Tourist Office: 03 80 20 69 15

✳ *Market on Thursday*
✳ *Le Terroir: 03 80 20 63 47*

Remigny. *You will find small moorings with two bollards in front of this wine growing village, known for both its reds and whites.*

✳ *L'Escale: 03 85 87 07 03 (C. Mon.)*

Chagny. *The town of Chagny marks the border between the Côte de Beaune wine growing area to the north and the Côte Chalonnaise to the south. Apart from its good wines, it is also well known for its good restaurants and in particular the famous Lameloise (3 stars in the Michelin guide), one of the best in France.*

Tourist Office: 03 85 87 25 95

■ *Wine festival around the 15th August*
✳ *Market on Thursday and Sunday morning*
✳ *Lameloise: 03 85 87 08 85*
   (C. Tue. midday. Wed. midday and Thur. midday)
✳ *Le Grenier à Sel: 03 85 87 09 10 (7/7)*

Fontaines
✳ *Auberge Gourmande (at lock No. 31):*
   03 85 91 48 00

La voie verte. Zwischen Saint-Léger-sur-Dheune und Chalon wurde der Treidelpfad zu einem Radweg ausgebaut. Auf dem neuen glatten Asphalt können Radfahrer und sogar Rollerskater bequem fahren. Dieser Weg ist Teil eines gewaltigen Projektes auf Europa-Niveau, das eine Verbindung zwischen der Stadt Nantes und dem Schwarzen Meer vorsieht, und zwar durch die Täler der Loire, der Saône, des Doubs, des Rheins und der Donau.

Cheilly-lès-Maranges. Von den Anlegeplätzen an der Brücke, über die die D33 führt, sind Sie nicht weit von dem schönen Dorf Cheilly und den ersten Weinbergen der Côtes de Beaune entfernt. Im Weinkeller von Cheilly liefert Renée Martin Ihnen den gekauften Wein gratis bis in Ihr Hausboot (Tel.: 03 85 91 14 51).

✳ Auberge des Maranges: 03 85 91 18 10

Chassey-le-Camp. Hier lebten vor 6 000 Jahren neolithische Stämme, die aus dem Süden Frankreichs hierhergekommen waren. Anschließend haben die Römer hier eine Gebetsstätte errichtet und machten aus dem Berg von Chassey einen geheiligten Ort. Wenn Sie eine Führung mitmachen möchten, können Sie sich im Verkehrsamt in Chagny anmelden: 03 85 87 25 95. Dauer: über 2 Stunden.

✳ Auberge du Camp Romain: 03 85 87 09 91
   (k. Ruhetag)

Santenay. Dieses kleine Winzerdorf liegt 15 Minuten zu Fuß vom Kanal entfernt und lohnt einen Besuch. Auf den Hängen wachsen sehr gute Weine, die Sie unbedingt probieren müssen. Weitere Sehenswürdigkeiten: das Schloss von Philipp dem Kühnen mit dem mächtigen Bergfried, die Kirche Saint-Jean-de-Narosse und die Moulin Sorine, eine Windmühle aus dem 19. Jh.

Verkehrsamt: 03 80 20 69 15

✳ Markt: donnerstags
✳ Le Terroir: 03 80 20 63 47

Remigny. In diesem Winzerort, der für seine Rot- und Weißweine bekannt ist, finden Sie einen kleinen Halteplatz mit zwei Pollern.

✳ L'Escale: 03 85 87 07 03 (G. mon.)

Chagny. Dieser Ort ist die Grenze zwischen der Côte de Beaune im Norden und der Côte Chalonnaise, die sich nach Süden erstreckt. Außer für seine guten Weine ist dieses Städtchen sehr bekannt für seine guten Restaurants und insbesondere für das berühmte Restaurant »Lameloise« (3 Sterne im Michelin-Führer), das eines der besten in ganz Frankreich ist.

Verkehrsamt: 03 85 87 25 95

■ Weinfest um den 15. August
✳ Markt: donnerstags und sonntags morgens
✳ Lameloise: 03 85 87 08 85 (G. dien. mittags,
   mitt. mittags und donn. mittags)
✳ Le Grenier à Sel: 03 85 87 09 10 (k. Ruhetag)

Fontaines
✳ Auberge Gourmande (an der Schleuse 31):
   03 85 91 48 00

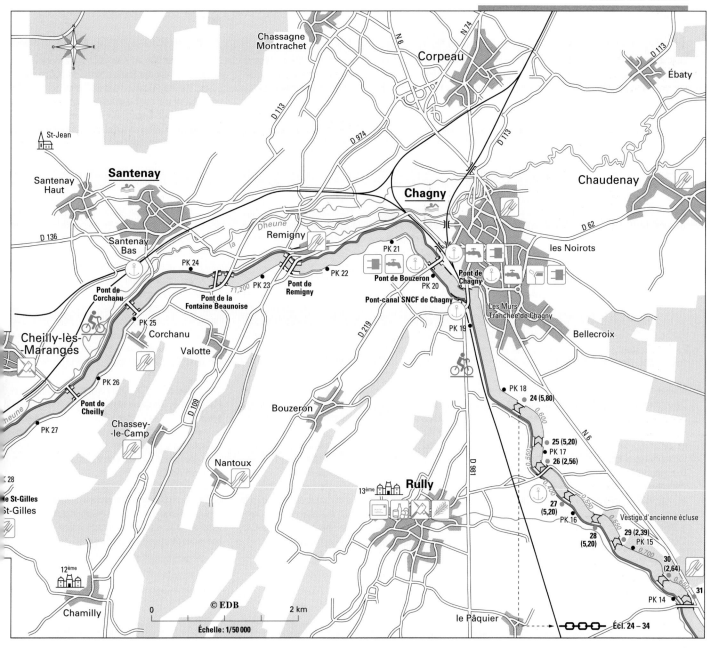

Rully. Depuis plus de quatre siècles les vignerons de Rully produisent une variété de grands vins. Dans ses caves, vous pouvez déguster un excellent vin rouge à base de pinot noir ou le rully blanc, qui accompagne parfaitement les plats typiquement bourguignons tels que les cuisses de grenouilles ou les escargots. Mais Rully est surtout connue pour son crémant de Bourgogne, un vin blanc pétillant composé d'un mélange de cépages dont le pinot noir, le chardonnay et l'aligoté. Ce vin se boit en apéritif, ou au dessert, ou tout au long de la soirée.

▲ Château de Rully, forteresse médiévale
  avec donjon du XIIe siècle, se visite du 15 juillet
  au 14 septembre. Tél. : 03 85 87 13 10

✳ Le Vendangerot : 03 85 87 20 09
  (F. mar. et mer.)

Le Gauchard

▲ Lavoir octogonal

✳ Auberge de l'Écluse (à l'écluse 32) :
  03 85 46 65 65

Rully. For more than four centuries the wine growers of Rully have produced a variety of great wines. In the village cellars, you can taste an excellent red wine made from Pinot Noir grapes or the Rully white, which goes well with typical Burgundy dishes such as frogs' legs or snails. But Rully is best known for its Crémant de Bourgogne, *a sparkling white wine made from a mixture of Pinot Noir, Chardonnay and Aligot grapes. This wine can be drunk as an aperitif or with your desert or if you prefer, all evening.*

▲ *The château of Rully, medieval castle
  with a dungeon dating from the 12th century.
  It can be visited from 15/07 to 14/09.
  Tel.: 03 85 87 13 10*

✳ *Le Vendangerot: 03 85 87 20 09
  (C. Tue. and Wed.)*

Le Gauchard

▲ *Octagonal wash house*

✳ *Auberge de l'Écluse (at lock 32):
  03 85 46 65 65*

Rully. Seit mehr als vier Jahrhunderten bauen die Winzer von Rully viele große Weine an. In den Weinkellern können Sie einen ausgezeichneten Rotwein aus Pinot-Noir-Trauben oder den Rully Blanc probieren, der ganz hervorragend zu den Burgunder Spezialitäten wie Froschschenkel oder Weinbergschnecken passt. Rully ist jedoch hauptsächlich für seinen Crémant de Bourgogne bekannt, einen spritzigen Weißwein, der aus mehreren Rebsorten darunter Pinot Noir, Chardonnay und Aligoté gekeltert wird. Dieser Wein wird als Aperitif oder zum Dessert getrunken, oder ganz einfach den ganzen Abend lang.

▲ Château de Rully, mittelalterliche Festung
  mit Bergfried aus dem 12. Jh., zu besichtigen
  vom 15.07. bis 14.09. Tel: 03 85 87 13 10

✳ Le Vendangerot: 03 85 87 20 09
  (G. dien. und mitt.)

Le Gauchard

▲ Achteckiges Waschhaus

✳ Auberge de l'Écluse (an der Schleusen 32):
  03 85 46 65 65

Champforgeuil. Au PK 6 vous passerez devant l'entrée de l'ancien canal qui traversait le centre de Chalon. Ses trois écluses et son port furent comblés en 1958 et remplacés par la nouvelle section au nord de la ville. Ne vous aventurez pas dans le vieux canal car il est envasé et très prisé par les pêcheurs. Le chemin de halage est aménagé en piste cyclable.

L'écluse 34 bis de Crissey, avec ses 10,76 m de chute, est particulièrement impressionnante. Mais ne vous inquiétez pas, une éclusière s'occupe des manœuvres et des bollards flottants facilitent l'accostage. Un feu indique si l'écluse est disponible. Soyez patient ; parfois on vous fera attendre d'autres bateaux pour économiser l'eau. Tél. : 03 85 46 20 74

Les accostages en amont et en aval de cette écluse sont plutôt tristes et il est conseillé d'aller directement vers le port sur la Saône, derrière l'île Saint-Laurent. Ici les accostages sont payants, entre 17 € et 19 € par nuit en fonction de la taille de votre bateau, mais tous les services (eau, électricité et douches) sont compris dans ce prix. Tél. : 03 85 48 83 38.

Chalon-sur-Saône. Ville natale de Nicéphore Niepce (inventeur de la photographie) et de Chardonnet (inventeur de la soie artificielle), cette cité ne vous décevra pas. D'abord, vous devez visiter l'île Saint-Laurent tout près du port. La promenade dans les ruelles bordées de vieilles maisons à colombage est très agréable.
En traversant la Saône, vous verrez la cathédrale Saint-Vincent et son cloître. Tout ce quartier du vieux Chalon regorge de lieux intéressants : l'hôtel de ville, le musée Denon, l'église Saint-Pierre, le monastère des Ursulines, la Maison des quatre saisons et le remarquable musée Nicéphore-Niepce.

Office du tourisme : 03 85 48 37 97

▲ Musée Denon • Musée Nicéphore-Niepce
✳ Marché : vendredi, samedi et dimanche

Champforgeuil. *At PK 6 you will go by the entrance to the old canal which went through the centre of Chalon. Its 3 locks and port were filled in 1958 and replaced by the new section to the north of the town. Do not go into this part of the canal as it is silted up and often crowded with fishermen. The towpath has been converted into a bicycle trail.*

Lock No. 34 bis at Crissey, with its height of 10.76 m is quite impressive. But don't worry, a lock keeper is in charge and you can make fast to floating bollards which make the locking process much easier. Lights will show you if the lock is ready. Be patient, you may be asked to wait until other boats arrive in order to save water. Tel.: 03 85 46 20 74.

The moorings above and below this lock are not particularly inviting and you are advised to go directly to the port on the Saône behind the Saint-Laurent island. Here you will be charged a mooring fee of between 17 € and 19 € per night according to the size of your boat but all services; water, electricity and showers are included in the price. Tel.: 03 85 48 83 38.

Chalon-sur-Saône. *This city is the birthplace of Nicéphore Niepce (inventor of photography) and of Chardonnet (inventor of artificial silk), and has plenty to offer the passing tourist.*
First you should visit the Saint-Laurent island right near the port. The walk through the little streets lined with old half-timbered houses is very pleasant.
Crossing the Saône you will see the Saint Vincent cathedral and its cloister. Other monuments include the town hall, the Denon Museum, the Saint Pierre church, the Ursulines monastery, the House of Four Seasons and the amazing Nicéphore Niepce museum.

Tourist Office: 03 85 48 37 97

▲ *Denon museum • Nicéphore Niepce museum*
✳ *Market: Fridays, Saturdays and Sundays*

Champforgeuil. Am PK 6 kommen Sie am ehemaligen Kanal vorbei, der das Stadtzentrum von Chalon durchquerte. Die drei Schleusen und der Hafen wurden 1958 zugeschüttet und durch den neuen Abschnitt im Norden der Stadt ersetzt. Biegen Sie auf keinen Fall auf diesen Kanal ab, da er völlig verschlammt und bei den Anglern beliebt ist. Der Treidelpfad wurde als Radweg ausgebaut.

Die Schleuse 34 b in Crissey ist ganz besonders beeindruckend: der Schleusenfall beträgt 10,76 m. Aber keine Sorge, eine Schleusenwärterin kümmert sich um das Durchschleusen und Sie können auch an den schwimmenden Pollern festmachen. Eine Ampel zeigt an, ob die Schleuse frei ist. Haben Sie etwas Geduld, denn um Wasser zu sparen, lässt man Sie manchmal warten.

Die Anlegemöglichkeiten unter- und oberhalb dieser Schleuse sind nicht besonders einladend und wir empfehlen Ihnen, bis zum Hafen in der Saône weiterzufahren. Das Anlegen ist hier gebührenpflichtig: zwischen 17 und 19 € pro Nacht je nach Größe Ihres Bootes. Dafür sind jedoch alle Serviceleistungen im Preis enthalten: Wasser, Strom und Duschen. Tel.: 03 85 48 83 38.

Chalon-sur-Saône. Die Geburtsstadt des Erfinders der Photographie, Nicéphore Niepce, und des Erfinders der synthetischen Seide, Chardonnet, wird Sie sicherlich nicht enttäuschen. Besichtigen Sie zuerst die Insel Saint-Laurent ganz in der Nähe des Hafens: Ein Bummel durch die engen Gassen lohnt sich ganz besonders.
Wenn Sie die Saône überqueren, sehen Sie die Kathedrale Saint-Vincent und das Kloster. Das ganze Altstadtviertel weist unzählige interessante Bauten auf: Rathaus, Museum Denon, Kirche Saint-Pierre, Ursulinenkloster, Haus der 4 Jahreszeiten und nicht zuletzt das bemerkenswerte Museum Nicéphore Niepce.

Verkehrsamt: 03 85 48 37 97

▲ Museum Denon • Museum Nicéphore Niepce
✳ Markt: freitags, samstags und sonntags

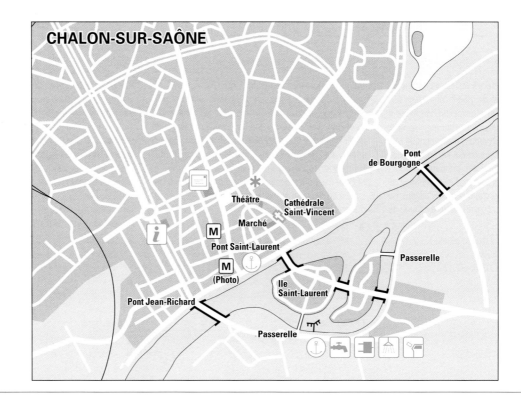

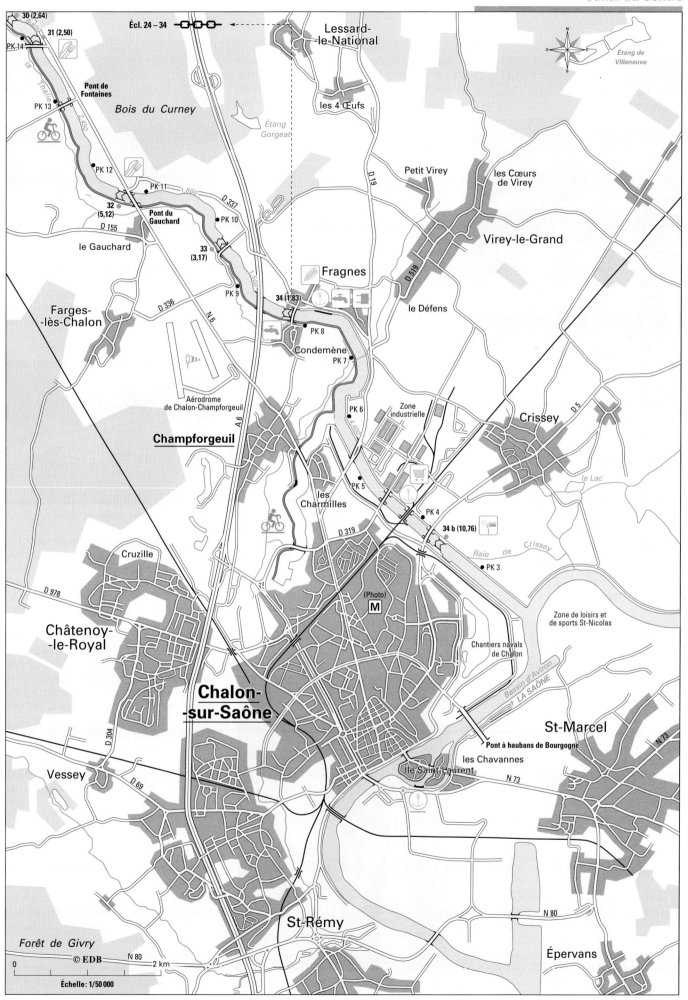

30 (2,64)
31 (2,50)
PK 14
la Thalie
2.450
Pont de Fontaines
PK 13
Bois du Curney
PK 12
PK 11
1.800
D 337
32 (5,12)
Pont du Gauchard
D 155
le Gauchard
PK 10
D 336
N 6
33 (3,17)
PK 9
34 (1,83)
1.500
Farges--lès-Chalon
Écl. 24 – 34
Lessard--le-National
les 4 Œufs
Étang Gorgeat
D 19
Petit Virey
les Cœurs de Virey
Virey-le-Grand
D 519
Fragnes
le Défens
PK 8
Condemène
PK 7
PK 6
Zone industrielle
Crissey
D 5
le Lac
Aérodrome de Chalon-Champforgeuil
A 6
Champforgeuil
4.400
PK 5
les Charmilles
PK 4
34 b (10,76)
D 319
Raie de Crissey
PK 3
Cruzille
D 978
Châtenoy--le-Royal
Chalon--sur-Saône
(Photo)
M
Zone de loisirs et de sports St-Nicolas
Chantiers navals de Chalon
Bassin d'Aviron
LA SAÔNE
St-Marcel
N 73
D 304
Vessey
D 69
Pont à haubans de Bourgogne
les Chavannes
Île Saint-Laurent
N 73
St-Rémy
N 80
Épervans
Forêt de Givry
© EDB
N 80
2 km
0
Échelle: 1/50 000
Étang de Villeneuve

Canal du Nivernais

La rigole de l'Yonne, l'aqueduc de Montreuillon.

Le canal du Nivernais relie la vallée de la Loire à la vallée de la Seine en passant par une région de forêts qu'on appelle le Morvan. Sur le versant Loire il suit la vallée de l'Alnain et ensuite l'Aron. Après le passage du bief de partage et les tunnels de La Collancelle, il retrouve la vallée de l'Yonne empruntant, de temps en temps, le lit de la rivière avant d'arriver à Auxerre.

Avec ses écluses à petit gabarit et son tirant d'eau limité, le canal du Nivernais avait la réputation d'un canal difficilement navigable et les derniers mariniers l'ont abandonné dans les années soixante-dix. Depuis cette époque, il est entièrement consacré à la plaisance et des travaux importants ont été apportés pour l'améliorer. Grâce à ces travaux, on trouve aujourd'hui un système d'alimentation efficace, un chemin de halage praticable d'un bout à l'autre et des écluses en bon état, faciles à manœuvrer et toutes avec éclusiers. Son parcours à travers les collines du Morvan, un paysage accidenté et parsemé de ruisseaux et de rivières, en fait un des plus beaux canaux français.

Le système d'alimentation. Le canal du Nivernais est alimenté par plusieurs lacs réservoirs et des prises d'eau dans l'Yonne et l'Aron. Les étangs de Vaux et de Baye qui fournissent une partie de ses besoins sont visibles du bief de partage. L'étang Neuf et l'étang Gouffier, qui servaient autrefois de réservoirs, sont maintenant utilisés pour l'élevage de poissons.

La majorité des besoins en eau est apportée par la rigole de l'Yonne qui achemine les eaux du réservoir de la Pannecière vers le bief de partage qu'elle trouve au niveau de l'écluse de Port Brûlé. Ce petit canal suit les contours des collines sur une distance de 25 km, dans un beau paysage boisé, franchissant trois vallées au moyen d'aqueducs. Deux de ces ouvrages en maçonnerie sont aussi vieux que le canal. Le troisième, plus récent, est construit en béton.

Le chemin de halage. Entre Auxerre et Coulanges-sur-Yonne, le chemin de halage est aménagé en piste cyclable. De Coulanges à Tannay l'état du chemin est variable, plutôt médiocre, mais le projet de piste cyclable avance rapidement vers le bief de partage. Entre Tannay et Decize, une distance de presque 100 km, il est goudronné et, en général, assez roulant.

→ page 83

The Canal du Nivernais links the Loire valley to the Seine valley passing by an attractive wooded region called the Morvan. On the Loire slopes, it follows the valley of the Alnain and then the Aron. After crossing the dividing pound and the tunnels of La Collancelle, it joins the Yonne valley, from time to time merging with the river itself before arriving at Auxerre.

With its small gauge locks and limited draft, this canal had the reputation of a troublesome waterway and the last barges abandoned it in the seventies. Since then it has been entirely dedicated to leisure cruising and substantial improvements have been made. Thanks to these works we now have an effective feeding system, a towpath in good condition from one end to the other and locks generally well kept, easy to operate and all looked after by lock-keepers. Its winding course across through the Morvan, a hilly countryside criss-crossed by numerous rivers and streams, makes it one of the most charming canals in France.

The Feeder System. The Canal du Nivernais is fed by several reservoir/lakes and feeder canals leading from the Yonne, the Beuvron and the Aron. The lakes of Vaux and Baye which supply part of its needs can be seen from the dividing pound. The Étang Neuf and the Étang de Gouffier were also called upon but their capacity is limited and they are now only used for breeding fish. Most of the needs are supplied by the Yonne feeder canal which brings water from the Pannecière lake to the dividing pound near the Port Brûlé lock. This little canal follows the contours of the Morvan hills for a distance of 25 km in the midst of an attractive and wooded countryside crossing three valleys by means of aqueducts. Two of these structures are in stone and are as old as the canal. The third is more recent and made of concrete.

The Towpath. Between Auxerre and Coulanges-sur-Yonne, the towpath has been converted into a bicycle trail. From Coulanges to Tannay the state of the towpath is variable, generally not too good, but the bicycle trail project is advancing rapidly towards the dividing pound. Between Tannay and Decize, a distance of nearly 100 km, it has a tarmac surface and is quite suitable for bicycles.

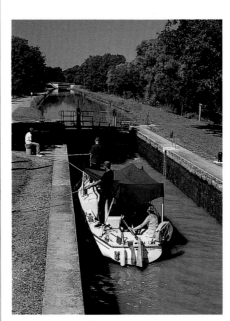

L'écluse 19 (Villard).

→ page 83

Le canal à Dirol.

Der Canal du Nivernais verbindet das Tal der Loire mit dem Tal der Seine und durchquert eine sehr waldreiche Region, das sogenannte Morvan. Auf der zur Loire abfallenden Seite fließt er durch das Tal der Flüsse Alnain und Aron. Nach der Scheitelstrecke und den Tunneln von Collancelle mündet er in das Yonne-Tal, wobei er ab und zu im Flussbett verläuft, bevor er schließlich in der Stadt Auxerre ankommt.

Le canal à Champs-sur-Yonne.

Aufgrund der kleinen Schleusen und des begrenzten Tiefgangs galt der Canal du Nivernais lange Zeit als schwierig zu befahren und die letzten Flussschiffer gaben die Schifffahrt in den 1970er Jahren auf. Seitdem verkehren hier nur noch Freizeitschiffe und es wurden beachtliche Sanierungsmaßnahmen durchgeführt. So findet man heute ein gut funktionierendes Wasserspeisesystem vor, einen Treidelpfad über die gesamte Länge des Kanals und leicht zu bedienende Schleusen in gutem Zustand, die alle einen Schleusenwärter haben. Der Parcours des Canal du Nivernais durch die von zahlreichen Bächen und Flüssen durchzogene Morvan-Hügellandschaft ist sehr abwechslungsreich: es ist einer der schönsten in ganz Frankreich.

Das Wasserversorgungssystem. Der Canal du Nivernais wird von mehreren Speicherseen und mit Wasser, das aus Yonne und Aron gezapft wird, gespeist. Die Seen von Vaux und Baye, die einen Teil seines Wasserbedarfs liefern, sind an der Scheitelstrecke zu sehen. Die Seen Etang Neuf und Etang Gouffier dienten früher als Wasserreservoir und heute zur Fischzucht.

Der Großteil des Wasserbedarfs fließt durch den Yonne-Speisekanal zu, der das Wasser aus dem Reservoir von La Pannecière bis zur Scheitelstrecke führt, in die er auf Höhe der Schleuse Port Brûlé einfließt. Dieser kleine Kanal folgt den Hügeln des Morvan in einer Entfernung von 25 km, in einer schönen bewaldeten Landschaft, und überquert mit Hilfe von Aquädukten drei Täler. Zwei dieser gemauerten Aquädukte sind ebenso alt wie der Kanal. Der dritte stammt aus neuerer Zeit und ist aus Beton.

Der Treidelpfad. Zwischen Auxerre und Coulanges-sur-Yonne ist der Treidelpfad als Radweg ausgebaut. Von

→ Seite 83

La limitation de vitesse. Vous verrez de temps en temps des panneaux tests placés à 1 300 m d'intervalle. Si vous mettez moins de 10 minutes pour parcourir cette distance, vous dépassez la vitesse de 8 km/h et vous êtes en infraction. Même si vous ne risquez pas d'amende, ralentissez car les berges du canal du Nivernais sont particulièrement fragiles et votre vague d'étrave peut occasionner des dégâts importants.

Les ponts. Les ponts les plus bas sur le versant Loire se trouvent en aval de l'écluse de Cercy-la-Tour et près de Baye (PK 62). Le pont au PK 62 présente une hauteur disponible de 2,85 m au centre et de 2,70 m pour un bateau de 5 m de largeur. Pour passer sous ce pont, vous pouvez demander aux agents de service de Baye ou de Chavance de baisser le bief de Chavance. Un déversoir situé PK 61 a été modifié exprès pour faciliter cette manœuvre.
Sur le versant Seine, le pont de chemin de fer devant l'écluse de garde de Mailly-le-Château et un autre devant l'écluse des Dames sont les plus bas. Les tirants d'air indiqués ne sont qu'approximatifs car les hauteurs des biefs peuvent varier.

Les écluses. Un éclusier sera présent à la plupart des écluses et aux autres vous serez accompagné par un éclusier itinérant. Pour qu'un agent soit mis à votre disposition, il suffira de vous présenter à l'écluse la plus proche ou d'appeler le Service de la navigation de Corbigny au 03 86 20 27 05. Ce numéro est valable 7 jours sur 7 entre 8 heures et midi et entre 14 heures et 18 heures.

Les échelles à gibier. Dans les sections boisées entre Clamecy et Auxerre et entre Saint-Léger et Cercy-la-Tour, le Service de la navigation, en collaboration avec les fédérations de chasse, a mis en place une trentaine d'échelles à gibier. Ces ouvrages permettent aux animaux sauvages tombés dans le canal de regagner la terre ferme. Il y a plusieurs modèles et certains d'entre eux, qui consistent en une plate-forme en acier à fleur d'eau, présentent un réel danger pour les bateaux.

La Collancelle, bief de partage.

L'écluse 38-39 (Tannay).

Speed Limit. *From time to time, you will see signs placed at intervals of 1 300 m. If you take less than 10 minutes to cover this distance, you have exceeded the speed limit of 8 km/hour. There is little chance that you will be fined but you must slow down as the banks of the canal du Nivernais are particularly fragile and your bow wave can cause serious damage.*

Bridges. *The lowest bridges on the Loire side are below the lock at Cercy-la-Tour and near Baye (PK 62). The bridge at PK 62 offers headroom of 2.85 m in the middle and 2.70 m for a boat 5 m wide. To go under this bridge, you can ask the lock-keeper at Baye or at Chavance to lower the Chavance pound. A spillway situated at PK 61 has been specially modified for this purpose.*
On the Seine side, the rail bridge in front of the guard lock at Mailly-le-Château and another one in front of Les Dames lock are the lowest. The heights indicated are approximate as the levels of the pounds can vary.

The Locks. *There is a permanent lock-keeper at most of the locks and at others you will be accompanied. To have a service agent allocated to you, you should simply go to the nearest lock or call the navigation office at Corbigny on 03 86 20 27 05. This number will be answered every day of the week between 8 a.m. and midday and between 2 p.m. and 6 p.m.*

Game Ladders. *In the wooded sections between Clamecy and Auxerre and between Saint-Léger and Cercy-la-Tour, the navigation service, in collaboration with the hunting federation, has installed about thirty game ladders. These structures allow wild animals which have fallen into the canal to reach dry land. There are several different models and some of them, which consist of a metal platform situated just under the water are a real danger to boats.*

Coulanges nach Tannay ist der Zustand variabel, eher mittelmäßig, aber das Radweg-Projekt schreitet zügig bis zur Scheitelstrecke voran. Zwischen Tannay und Decize ist er auf einer Strecke von fast 100 km asphaltiert und insgesamt ziemlich gut befahrbar.

Geschwindigkeitsbegrenzung. Von Zeit zu Zeit sehen Sie Testschilder, die in einem Abstand von 1 300 m hintereinander aufgestellt sind. Wenn Sie die Strecke zwischen zwei Schildern in weniger als 10 Minuten durchfahren, haben Sie die Geschwindigkeitsbegrenzung von 8 km/h überschritten und verstoßen gegen die Regeln. Auch wenn Sie höchstwahrscheinlich nicht bestraft werden, sollten Sie Ihre Geschwindigkeit dennoch herabsetzen, da die Uferböschungen dieses Kanals sehr empfindlich sind und Ihre Bugwelle beträchtlichen Schaden anrichten kann.

Brücken. Die niedrigsten Brücken auf der Loire-Seite befinden sich unterhalb der Schleuse von Cercy-la-Tour und in der Nähe von Baye (PK 62). Die Brücke am PK 62 hat eine Durchfahrtshöhe von 2,85 m in der Mitte und von 2,70 für ein 5 m breites Boot. Um unter dieser Brücke hindurchzupassen, können Sie das Personal in Baye oder in Chavance bitten, den Wasserspiegel in der Haltung von Chavance abzusenken. Ein Überlaufkanal am PK 61 wurde speziell zu diesem Zweck umgebaut.
Die niedrigsten Brücken auf der Seine-Seite sind eine Eisenbahnbrücke vor der Hochwasserschleuse von Mailly-le-Château und eine weitere vor der Schleuse Les Dames. Die angegebenen Durchfahrtshöhen sind nur ungefähre Angaben, da die Wassertiefe in einer Haltung variieren kann.

Le pont-levis de l'Arc.

Schleusen. An den meisten Schleusen ist ein Schleusenwärter anwesend, an den übrigen begleitet Sie ein zusteigender Schleusenwärter. Um einen Wärter zur Verfügung gestellt zu bekommen, brauchen Sie sich nur an der nächstgelegenen Schleuse melden oder den Schifffahrtsdienst von Corbigny unter 03 86 20 27 05 anrufen. Hier erreichen Sie täglich jemanden von 8 bis 12 und von 14 bis 18 Uhr.

Leitern für Wild. In den bewaldeten Regionen zwischen Clamecy und Auxerre und zwischen Saint-Léger und Cercy-la-Tour hat der Schifffahrtsdienst in Zusammenarbeit mit den Jagdverbänden etwa dreißig Leitern für Wild aufgestellt. Diese Leitern sollen dazu dienen, dass Rehe oder Hirsche, die in den Kanal fallen, wieder auf festen Boden zurückfinden. Es gibt verschiedene Modelle und manche von ihnen, die aus einer stählernen Plattform direkt unter der Wasseroberfläche bestehen, sind eine echte Gefahr für die Schiffe.

Auxerre. En arrivant dans le port d'Auxerre, cherchez une place de préférence rive droite, sur les quais de la société Aquarelle. L'accostage vous coûtera entre 8 € et 11 € par jour, en fonction de la longueur de votre bateau, mais vous aurez accès à tous les services d'un grand port fluvial : eau, électricité, douches et machine à laver et à sécher le linge. Un bateau boutique propose toutes sortes d'articles liés à la navigation intérieure. Le port est très fréquenté. Si vous ne trouvez pas d'accostage, accostez à couple et présentez-vous à la capitainerie. Pour accéder au centre-ville, il suffit de traverser la passerelle sur l'Yonne et d'emprunter une des petites rues derrière l'office du tourisme.

Un des premiers monuments que vous rencontrerez sur votre chemin, et pas le moindre, est la cathédrale Saint-Étienne. L'intérieur est éclairé par des vitraux du XIIIe siècle de toute beauté, et la crypte, seul vestige de l'ancien bâtiment roman, abrite un trésor constitué d'émaux, de manuscrits et de miniatures.

→ page 85

Auxerre. *When you arrive in the port of Auxerre, look for a mooring place preferably on the right bank on the quays of the company Aquarelle. The mooring will cost you from 8 € francs to 11 € per day according to the size of your boat but you will have access to all the services of a big well equipped marina: water, electricity, showers and exceptionally, a washing and drying machine. A floating ship chandler has all sorts of waterways items for sale. The port is often crowded. If you cannot find a mooring, tie up to another boat and go to the port office. To reach the centre of town, simply cross the foot bridge over the Yonne and take one of the little streets which set out behind the tourist office.*

One of the first buildings you will see is the Saint-Etienne cathedral. The interior of this fine edifice is lit up by 13th century stained glass windows and the crypt, all that remains of the original romanesque church, harbours a treasure consisting of enamels, manuscripts and miniatures.

→ page 85

Auxerre. Wenn Sie im Hafen von Auxerre ankommen, suchen Sie am besten einen Platz am rechten Ufer an den Kais der Firma Aquarelle. Das Anlegen kostet dort zwischen 8 € und 11 € pro Tag je nach Länge Ihres Bootes, dafür können Sie aber alle Serviceeinrichtungen eines großen Flusshafens nutzen: Wasserzapfstelle, Stromanschluss, Duschen, Waschmaschine und Wäschetrockner. Bei einem Schiffsausrüster, der sein Geschäft auf einem Boot eingerichtet hat, finden Sie alle Artikel, die mit der Schifffahrt zu tun haben. Der Hafen ist oft voll belegt. Wenn Sie keinen Anlegeplatz finden, fragen Sie bei der Hafenmeisterei nach.

Um ins Stadtzentrum zu gelangen, gehen Sie einfach über die Fußgängerbrücke über die Yonne und biegen dann in eine der Gassen hinter dem Verkehrsamt ein.

Eines der ersten Bauwerke, das Sie sehen, ist kein geringeres als die Kathedrale Saint-Etienne. Wunderschöne Kirchenfenster aus dem 13. Jh. erhellen den Innenraum, und in der Krypta, dem einzigen Überrest des ehemaligen romanischen Bauwerks, befindet sich der Kirchenschatz: Emaille-Arbeiten, Manuskripte und Miniaturen.

→ Seite 85

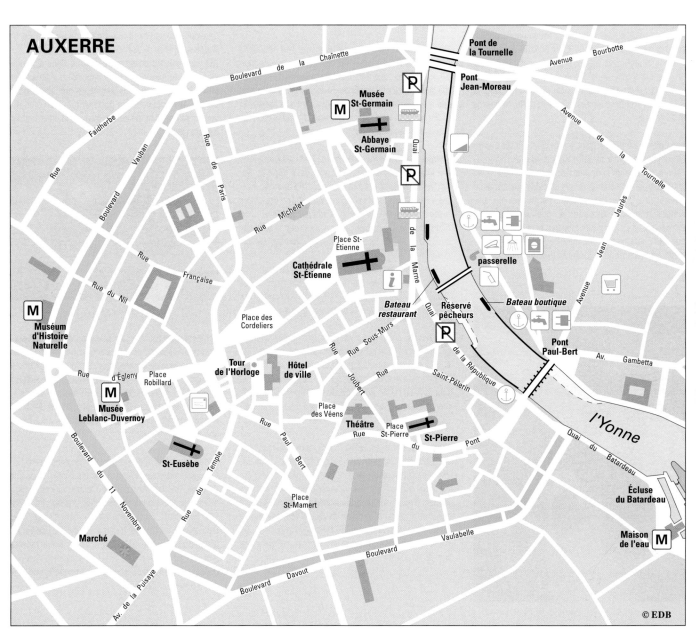

© EDB

En passant sous la tour de l'Horloge, vous arrivez sur la place des Cordeliers et le centre commerçant de la ville. En redescendant vers la rivière vous pouvez passer par la place Saint-Nicolas où la statue du patron des mariniers veille sur le quartier qui les abritait autrefois.

  Office du tourisme : 03 86 52 06 19

  Capitainerie : 03 86 46 96 77

* Marché : mardi et vendredi matin
* Le Grenier à Sel : 03 85 87 09 10 (7/7)
* Le Maxime : 03 86 52 14 19
* Restaurant Barnabet : 03 86 51 68 88
  (F. dim. soir, lun., mar. midi)
* Le Saint-Pélerin : 03 86 52 77 05
  (F. dim. et lun.)
* Le Coche d'O : 03 86 52 25 55 (7/7)
* Le Bounty : 03 86 51 69 86

After passing under the clock tower, you will come to the Place des Cordeliers and the main shopping centre. You could return to the river via the Saint-Nicolas Square where a statue of the patron saint of bargees keeps an eye over the old quarters which once housed the boatmen of the Yonne.

  Tourist Office: 03 86 52 06 19

  Port Office: 03 86 46 96 77

* *Market: on Tuesday and Friday morning*
* *Le Grenier à Sel: 03 85 87 09 10 (7/7)*
* *Le Maxime: 03 86 52 14 19*
* *Restaurant Barnabet: 03 86 51 68 88*
  (C. Sun. eve., Mon., Tue. midday)
* *Le Saint-Pélerin: 03 86 52 77 05*
  (C. Sun. and Mon.)
* *Le Coche d'O: 03 86 52 25 55 (7/7)*
* *Le Bounty: 03 86 51 69 86*

Gehen Sie unter dem Uhrturm hindurch, Sie kommen dann zur Place des Cordeliers und dem Geschäftszentrum. Wenn Sie wieder zum Fluss hinuntergehen, laufen Sie über die Place Saint-Nicolas, wo die Statue des Namensheiligen der Flussschiffer steht und über das Stadtviertel wacht, in dem diese Leute damals lebten.

  Verkehrsamt: 03 86 52 06 19

  Hafenmeisterei: 03 86 46 96 77

* Markt: dienstags und freitags morgens
* Le Grenier à Sel: 03 85 87 09 10 (k. Ruhetag)
* Le Maxime: 03 86 52 14 19
* Restaurant Barnabet: 03 86 51 68 88
  (G. sonn. ab., mon., dien. mitt.)
* Le Saint-Pélerin: 03 86 52 77 05
  (G. sonn. und mon.)
* Le Coche d'O: 03 86 52 25 55 (k. Ruhetag)
* Le Bounty: 03 86 51 69 86

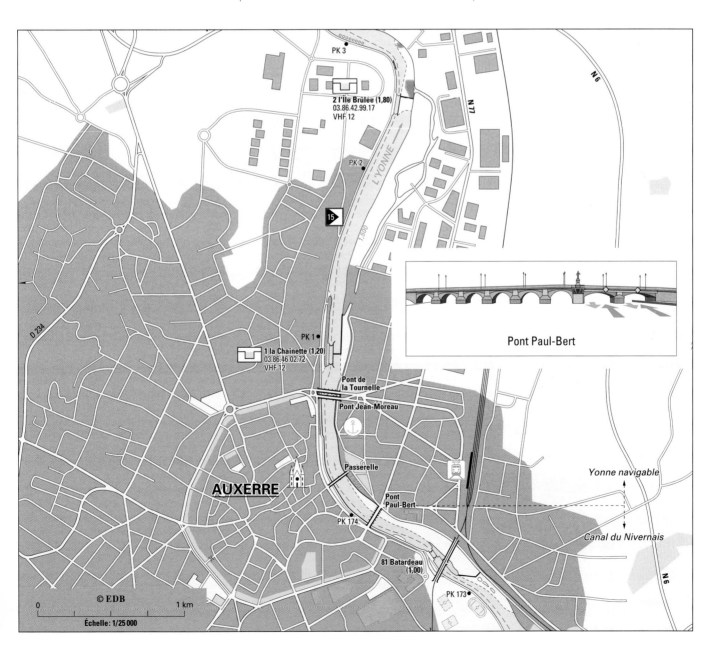

Pont Paul-Bert

La Maison de l'eau. Le beau bâtiment derrière l'écluse du Bâtardeau était autrefois une usine élévatoire des eaux. Entre 1882 et 1985, ses immenses pompes alimentaient la ville d'Auxerre en eau potable. Les pompes, soigneusement restaurées, sont encore visibles et dans la salle principale une association propose des expositions sur le thème de l'eau et de l'environnement. La Maison de l'eau est ouverte au public tous les jours de la semaine entre avril et octobre (tél. : 03 86 72 91 65).

Augy
* Auberge d'Augy : 03 86 53 35 54

[i] Les bouées rouges entre l'écluse d'Augy et l'écluse de Vaux délimitent une zone de ski nautique. Faites attention et restez entre les bouées et la rive gauche.

Vaux. Si à votre passage de l'écluse de Vaux vous entendez un étrange bourdonnement, vous saurez que le club de voitures télécommandées est en activité. Sur une piste digne d'une course de formule 1, de petits bolides tournent à vive allure, dirigés du haut d'une tribune par des pilotes expérimentés. La piste est accessible aux visiteurs.

* Le Saint-Vincent : 03 86 53 81 06
  (F. ven. soir et le sam.)

The Maison de l'eau. The attractive building behind the Bâtardeau lock used to be a pumping station. Between 1882 and 1985 its huge pumps supplied drinking water for the city of Auxerre. These pumps, now carefully restored, are still visible and in the main hall an association organises exhibitions on the theme of water and the environment. The "Maison de l'eau" (the house of water) is open to the public all week between April and October. Tel.: 03 86 72 91 65.

Augy
* Auberge d'Augy: 03 86 53 35 54

[i] The red buoys between the Augy lock and the Vaux lock identify a water ski zone. Be careful to stay between the buoys and the left bank.

Vaux. If, as you go through the Vaux lock, you hear a strange buzzing sound you will know that the local club for radio-controlled cars is holding a meeting. On a track worthy of a formula one speedway, tiny racing cars go around at alarming speed, controlled from the top of a stand by experienced drivers. The track is freely accessible to visitors.

* Le Saint-Vincent: 03 86 53 81 06
  (C. Fri. eve. and Sat.)

La Maison de l'eau. Das schöne Gebäude hinter der Schleuse Batardeau war früher ein Wasserhebewerk. Zwischen 1882 und 1985 versorgten die immensen Pumpen die Stadt Auxerre mit Trinkwasser. Die sorgfältig restaurierten Pumpen sind noch zu sehen und im Hauptsaal gibt es eine Ausstellung zum Thema Wasser und Umwelt. Geöffnet ist die Maison de l'eau zwischen April und Oktober an jedem Wochentag. Tel: 03 86 72 91 65.

Augy
* Auberge d'Augy: 03 86 53 35 54

[i] Die roten Bojen zwischen der Schleuse von Augy und der Schleuse von Vaux begrenzen ein Wasserski-Gebiet. Fahren Sie vorsichtig und bleiben Sie zwischen den Bojen und dem linken Ufer.

Vaux. Wenn Sie in der Schleuse von Vaux ein seltsames Brummen hören, wissen Sie, dass der »Club der fernbedienten Autos« wieder aktiv ist. Auf einer Piste, die eines Formel-1-Rennens würdig wäre, rasen kleine Flitzer, die von erfahrenen Piloten von einem Hochstand aus gelenkt werden.

* Le Saint-Vincent: 03 86 53 81 06
  (G. frei. ab. und sam.)

L'histoire du canal du Nivernais

Les origines du canal du Nivernais sont intimement liées à l'activité de flottage qui s'est pratiquée sur toutes les rivières de la région du Morvan jusqu'à la fin du XIXᵉ siècle. Les billes de bois, jetées dans les petits ruisseaux, descendaient pêle-mêle vers l'Yonne poussées par des crues artificielles appelées « éclusées ». Un peu plus en aval, ce bois était rassemblé en radeaux pour continuer son lent voyage vers les quais de la Seine à Paris. Tous les affluents de l'Yonne, même les plus petits, servaient au flottage, l'Aussois à partir de Lorme, le Beuvron à partir de Saint-Révérien et le Sozay à partir de Corbelin. Son plus grand affluent, la Cure, était flottable à partir de Montfauche et les bûches rassemblées en radeaux à Arcy.
Vers la fin du XVIIIᵉ siècle, les sources de bois sur le versant Seine s'épuisaient. En 1784, pour accéder à la forêt du Bazois sur le versant Loire, on commença le creusement d'un petit chenal de flottage. Mais c'était l'époque de la navigation et un débat s'instaura, les partisans du flottage contre ceux de la navigation. Ce sont finalement les navigants qui eurent raison des flotteurs et deux ans plus tard on commença à creuser le canal du Nivernais.
Les travaux, interrompus pendant la Révolution, furent repris en 1809 et, suite à la construction des tunnels

Barrage à aiguilles, Vincelles.

de la Collancelle, le canal fut finalement ouvert à la navigation en 1843.
La traction des bateaux se faisait au moyen de chevaux, d'ânes et de mulets sauf dans le bief de partage où le touage était obligatoire. À Decize, un autre toueur, affrété par la chambre de commerce de Nevers, assurait la traversée de la Loire.

History of the Canal du Nivernais

The origins of the Canal du Nivernais are intimately linked with the activity of timber floating which was carried out on all the rivers of the Morvan up to the end of the 19th century. The logs, thrown into the small streams, descended towards the Yonne helped along by artificial floods called éclusées. Further downstream, they were assembled into rafts which continued the slow voyage towards the quays of the Seine in Paris. All the tributaries of the Yonne, even the smallest, were used for floating timber, the Aussois from Lorme, the Beuvron from Saint-Révérien and the Sozay from Corbelin. Its biggest tributary, the Cure, was "floatable" from Montfauche and the logs assembled into rafts at Arcy.
Towards the end of the 18th century, the stocks of timber on the Seine slopes were running out so in 1784, to reach the Bazois forests on the Loire side, it was decided to dig a small channel. But this was the navigation age and a debate began between the advocates of timber floating and those in favour of navigation. The navigators were finally victorious and two years later the digging of the canal du Nivernais was begun.
The works, interrupted during the Revolution, were taken up again in 1809 and, following the construction of the tunnels at La Collancelle, the canal was finally opened for navigation in 1843.
Boats were hauled by horses, donkeys and mules except in the dividing pound where a tug was obligatory.
At Decize another chain tug, put into service by the Chamber of Commerce of Nevers, hauled the boats across the Loire.

Die Geschichte des Canal du Nivernais

Die Ursprünge des Canal du Nivernais sind eng mit dem Holzflößen verbunden, einem Transportverfahren, das auf allen Flüssen in dieser Region bis Ende des 19. Jh. praktiziert wurde. Die Stämme wurden in die kleinen Flüsschen geworfen und schwammen mit Hilfe von künstlichen Flutwellen bis zur Yonne stromabwärts. Etwas weiter talwärts wurde das Holz zu Flößen zusammengebunden und trat seine Reise nach Paris an. Alle Nebenflüsse der Yonne, selbst die kleinsten, wurden genutzt: der Aussois ab Lorme, der Beuvron ab Saint-Révérien und der Sozay ab Corbelin. Der größte Nebenfluss, die Cure, war ab Montfauche flößbar und die Stämme wurden in Arcy zu Flößen zusammengebunden.
Gegen Ende des 18. Jh. gingen die Holzbestände auf der Seine-Seite zurück und 1784 begann man mit dem Ausheben eines kleinen Flößkanals, um einen Zugang zum Forst von Bazois auf der Loire-Seite zu schaffen. Aber es war die Zeit, als die Schifffahrt aufblühte, und so kam es zum Streit zwischen den Befürwortern des Flößens und denen der Schifffahrt. Sieger waren die Schiffsleute und zwei Jahre später wurde mit dem Bau des Canal du Nivernais begonnen.
Die Bauarbeiten wurden während der Revolution unterbrochen, 1809 wieder aufgenommen, und nach dem Bau der Tunnel von La Collancelle wurde der Kanal schließlich 1843 für die Schifffahrt freigegeben. Gezogen wurden die Schiffe von Pferden, Eseln und Maultieren, außer in der Scheitelstrecke, wo ein Schleppschiff benutzt werden musste. In Decize übernahm ein anderer Schlepper, der von der Industrie- und Handelskammer in Nevers gechartert wurde, die Überquerung der Loire.

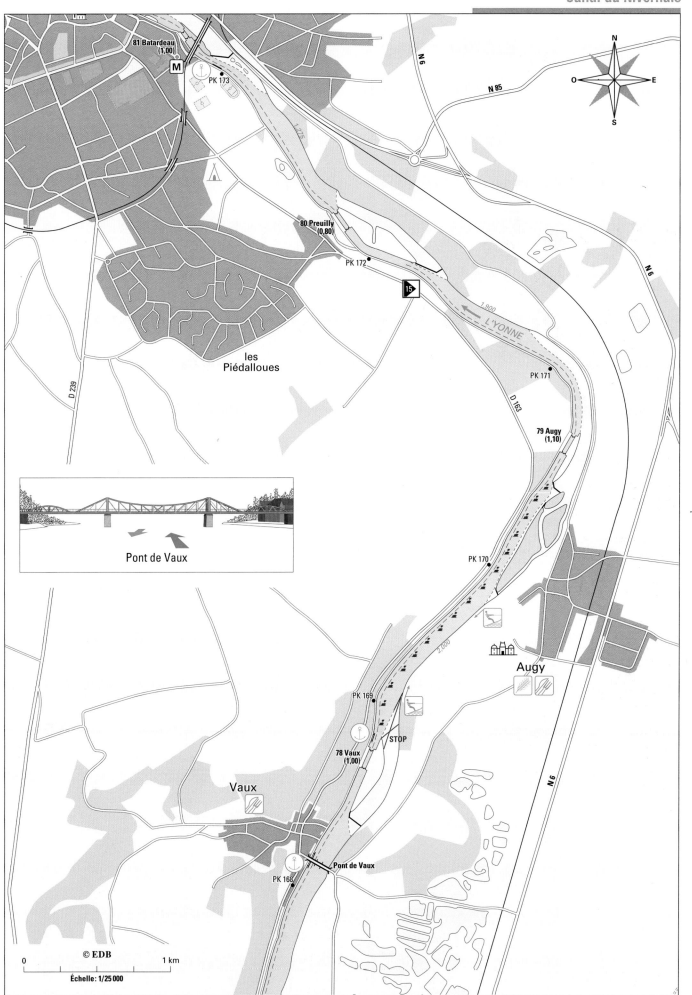

81 Batardeau
(1,00)

M

PK 173

les
Piédalloues

80 Preuilly
(0,80)

PK 172

15

L'YONNE

1.275

1.900

PK 171

D 239

79 Augy
(1,10)

D 163

PK 170

N 6

N 85

N 6

Augy

Pont de Vaux

PK 169

STOP

78 Vaux
(1,00)

Vaux

2.000

Pont de Vaux

PK 168

© EDB

0   1 km

Échelle: 1/25 000

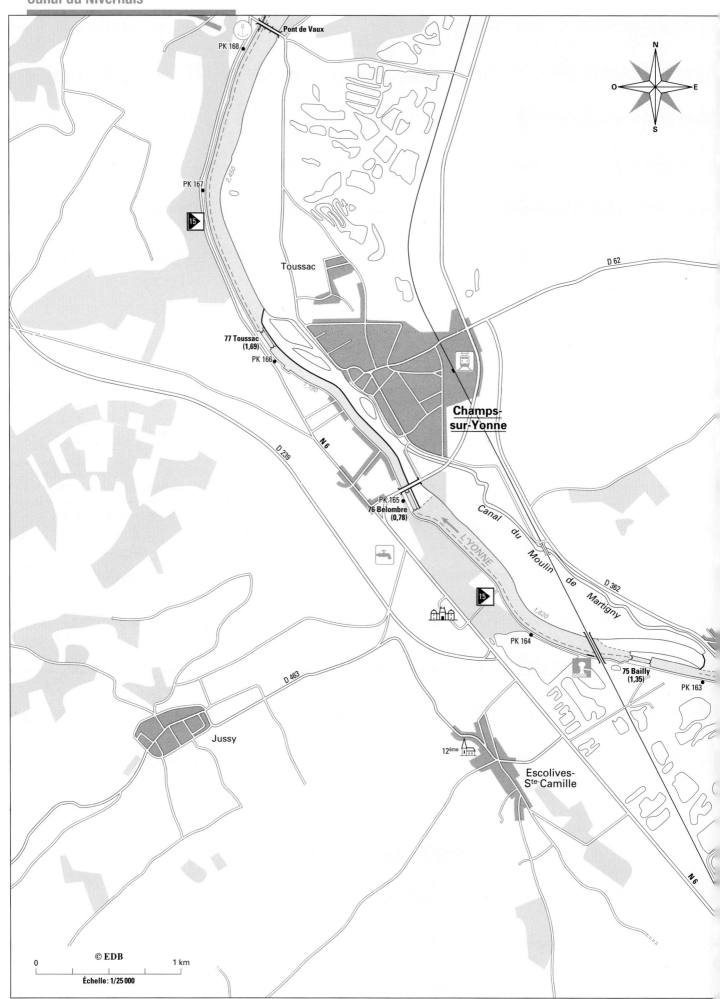

Pont de Vaux

PK 168

2.450

PK 167

15

Toussac

77 Toussac
(1,69)

PK 166

1.190

N 6

D 239

Champs-
sur-Yonne

D 62

PK 165
76 Bélombre
(0,78)

Canal du Moulin de Martigny

L'YONNE

D 362

15

1.620

PK 164

75 Bailly
(1,35)

PK 163

D 463

Jussy

12ème

Escolives-
Ste-Camille

N 6

N
O   E
S

© EDB

0   1 km

Échelle: 1/25 000

Champs-sur-Yonne. Ici le canal est séparé de la rivière par un mur en maçonnerie, un exploit de construction fluviale qui a su défier les crues les plus dévastatrices de l'Yonne. Au milieu du barrage, qui est accolé au pont routier, vous remarquerez les deux digues qui dirigeaient le bois de flottage vers le pertuis.

✳ Le Dahut : 03 86 53 30 93

Escolives-Sainte-Camille. Des fouilles entamées dès 1955 ont mis à jour, à côté de ce village, des vestiges d'habitats romains. Lors d'une visite accompagnée, vous pourrez observer une grande peinture murale du IIᵉ siècle et un monument religieux, coupé en deux par des bâtisseurs économes du IIIᵉ siècle, pour servir de fondations pour des bains thermaux. Sont aussi exposées des chaussures en cuir, préservées depuis plus de vingt siècles par l'humidité du sol (tél. : 03 86 53 34 79).

✱ Marché : dimanche matin

Bailly. Au village de Bailly, les immenses carrières souterraines, qui fournissaient autrefois de la pierre jaune pour Paris, sont occupées aujourd'hui par une coopérative vinicole. Les représentants de la coopérative vous feront visiter les 4 hectares de galeries souterraines et déguster les vins de l'Auxerrois. Lors de la visite, vous admirerez des œuvres sculptées par plusieurs artistes sur les parois des galeries (tél. : 03 86 53 77 77).
Ne manquez pas l'exposition du peintre Georges Hosotte dans la chapelle de ce village. Les murs blancs de la chapelle sont illuminés par les couleurs vives de cet artiste talentueux originaire de Saint-Bris.

Champs-sur-Yonne. *Here the canal is separated from the river by a stone wall, a feat of waterways engineering that has defied the most devastating floods of the Yonne. In the middle of the weir, which is incorporated into the road bridge, you will notice the two arms which guided the logs of wood towards the flash lock.*

✳ *Le Dahut: 03 86 53 30 93*

Escolives-Sainte-Camille. *Archeological diggings started in 1955 next to this village, brought to light vestiges of Roman occupation. During an accompanied visit, you will see a huge wall painting dating from the 2nd century and a religious monument, cut in half by the thrifty builders in the 3rd century to be used as foundations for thermal baths. You will also see leather shoes, preserved for more than 20 centuries by the damp soil. Tel.: 03 86 53 34 79.*

✱ *Market: Sunday morning*

Bailly. *At the village of Bailly, there are immense underground quarries which once provided stone for the construction of Parisian buildings. Nowadays they are occupied by a wine cooperative. The representatives of the cooperative will give you a guided tour of the 4 hectares of underground galleries and you can taste the wines of the Auxerre region. During your visit you will admire the sculptures of several different artists in the tunnel walls. Tel.: 03 86 53 77 77.*
Don't miss the exhibit of the artist Georges Hosotte in the village chapel. The white walls of the chapel are illuminated by the vivid colours of the works of this talented artist, native of Saint-Bris.

Champs-sur-Yonne. Hier sind Kanal und Fluss durch eine Mauer aus Naturstein voneinander getrennt, ein Meisterwerk der Wasserbaukunst, das den schlimmsten Hochwassern der Yonne standgehalten hat. In der Mitte des an die Straßenbrücke gebauten Dammes sehen Sie noch die zwei Deiche, die das treibende Holz zum Durchlass hinleiteten.

✳ Le Dahut: 03 86 53 30 93

Escolives-Sainte-Camille. 1955 wurden hier bei Ausgrabungen Überreste einer römischen Siedlung gefunden. Bei einer Führung können Sie ein großes Wandgemälde aus dem 2. Jh. sowie ein religiöses Bauwerk sehen, das sparsame Baumeister aus dem 3. Jh. zweigeteilt und als Fundament für eine Thermenanlage verwendet haben. Ausgestellt sind auch Lederschuhe, die durch die Feuchtigkeit im Boden seit 20 Jahrhunderten erhalten geblieben sind. Tel: 03 86 53 34 79.

✱ Markt: sonntags morgens

Bailly. Die immensen unterirdischen Steinbrüche, in denen einst der gelbe Naturstein für Pariser Häuser abgebaut wurde, dienen heute einer Winzergenossenschaft. Die Vertreter dieser Genossenschaft zeigen Ihnen gerne die unterirdischen Gänge, die sich über eine Fläche von 4 Hektar erstrecken und stellen Ihnen auch die Weine aus der Gegend um Auxerre vor. Dabei können Sie die Skulpturen bewundern, die von Künstlern in die Wände modelliert wurden. Tel: 03 86 53 77 77.
Lassen Sie sich nicht die Ausstellung des Künstlers Georges Hosotte in der Dorfkapelle entgehen: Die leuchtenden Farben dieses begabten Künstlers aus Saint-Bris lassen die weißen Wände der Kapelle förmlich erstrahlen.

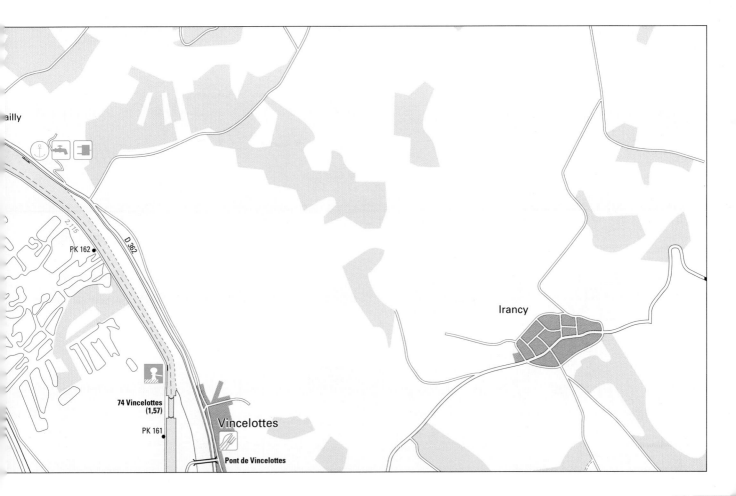

Les vignobles de l'Yonne

Avant la crise du phylloxéra on comptait 40 000 hectares de vignes dans le département de l'Yonne et ses vignerons fournissaient presque tous les besoins de la région parisienne. Chaque année, des milliers de fûts étaient transportés par rivière vers les entrepôts de Bercy. Aujourd'hui la surface est réduite à environ 4 000 hectares et des petits vignobles situés dans les vallées de l'Armançon, le Serein et l'Yonne produisent des vins de qualité, dignes de l'étiquette prestigieuse « vins de Bourgogne ».

À l'extrémité est, la ville de **Tonnerre** est le centre d'une petite région vinicole produisant d'excellents vins rouges et rosés sous l'appellation bourgogne épineuil. À quelques kilomètres vers l'ouest, on trouve les vignobles de **Chablis** et leur vin blanc de renommée internationale. Les tout meilleurs, nommés chablis grand cru et chablis premier cru, sont des vins de garde à rapporter chez soi. Les autres, appelés tout simplement chablis ou petit chablis, sont plus légers, à consommer immédiatement, soit pour accompagner un repas soit en apéritif.

Au sud d'**Auxerre**, une dizaine de villages viticoles dont **Coulanges-la-Vineuse**, **Irancy** et **Saint-Bris** produisent des vins blancs à partir du chardonnay et des rouges à partir du pinot noir. Chaque vigneron possède sa cave, pour la plupart situées à l'intérieur des villages. Pour un choix plus large, vous pouvez aussi vous rendre aux caves coopératives telles que les caves souterraines de **Bailly** ou à la maison du vignoble auxerrois à **Saint-Bris-le-Vineux**. Dans ce dernier établissement, 4 jurys composés de 20 personnes sont rassemblés 4 fois par an pour choisir les meilleurs crus de la région qui sont ensuite mis en vente.

The Vineyards of the Yonne

Before the Phylloxera epidemic, there were 100 000 acres of vineyards in the department of the Yonne and its wine growers supplied nearly all the requirements of the city of Paris. Each year thousands of barrels were carried down the river towards the Bercy cellars. Today the surface has been reduced to only 10 000 acres and small vineyards situated in the valleys of the Armançon, the Serein and the Yonne produce quality wines worthy of the prestigious title; "Burgundy wines".

*At the eastern extremity, the town of **Tonnerre** is the centre of a small wine growing area of about 150 acres producing excellent reds and rosés under the name Bourgogne épineuil.*

*A few kilometres further west we find the vineyards of **Chablis** with their world famous white wine. The very best, called Chablis grand cru and Chablis premier cru, are wines to lay down which you should take home at the end of your stay. The others, sold under the names Chablis and petit Chablis, are lighter and can be consumed immediately either with a meal or as an aperitive.*

*Just south of **Auxerre**, several wine villages including **Coulanges-la-Vineuse**, **Irancy** and **Saint-Bris** produce white wines from the Chardonnay grape and red wines from Pinot Noir. Each grower has a cellar of which many are situated in the centre of the towns. For a wider selection, you can also visit the cooperative cellars such as the underground caves at **Bailly** or the house of Auxerre vineyards at **Saint-Bris-le-Vineux**. In this latter establishment, 4 juries composed of 20 people gather 4 times a year to choose the best wines of the region which are then put on sale.*

Die Weinberge im Departement Yonne

Vor der Reblaus-Epidemie gab es hier 40 000 Hektar Weinberge, und die hiesigen Winzer deckten fast den gesamten Bedarf des Großraums Paris. Jedes Jahr wurden Tausende von Fässern über die Flüsse zu den Lagerhallen von Bercy transportiert. Heute sind nur noch etwa 4 000 Hektar Rebflächen übriggeblieben, und kleine Anbaugebiete im Armançon-, Serein- und Yonne-Tal bringen Qualitätsweine hervor, die der Prestige-Bezeichnung »Wein aus Burgund« durchaus würdig sind.

Der Ort **Tonnerre** im Osten des Departements ist das Zentrum eines kleinen Weingebiets, in dem ausgezeichnete Rot- und Roséweine mit der Bezeichnung *Bourgogne Epineuil* angebaut werden.

Ein paar Kilometer weiter westlich liegen die **Chablis**-Weinberge, wo der international anerkannte Weißwein bereitet wird. Nehmen Sie sich von den allerbesten, d. h. *Chablis Grand Cru* und *Chablis Premier Cru*, einige Flaschen mit nach Hause, sie lassen sich gut lagern. Die anderen heißen einfach *Chablis* und *Petit Chablis*, sie sind leichter und können sofort getrunken werden, entweder zum Essen oder als Aperitif.

Südlich von **Auxerre** liegt ein knappes Dutzend von Weinorten wie **Coulanges-la-Vineuse**, **Irancy** und **Saint-Bris**. Hier keltert man Weißweine aus der Chardonnay-Traube und Rotweine aus Pinot Noir. Jeder Winzer hat seine eigenen Weinkeller, die meistens im Dorf liegen. Eine größere Auswahl haben Sie bei den Genossenschaften wie in den unterirdischen Kellern von **Bailly** oder in der Maison du Vignoble Auxerrois in **Saint-Bris-le-Vineux**. In letzterem Etablissement kommen viermal jährlich 4 Jurys von 20 Personen zusammen, die die besten Weine der Region auswählen und dann zum Verkauf anbieten.

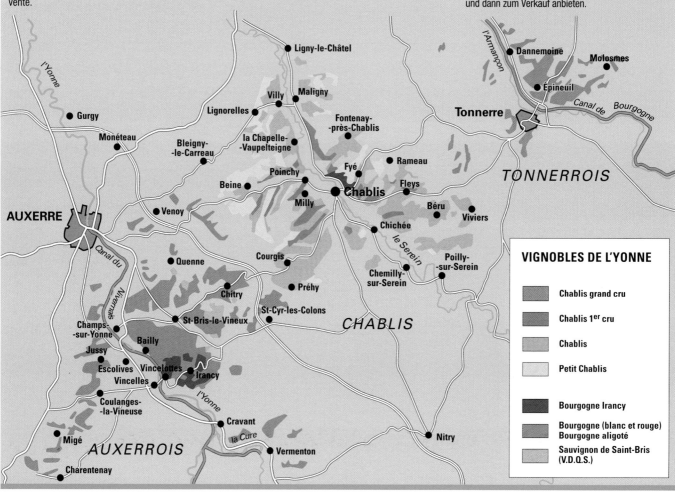

VIGNOBLES DE L'YONNE

- Chablis grand cru
- Chablis 1er cru
- Chablis
- Petit Chablis
- Bourgogne Irancy
- Bourgogne (blanc et rouge) Bourgogne aligoté
- Sauvignon de Saint-Bris (V.D.Q.S.)

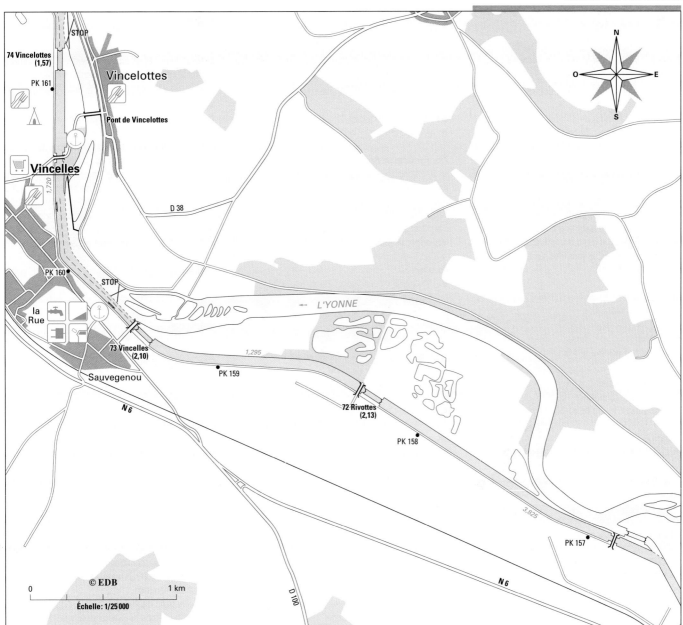

Saint-Bris-le-Vineux
* Le Saint Bris : 03 86 53 84 56

Coulanges-la-Vineuse
▲ Musée de la Vigne, pressoir du XVIIIᵉ siècle
   et présentation des vins de Bourgogne

Irancy. Dans une région de vin blanc, les vignobles
autour d'Irancy se distinguent car ils produisent d'excellents
rouges et rosés. Plus de 18 vignerons ont leurs
caves dans les rues fleuries de ce village.
Le village se trouve à 3,6 km de Vincelottes et la pente
est rude mais certains vignerons se proposent de ramener
vos achats à votre bateau.

Vincelottes
* Auberge des Tilleuls : 03 86 42 22 13
   (F. mer. soir, jeu.)

Vincelles
* Marché : mercredi matin
* Hôtel de la Poste : 03 86 42 22 63

Saint-Bris-le-Vineux
* Le Saint Bris: 03 86 53 84 56

Coulanges-la-Vineuse
▲ Wine museum, 18th century wine press
   and presentation of Burgundy wines

Irancy. In a region of white wines, the vineyards around
Irancy stand out for they produce excellent reds and
rosés. More than 18 wine growers have their cellars in
the flower decorated streets of this village.
Irancy is 3.6 km away from Vincelottes and the road is
steep but some wine growers will deliver your purchases
to your boat.

Vincelottes
* Auberge des Tilleuls: 03 86 42 22 13
   (C. Wed. eve., Thur.)

Vincelles
* Market: Wednesday morning
* Hôtel de la Poste: 03 86 42 22 63

Saint-Bris-le-Vineux
* Le Saint Bris: 03 86 53 84 56

Coulanges-la-Vineuse
▲ Weinmuseum mit Kelter aus dem 18. Jh.
   und Präsentation der burgundischen Weine

Irancy. In einer Region, die hauptsächlich Weißweine
produziert, hebt sich Irancy ab, denn hier werden ausgezeichnete
Rotweine und Rosés bereitet. Mehr als 18 Winzer
besitzen in den blumengeschmückten Straßen dieses
Dorfes ihren Weinkeller.
Vincelottes liegt nur 3,6 km entfernt. Die Straße ist sehr
steil, aber manche Winzer bieten auch an, Ihnen Ihre
Einkäufe bis ans Boot zu bringen.

Vincelottes
* Auberge des Tilleuls: 03 86 42 22 13
   (G. mitt. ab., donn.)

Vincelles
* Markt: mittwochs morgens
* Hôtel de la Poste: 03 86 42 22 63

Cravant. Ce village, autrefois fortifié, conserve quelques vestiges de ses anciens fossés.

▲ L'église du XVᵉ siècle • La Maison de bois • Le beffroi

✴ Marché : samedi matin

✴ Hôtel Saint-Pierre : 03 86 42 31 67

L'embranchement de Vermenton. Au PK 154, un embranchement suit la Cure sur une distance de 4 km jusqu'au village de Vermenton. Des éclusiers sont présents à ses deux écluses et elles fonctionnent de la même façon que celles situées sur le canal principal. Attention, en arrivant dans le port, dirigez-vous directement vers le quai et ne vous aventurez pas au-delà du pont de chemin de fer ou vous êtes sûr de vous échouer.

Accolay

✴ Hostellerie de la Fontaine : 03 86 81 54 02 (F. lun. et mar. midi)

Vermenton

Syndicat d'initiative : 03 86 81 54 26

▲ Église Notre-Dame • Tour du Méridien • Lavoir

✴ Marché : vendredi

✴ Auberge de l'Espérance : 03 86 81 50 42

✴ La Petite Cure : 03 86 81 53 49

Bazarnes

✴ La Griotte : 03 86 42 39 38 (F. lun., mar. et mer.)

Prégilbert. Au XIᵉ siècle, les seigneurs de Toucy bâtirent près du village de Prégilbert une magnifique abbaye. D'abord occupée par des moines, elle devint par la suite un couvent de religieuses fréquenté par les épouses et sœurs des chevaliers partis aux croisades. Richement dotée par les fidèles, l'abbaye de Crisenon devint puissante et influente dans toute la région, à tel point qu'au XVIIᵉ siècle, le pape s'est vu dans l'obligation de limiter le nombre de religieuses.
Au XVIIᵉ siècle l'abbesse Claude Larcher fit même aménager « un canal d'eau vive de trois cents toises peuplé de truites et de brochets ». La Révolution mit fin à tous ces fastes et un agriculteur, devenu propriétaire, rasa tous les bâtiments monastiques. Aujourd'hui on ne voit qu'une belle maison de maître et une tour de l'ancienne abbaye. Par contre, le poisson, symbole biblique du Christ, est toujours présent car un élevage de truites et de saumons est aménagé sur une partie des anciennes terres de l'abbaye. Du poisson frais est en vente ainsi que des dérivés tels que la truite fumée et des terrines. Les cannes à pêche sont fournies et si vous préférez, vous pouvez attraper votre dîner. Pisciculture de Crisenon, tél. : 03 86 81 45 32.

Mailly-la-Ville

Syndicat d'initiative : 03 86 81 11 74

✴ Le Relais de l'Étoile : 03 86 81 40 55 (7/7)

Mailly-le-Château. Construit au XVIᵉ siècle, le pont sur l'Yonne à Mailly-le-Château est un des plus anciens de toute la région. Il possède une petite chapelle votive dédiée à saint Nicolas, patron des flotteurs et des mariniers.

Cravant. This was once a fortified village and you can still see remnants of the old moats.

▲ 15th Century church • The wooden house • The belfry

✴ Market: Saturday morning

✴ Hôtel Saint-Pierre: 03 86 42 31 67

The Vermenton Branch Canal. At PK 154 a branch canal follows the Cure for a distance of 4 km towards the town of Vermenton. Lock-keepers are present at its two locks which operate in the same way as those on the main canal. Be careful as you come into the port, go directly to the quay and do not venture beyond the railway bridge or you will go aground.

Accolay

✴ Hostellerie de la Fontaine: 03 86 81 54 02 (C. Mon. and Tue. midday)

Vermenton

Tourist Office: 03 86 81 54 26

▲ Notre Dame church • Méridien Tower • Wash house

✴ Market: Friday

✴ Auberge de l'Espérance: 03 86 81 50 42

✴ La Petite Cure: 03 86 81 53 49

Bazarnes

✴ La Griotte: 03 86 42 39 38 (C. Mon., Tue., Wed.)

Prégilbert. In the 11th century, the lords of Toucy built a magnificent abbey near the village of Prégilbert. It was at first occupied by monks, but later become a convent for nuns accommodating the wives and sisters of noblemen who had left for the crusades. Generously supported by the locals, the abbey of Crisenon became powerful and influential throughout the whole region, so much so that, in the 17th century, the Pope felt obliged to limit the numbers of nuns.
During the 17th century, the Mother Superior, Claude Larcher even installed "a canal with flowing water of three hundred toises stocked with trout and pike". The French Revolution put an end to all this wealth and a farmer acquired the abbey and knocked down all the monastic buildings. Today all that can be seen is a mansion house and one tower of the former abbey.
On the other hand, the fish, biblical symbol for the Christ, is still present for a trout and salmon hatchery has been set up on part of the old abbey grounds. Fresh fish is for sale and also by-products such as smoked trout and terrines. Fishing rods are on hire and, if you wish, you can catch your dinner. Pisciculture de Crisenon. Tel.: 03 86 81 45 32.

Mailly-la-Ville

Tourist Office: 03 86 81 11 74

✴ Le Relais de l'Étoile: 03 86 81 40 55 (7/7)

Mailly-le-Château. The 16th century bridge over the Yonne at Mailly-le-Château is one of the oldest in the whole region. It has its own small chapel dedicated to Saint-Nicolas, patron saint of timber floaters and barge men.

Cravant. In diesem ehemals befestigten Dorf sind noch Überreste der alten Festungsgräben zu sehen.

▲ Kirche 15. Jh • »La Maison de Bois« • Wachtturm

✴ Markt: samstags morgens

✴ Hôtel Saint-Pierre: 03 86 42 31 67

Der Abzweigungskanal nach Vermenton. Am PK 154 beginnt ein 4 km langer Abzweig, der an der Cure entlang bis zum Ort Vermenton führt. An beiden Schleusen sind Schleusenwärter anwesend, sie funktionieren genauso wie die auf dem Hauptkanal. Wenn Sie im Hafen ankommen, fahren Sie bitte geradewegs auf den Kai zu. Wagen Sie sich nicht in die Gewässer hinter der Eisenbahnbrücke, da Sie sonst ganz sicher auf Grund laufen.

Accolay

✴ Hostellerie de la Fontaine: 03 86 81 54 02 (G. mon. und dien. mittags)

Vermenton

Verkehrsamt: 03 86 81 54 26

▲ Kirche Notre-Dame • Méridien-Turm • Waschhaus

✴ Markt: freitags

✴ Auberge de l'Espérance: 03 86 81 50 42

✴ La Petite Cure: 03 86 81 53 49

Bazarnes

✴ La Griotte: 03 86 42 39 38 (G. mon., dien., mitt.)

Prégilbert. Im 11. Jh. errichteten die Herren von Toucy unweit des Dorfes Prégilbert eine herrliche Abtei. Dort lebten zunächst Mönche, später aber hauptsächlich Nonnen, und zwar die Gattinnen und Schwestern der adligen Herren, die an den Kreuzzügen teilnahmen. Die Abtei Crisenon erhielt viel Unterstützung von den Gläubigen und wurde mächtig und einflussreich, so sehr, dass sich der Papst im 17. Jh. gezwungen sah, die Anzahl der Nonnen zu begrenzen.
Im 17. Jh. hatte die Äbtissin Claude Larcher sogar einen »300 Klafter langen Süßwasserkanal voller Forellen und Hechte« angelegt. Die Revolution setzte dieser Schwelgerei ein Ende und der Bauer, der nun der neue Eigentümer war, machte die Klostergebäude dem Erdboden gleich. Heute ist nur noch ein schönes Herrenhaus und ein Turm der alten Abtei zu sehen. Der Fisch, das biblische Symbol Christi, ist allerdings immer noch präsent, denn auf den ehemaligen Klosterländereien gibt es heute eine Forellen- und Lachs-Zucht. Hier wird frischer Fisch verkauft sowie Räucherforelle und Terrinen. Angelruten werden gestellt, damit Sie sich, wenn Sie möchten, Ihr Abendessen selber angeln. Pisciculture de Crisenon, Tel: 03 86 81 45 32.

Mailly-la-Ville

Verkehrsamt: 03 86 81 11 74

✴ Le Relais de l'Etoile: 03 86 81 40 55 (k. Ruhetag)

Mailly-le-Château. Die im 16. Jh. erbaute Brücke über die Yonne ist eine der ältesten in der ganzen Region. Sie hat ihre eigene kleine Kapelle, die dem Hl. Nicolas geweiht ist, dem Schutzpatron der Holzflößer und Schiffsleute.

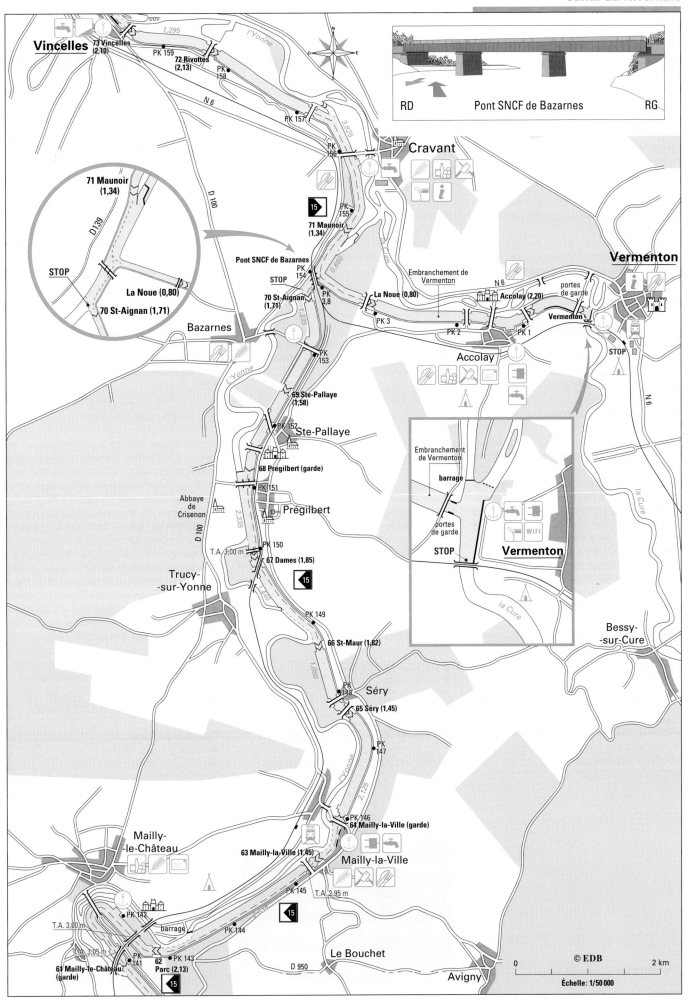

Pont SNCF de Bazarnes

RD   RG

Vincelles

73 Vincelles (2,10)
PK 159
72 Rivottes (2,13)
PK 158
N 6
PK 157
1,295
l'Yonne
3,825
PK 156
Cravant
PK 155
15
71 Maunoir (1,34)
0,660
la Cure
Pont SNCF de Bazarnes
PK 154
STOP
70 St-Aignan (1,71)
PK 3,8
La Noue (0,80)
PK 3
Embranchement de Vermenton
N 6
Accolay (2,20)
Vermenton
portes de garde
Vermenton
1,335
Bazarnes
PK 153
Accolay
STOP
l'Yonne
69 Ste-Pallaye (1,58)
PK 152
Ste-Pallaye
68 Pregilbert (garde)
Abbaye de Crisenon
PK 151
2,335
Prégilbert
Embranchement de Vermenton
barrage
D 100
T.A. 3,00 m
PK 150
67 Dames (1,85)
15
portes de garde
STOP
Vermenton
Trucy-sur-Yonne
PK 149
WIFI
66 St-Maur (1,82)
Bessy-sur-Cure
1,088
la Cure
PK 148
Séry
65 Séry (1,45)
PK 147
2,125
l'Yonne
PK 146
64 Mailly-la-Ville (garde)
Mailly-le-Château
63 Mailly-la-Ville (1,45)
Mailly-la-Ville
PK 145   T.A. 2,95 m
PK 142
2,335
15
barrage
T.A. 3,00 m
PK 144
T.A. 3,05 m
PK 141
62 Parc (2,13)
PK 143
Le Bouchet
61 Mailly-le-Château (garde)
15
D 950
Avigny

Inset (top left)

71 Maunoir (1,34)
D 139
STOP
La Noue (0,80)
70 St-Aignan (1,71)

0   2 km
© EDB
Échelle: 1/50 000

① Le pont en amont de l'écluse de Ravereau (PK 139) est un des nombreux ponts bas du canal du Nivernais. Avant de le franchir, le capitaine doit prévenir les équipiers qui se trouveraient éventuellement sur le toit du bateau.

Une courbe, et les **rochers du Saussois** apparaissent en rive droite. Cette paroi calcaire domine l'Yonne de près de 50 m et constitue le rendez-vous des amateurs de varappe. Sachez, si vous avez des doutes quant à vos talents de grimpeur, que des sentiers pédestres contournent la difficulté et permettent d'accéder sans risque au sommet.

Merry-sur-Yonne. L'accostage en face des rochers, est très envasé. Il vaut mieux amarrer du côté de la route.

✱ Le Café des Roches : 03 86 81 04 04

Châtel-Censoir. Ce village réserve d'agréables promenades, à commencer par la collégiale Saint-Potentien érigée au sommet de la colline qui domine le bourg. Le chœur roman du XIᵉ siècle, la salle capitulaire du XIIIᵉ et la crypte forment un ensemble des plus harmonieux.

✱ Marché : jeudi matin
✱ L'Étape des Gourmets : 03 86 81 05 15 (F. mer.)

Vézelay. Plusieurs chauffeurs de taxi se proposent de vous amener à la ville de Vézelay, à 19 km de Châtel-Censoir. À votre arrivée à la « colline éternelle », vous emprunterez de jolies rues piétonnes pour accéder à l'imposante basilique située tout en haut. Son portail, en partie restauré par l'architecte Viollet-le-Duc, est splendide et l'intérieur, avec son immense Christ en gloire, est un des grands chefs-d'œuvre de l'art roman. C'est ici que saint Bernard a convaincu des foules de croyants de partir en croisade au nom de l'Église et c'est ici que, depuis des siècles, les pèlerins font étape sur leur long chemin vers Saint-Jacques-de-Compostelle. C'est un haut lieu de la vie chrétienne dans un site tout à fait digne de cet honneur.
À côté, dans le village de Saint-Père-sous-Vézelay, se trouve un des grands restaurants bourguignons, L'Espérance, de M. Meneau (tél. : 03 86 33 39 10).

✱ Le Bougainville : 03 86 33 27 57 (F. mar., mer.)
✱ Le Cheval Blanc : 03 86 33 22 12 (7/7)

Coulanges-sur-Yonne
✱ Marché : mardi matin
✱ La Grange Batelière : 03 86 81 82 38
  (F. mar. soir et mer. soir)
✱ Le Cheval Blanc : 03 86 81 73 29

---

① The bridge upstream from the Ravereau (PK 139) lock is one of the many low bridges on the canal du Nivernais. Before going under it the captain should warn any crew members who may be on the roof of the boat.

One more bend, and the **Saussois rocks** appear on the right bank. This limestone wall dominates the Yonne for almost 50 m and is a meeting place for rock-climbers. However if you have any doubts about your talents as a rock-climber, footpaths will help you safely reach the summit.

Merry-sur-Yonne. The mooring opposite the cliff is very shallow. You are better off mooring on the other side beside the road.

✱ Le Café des Roches: 03 86 81 04 04

Châtel-Censoir. This town offers several interesting walks beginning with the collegiate church of Saint Potentien, on the top of the hill overlooking the town. The 11th century Roman choir, the 13th century chapter and the crypt form a most harmonious unit.

✱ Market: Thursday morning
✱ L'Étape des Gourmets: 03 86 81 05 15 (C. Wed.)

Vézelay. Several taxi drivers offer their services to take you to the town of Vézelay 19 km away from Châtel-Censoir. On arriving at the "eternal hill", you will take one of the streets leading up to the imposing basilica perched high above. Its main entry, partly restored by the architect Viollet-le-Duc, is awe inspiring and the interior, with its immense Christ in Glory, is one of the greatest Romanesque works of art in the West.
It was here that Saint Bernard convinced credulous crowds to part on crusades in the name of the Church and it is here that, for centuries, pilgrims have stopped on their way to Saint-Jacques-de-Compostel. It is one of the high spots of the Christian faith in a site quite worthy of that honour.
Nearby in the village of Saint-Père-sous-Vézelay, is one of the great Burgundian restaurants, l'Espérance run by M. Meneau. Tel.: 03 86 33 39 10.

✱ Le Bougainville: 03 86 33 27 57 (C. Tue., Wed.)
✱ Le Cheval Blanc: 03 86 33 22 12 (7/7)

Coulanges-sur-Yonne
✱ Market: Tuesday morning
✱ La Grange Batelière: 03 86 81 82 38
  (C. Tue. eve., Wed. eve.)
✱ Le Cheval Blanc: 03 86 81 73 29

---

① Die Brücke oberhalb der Schleuse Ravereau (PK 139) ist eine der zahlreichen niedrigen Brücken auf dem Canal du Nivernais. Vor der Durchfahrt sollte der Bootsführer seine eventuell an Deck befindlichen Mannschaftsmitglieder warnen.

Noch eine Biegung und die **Felsen von Saussois** ragen am rechten Ufer auf. Diese Felswand aus Kalkstein überragt die Yonne aus einer Höhe von fast 50 Metern und ist ein beliebtes Stelldichein für Kletterkünstler. Für weniger Sportliche gibt es auch sehr gemütliche Wanderwege, über die Sie ebenfalls nach oben kommen.

Merry-sur-Yonne. Die Anlegestelle gegenüber den Felsen ist sehr verschlammt. Legen Sie besser auf der anderen Seite neben der Straße an.

✱ Le Café des Roches: 03 86 81 04 04

Châtel-Censoir. In diesem Ort lässt es sich schön spazieren gehen: zu sehen sind die Stiftskirche Saint-Potentien ganz oben auf dem Hügel über dem Ort. Der romanische Chor aus dem 11. Jh., der Kapitelsaal aus dem 13. Jh. und die Krypta bilden eine harmonische Einheit.

✱ Markt: donnerstags morgens
✱ L'Etape des Gourmets: 03 86 81 05 15 (G. mitt.)

Vézelay. Mehrere Taxifahrer bieten ihre Dienste an, um Sie nach Châtel-Censoir, 19 km von Vézelay entfernt, zu bringen. Bei Ihrer Ankunft auf dem »Ewigen Hügel« können Sie durch eine schöne Fußgängerzone bis zur beeindruckenden Basilika ganz oben auf dem Hügel laufen. Der Innenraum und das wunderschöne, teilweise von dem Architekten Viollet-le-Duc restaurierte Portal mit dem großen Christus in einer Aureole sind herrlich und machen die Basilika zu einem der Meisterwerke der abendländischen Romanik. Hier rief der Heilige Bernhard die Gläubigen dazu auf, im Namen der Kirche auf Kreuzzug auszuziehen, und hier machen auch seit Jahrhunderten die Pilger auf dem langen Weg nach Santiago de Compostela Halt. Vézelay ist ein bedeutender Ort für das Christentum und dieser Ehre wahrhaft würdig.
Unweit davon, in Saint-Père-sous-Vézelay, befindet sich eines der großen burgundischen Restaurants: »L'Espérance« von Monsieur Meneau. Tel: 03 86 33 39 10.

✱ Le Bougainville: 03 86 33 27 57 (G. dien., mitt.)
✱ Le Cheval Blanc: 03 86 33 22 12 (k. Ruhetag)

Coulanges-sur-Yonne
✱ Markt: dienstags morgens
✱ La Grange Batelière: 03 86 81 82 38
  (G. dien. ab., mitt. ab.)
✱ Le Cheval Blanc: 03 86 81 73 29

Les rochers du Saussois.

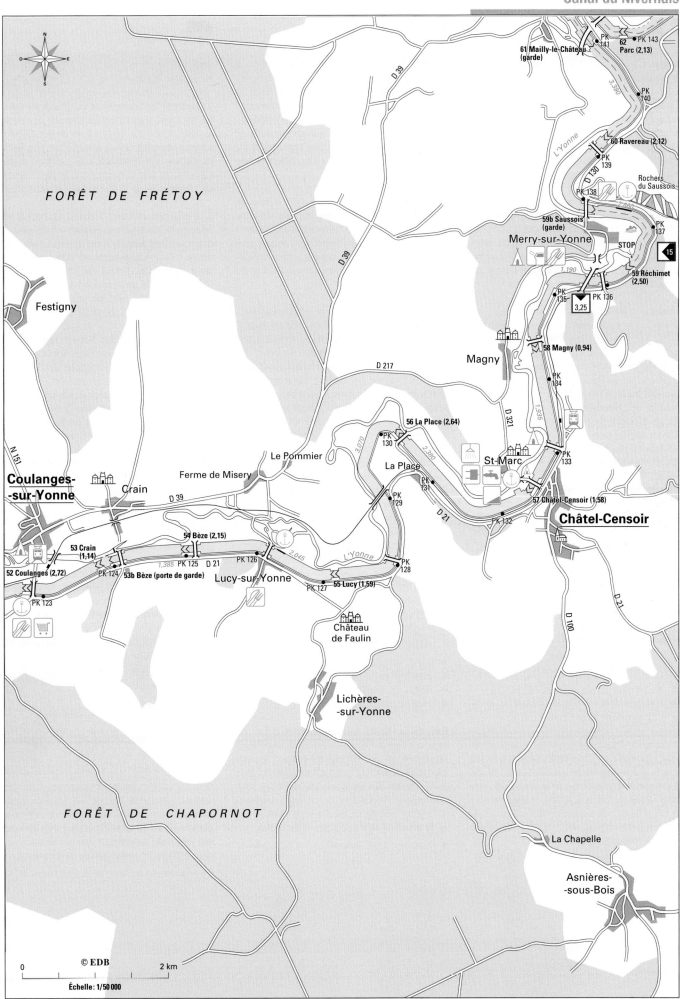

FORÊT DE FRÉTOY

Festigny

D 39

D 39

D 217

N 151

Coulanges-
-sur-Yonne

Crain

Ferme de Misery

Le Pommier

52 Coulanges (2,72)

53 Crain
(1,14)

PK 124

PK 123

54 Bèze (2,15)

53b Bèze (porte de garde)

1,385 PK 125 D 21

PK 126

Lucy-sur-Yonne

55 Lucy (1,59)

PK 127

Château
de Faulin

Lichères-
-sur-Yonne

FORÊT DE CHAPORNOT

La Chapelle

Asnières-
-sous-Bois

61 Mailly-le-Château
(garde)

PK
141

62 PK 143
Parc (2,13)

PK
140

L'Yonne

3,590

60 Ravereau (2,12)

PK
139

D 130

PK 138

2,860

Rochers
du Saussois

59b Saussois
(garde)

PK
137

Merry-sur-Yonne

1,190

STOP

15

59 Réchimet
(2,50)

PK
135

PK 136

3,25

Magny

58 Magny (0,94)

PK
134

1,935

D 321

56 La Place (2,64)

PK
130

3,070

2,360

St-Marc

PK
133

La Place

PK
131

57 Châtel-Censoir (1,58)

PK
129

PK-132

Châtel-Censoir

D 21

2,045

L'Yonne

PK
128

D 21

D 100

0   2 km

© EDB

Échelle: 1/50 000

95

Surgy

❋ Auberge de l'Orme : 03 86 27 17 81 (F. ven. soir)

⊡ Entre les écluses 51 et 50, l'Yonne traverse le canal perpendiculairement et le barrage est tout proche. Montant, il convient de s'arrêter dans l'écluse de garde et d'y attendre l'ouverture des portes. En traversant, serrez bien le pont à gauche et faites en sorte d'entrer dans l'écluse sans ralentir.

⊡ Le bief entre les écluses 48 et 47b est fermé à la navigation et vous devez emprunter le cours de l'Yonne. Après les portes de garde, veillez à bien serrer la rive et à vous éloigner rapidement du déversoir. Avalant, faites encore plus attention à ne pas vous laisser surprendre à proximité du barrage par un bateau montant qui sortirait des portes.

Clamecy. La ville est belle et largement baignée d'eau. Le canal, l'Yonne et le Beuvron s'unissent pour lui conférer un charme très particulier. Romain Rolland la décrivait d'ailleurs comme la « ville des beaux reflets ». Les quais eux-mêmes sont aussi pittoresques et certains, comme le quai des Îles ou celui des Moulins, offrent de superbes points de vue sur la ville.
Au centre de cet entrelacs fluvial, la vieille ville se dresse sur son éperon. D'étroites et tortueuses ruelles la sillonnent, bordées de fort belles maisons. Vous pouvez les parcourir en empruntant successivement la rue de la Tour, la rue Bourgeoise, la rue de la Monnaie, et la rue Romain-Rolland.
Deux bonnes adresses dans la rue de la Monnaie : Le Comptoir Éduen où vous trouverez tous les produits de la région (foies gras, pâtés, terrines et la fameuse andouillette) et, à côté, un chocolatier qui vous fera oublier toutes vos bonnes résolutions.
Le musée Romain-Rolland abrite une collection de tableaux offerts au président Mitterrand pendant ses mandats, une exposition de faïences de Clamecy et de Nevers et une troisième exposition consacrée aux flotteurs de Clamecy. Ouvert de 10 heures à 12 heures et de 14 heures à 18 heures tous les jours sauf mardi et dimanche matin.

   Office du tourisme : 03 86 27 02 51

✱ Marché : samedi matin
❋ Hostellerie de la Poste : 03 86 27 01 55
❋ Restaurant de la Tour : 03 86 27 05 02
❋ La Grenouillère : 03 86 27 31 78

Dornecy-sur-Yonne. À 4 km du canal, au départ de Villiers-sur-Yonne (ou à 2 km de la halte entre le PK 108 et le PK 109) le village de Dornecy offre bien des attraits, à commencer par les portes de la ville au caractère moyenâgeux. Au Champ de la Ville, un tilleul veille sur le village du haut de ses quatre siècles. Deux beaux lavoirs couverts valent également le détour, ainsi que le très beau tableau exposé à l'église.

❋ Restaurant de la Manse : 03 86 24 23 24 (F. lun.)

Surgy

❋ Auberge de l'Orme: 03 86 27 17 81 (C. Fri. eve.)

⊡ Between locks 51 and 50, the Yonne crosses the canal at right angles and the weir is very close by. Going upstream, stop in the guard lock and wait until the gates are open. While crossing, keep close to the bridge on the left and enter the lock without slowing down.

⊡ The canal between locks 48 and 47b is closed to navigation and you must follow the river. After the guard lock, keep close to the bank and quickly move clear of the spillway. Going downstream, be even more careful not to find yourself caught near the weir especially if a boat going upstream has come out of the gates.

Clamecy. This attractive town is completely surrounded by water. The Canal, the Yonne and the Beuvron together give it a very special charm. Romain Rolland described it as "the town of beautiful reflections". The quays themselves are particularly attractive and some of them, such as the quai des Îles or that of the Moulins, offer superb views over the town centre.
At the heart of this river network, the old quarters stand on a steep hill, criss-crossed by a maze of narrow winding streets, lined with beautiful houses. You can explore them by taking, in succession, the streets of Tour, Bourgeoise, Romain-Rolland and Monnaie.
Two good addresses in the rue de la Monnaie: Le Comptoir Éduen where you will find foies gras, pâtés and terrines and the famous spicy sausage (andouillette) while, next door, a chocolate maker will convince you to forget all your good resolutions.
In the Romain Rolland museum, you will see a collection of paintings offered to President Mitterrand during his time in office, an exhibition of porcelain from Clamecy and Nevers and a third exhibition dedicated to the timber floaters of Clamecy. The museum is open from 10 a.m. to 12 noon and from 2 p.m. to 6 p.m. all week except Tuesday and Sunday mornings.

   Tourist office: 03 86 27 02 51

✱ Market: on Saturday morning
❋ Hostellerie de la Poste: 03 86 27 01 55
❋ Restaurant de la Tour: 03 86 27 05 02
❋ La Grenouillère: 03 86 27 31 78

Dornecy-sur-Yonne. Four kilometres away from the canal, at Villiers-sur-Yonne, (or 2 km from the moorings between PK 108 and PK 109), the village of Dornecy offers many attractions starting with the mediaeval town gates. You will also see a lime tree which has been watching over the village for four centuries. Two beautiful covered wash-houses are also worth a look, as well as the wonderful picture on display in the church.

❋ Restaurant de la Manse: 03 86 24 23 24 (C. Mon.)

Surgy

❋ Auberge de l'Orme: 03 86 27 17 81 (G. frei. ab.)

⊡ Zwischen den Schleusen 51 und 50 wird der Kanal von der Yonne gequert, und das Stauwehr ist ganz in der Nähe. Auf Bergfahrt sollten Sie in der Hochwasserschleuse abwarten, bis die Tore geöffnet sind. Beim Durchqueren der Yonne halten Sie sich dicht an die Brücke links, und versuchen Sie, in die Schleuse einzufahren, ohne die Geschwindigkeit herabzusetzen.

⊡ Die Strecke zwischen Schleuse 48 und 47b ist zukünftig für die Schifffahrt gesperrt und Sie müssen diesen Abschnitt über die Yonne umgehen. Halten Sie sich nach der Hochwasserschleuse dicht ans Ufer und fahren Sie möglichst schnell vom Stauwehr weg. Auf Talfahrt achten Sie ganz besonders darauf, dass Sie in der Nähe des Wehrs nicht von einem bergfahrenden Boot überrascht werden, das aus der Schleuse ausfährt.

Clamecy. Diese schöne Stadt wird vom Kanal, von der Yonne und vom Beuvron umspült, was dem Ort einen besonderen Reiz verleiht. Der Schriftsteller Romain Rolland beschrieb Clamecy übrigens als den »Ort, der sich so schön im Wasser spiegelt«. Schon die Kais sind malerisch und von manchen – Quai des Îles oder Quai des Moulins – haben Sie einen sehr schönen Blick auf die Stadt.
Mitten zwischen den Wasseradern ragt die Altstadt auf einem Felssporn hervor, von engen und gewundenen Gassen durchquert, in denen Sie so manches schöne alte Haus bewundern können. Gehen Sie am besten nacheinander durch die Rue de la Tour, Rue Bourgeoise, Rue de la Monnaie und die Rue Romain-Rolland.
Zwei gute Adressen in der Rue de la Monnaie: das Comptoir Eduen, wo Sie alle lokalen Spezialitäten finden (Leberpasteten, Terrinen und die berühmte Wurst *andouillette*). Nebenan gibt es hausgemachte Pralinen, bei denen Sie garantiert alle Ihre guten Vorsätze vergessen.
Das Museum Romain-Rolland beherbergt eine Sammlung von Gemälden, die dem Präsidenten Mitterrand während seiner Amtszeit geschenkt wurden, sowie eine Ausstellung von Porzellan aus Clamecy und Nevers. Eine dritte Ausstellung ist den Holzflößern von Clamecy gewidmet. Geöffnet täglich außer dienstags und sonntags morgens von 10 bis 12 und von 14 bis 18 Uhr.

   Verkehrsamt: 03 86 27 02 51

✱ Markt: samstags morgens
❋ Hostellerie de la Poste: 03 86 27 01 55
❋ Restaurant de la Tour: 03 86 27 05 02
❋ La Grenouillère: 03 86 27 31 78

Dornecy-sur-Yonne. Dieser Ort liegt von Villers-sur-Yonne aus nur 4 km vom Kanal entfernt (bzw. 2 km vom Halteplatz zwischen PK 108 und 109). Schon die mittelalterlichen Stadttore sind sehr sehenswert. Eine vier Jahrhunderte alte Linde steht im »Champ de la Ville« und zwei schöne alte Waschhäuser sowie ein herrliches Gemälde in der Kirche lohnen ebenfalls den Umweg.

❋ Restaurant de la Manse: 03 86 24 23 24 (G. mon.)

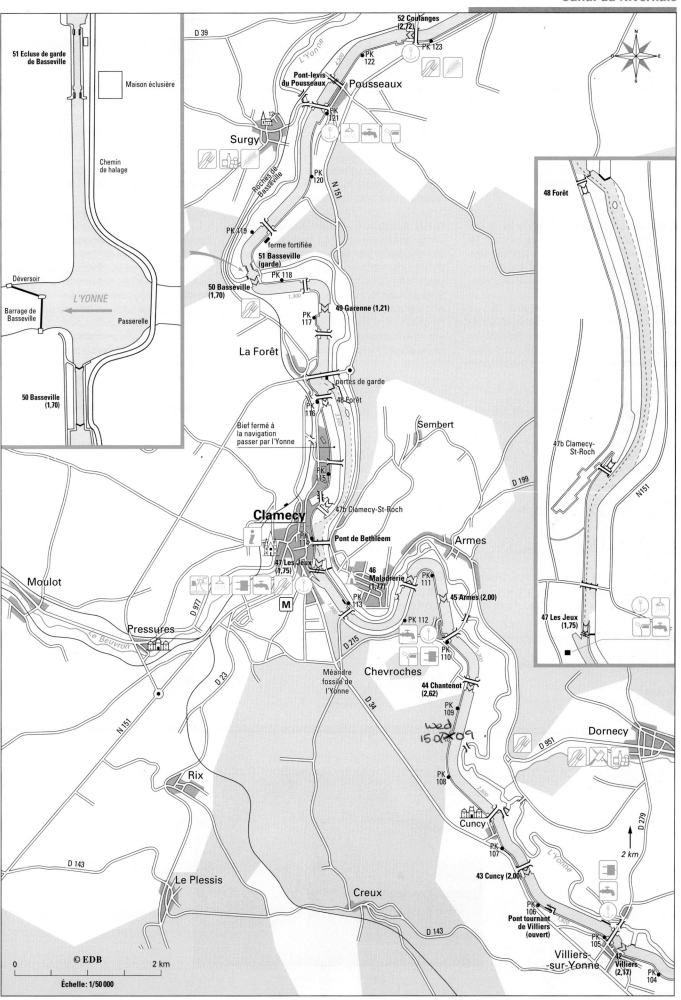

Map labels

51 Ecluse de garde de Basseville

Maison éclusière

Chemin de halage

Déversoir

L'YONNE

Barrage de Basseville

Passerelle

50 Basseville (1,70)

D 39

L'Yonne

52 Coulanges (2,72)

PK 123

PK 122

Pont-levis du Pousseaux

Pousseaux

PK 121

Surgy

12

PK 120

N 151

PK 119

ferme fortifiée

51 Basseville (garde)

PK 118

50 Basseville (1,70)

49 Garenne (1,21)

PK 117

La Forêt

portes de garde

48 Forêt

PK 116

Bief fermé à la navigation passer par l'Yonne

Sembert

PK 115

Clamecy

47b Clamecy-St-Roch

PK 114

Pont de Bethléem

Armes

47 Les Jeux (1,75)

46 Maladrerie (1,77)

PK 111

45 Armes (2,00)

Moulot

M

PK 113

PK 112

Chevroches

Méandre fossile de l'Yonne

44 Chantenot (2,62)

PK 110

Pressures

Le Beuvron

D 977

D 215

D 34

D 199

D 951

Dornecy

wed 15/07/09

PK 109

PK 108

Rix

N 151

Cuncy

2 km

D 279

D 143

Le Plessis

Creux

D 143

43 Cuncy (2,00)

PK 107

PK 106

Pont tournant de Villiers (ouvert)

PK 105

Villiers-sur-Yonne

42 Villiers (2,17)

PK 104

L'Yonne

Inset (top right)

48 Forêt

47b Clamecy-St-Roch

N 151

47 Les Jeux (1,75)

Scale

0   2 km

© EDB

Échelle: 1/50 000

Asnois. Voici une occasion de connaître l'histoire fascinante de l'exploitation des forêts du Morvan et du flottage de bois. Dans la Grange à Mimile, vous verrez une petite exposition avec des maquettes de bateaux et de trains de bois et des ustensiles de bateliers. Association des Traîne-Bûches du Morvan, tél. : 03 86 27 01 96.

Metz-le-Comte. Juste avant d'arriver au village, prenez à gauche la petite route qui gravit la butte. Elle mène à la vieille église du XIIᵉ siècle, seul et unique vestige de la puissante forteresse qui se dressait là.

Tannay. Entourée de vignobles, la ville de Tannay couronne une colline qui veille sur le cours de l'Yonne. Les coteaux environnants profitent de leur excellente exposition pour produire un vin blanc sec délicieusement bouqueté que vous ne manquerez pas de déguster au plus sombre des caves.
En flânant dans le village, vous découvrirez une à une les anciennes maisons auxquelles s'accole souvent une tour portant un escalier à vis. L'école et l'église ne font pas exception et ce type de plan où la rondeur des tours s'imbrique étroitement à la rigueur des façades confère au village un charme tout particulier.

    Syndicat d'initiative : 03 86 29 32 20

▲ La Maison de la vigne (collection d'outils anciens) • La maison des Chanoines • La collégiale Saint-Léger
✳ Marché : dimanche
✻ Le Relais Fleuri : 03 86 29 84 57
    (F. dim. soir, lun.)

Cuzy
✻ L'Estaminet : 03 86 29 33 42 (F. mar.)

Écluse de Châtillon (écluse n° 35)
▲ Exposition de peintures et de sculptures

Monceaux-le-Comte. Ici vous verrez les ruines d'un château du XIIIᵉ siècle et, à proximité, l'ancienne abbaye du Réconfort, transformée en château, mérite également le coup d'œil.

▲ Atelier de fabrication de vitraux de M. Pessin, tél. 03 86 22 04 93
✻ Auberge du Centre : 03 86 22 08 02 (7/7)

Ruages
✻ Le Poteau : 03 86 22 00 52 (7/7)
    à 2 km en direction de Ruages

Asnois. Here is a chance to learn how timber was cut in the hills of the Morvan and floated down the rivers. In Mimile's barn you will see a small exhibition with models of boats and the tools used by the forestry workers. Association des Traîne-Bûches du Morvan, tel.: 03 86 27 01 96.

Metz-le-Comte. Just before arriving in the village, take the little road on the left which climbs the hill. It leads to the old 12th century church, all that remains of the powerful fortress which used to stand there.

Tannay. Surrounded by vineyards, the town of Tannay sits high on a hill overlooking the Yonne. The vineyards take advantage of their excellent position to produce a dry white wine with a delicious bouquet which you can sample in the darkest of wine cellars.
Strolling through the village you will see ancient houses each with a round tower on the side. The school and the church are no exception and this type of design, where the roundness of the towers is closely linked with the severity of the facades, gives the village a very special charm.

    Tourist Office: 03 86 29 32 20

▲ La Maison de la vigne (collection of old tools) • La maison des Chanoines • The Saint Léger Church
✳ Market day on Sunday
✻ Le Relais Fleuri: 03 86 29 84 57
    (C. Sun. eve., Mon.)

Cuzy
✻ L'Estaminet: 03 86 29 33 42 (C. Tue.)

Châtillon Lock (lock No. 35)
▲ Exhibition of paintings and sculptures

Monceaux-le-Comte. Here you can see the ruins of a 13th century château and nearby, the ancient Réconfort abbey, converted into a château, is also worth a visit.

▲ M. Pessin's workshop where stained glass windows are made, tel.: 03 86 22 04 93
✻ Auberge du Centre: 03 86 22 08 02 (7/7)

Ruages
✻ Le Poteau: 03 86 22 00 52 (7/7)
    2 km away towards Ruages

Asnois. Hier haben Sie Gelegenheit, die faszinierende Geschichte des Holzflößens und der Holzwirtschaft in den Wäldern des Morvan kennenzulernen. In der Scheune von Mimile ist eine kleine Ausstellung mit Schiffsmodellen, Holzeisenbahnen und Schiffswerkzeugen zu besichtigen. Association des Traîne-Bûches du Morvan, Tel: 03 86 27 01 96.

Metz-le-Comte. Nehmen Sie kurz vor der Ankunft in dem Ort die kleine Straße links, die den Hügel hinaufführt. So kommen Sie zu der Kirche aus dem 12. Jh., dem einzigen Überrest einer mächtigen Burg, die einst hier stand.

Tannay. Umgeben von Weinbergen krönt die Stadt Tannay einen Hügel, der den Lauf der Yonne überblickt. Durch die ausgezeichnete Lage der Weinberge wächst hier ein trockener Weißwein mit einem köstlichen Bukett, den Sie unbedingt in einem dunklen Weinkeller kosten sollten. Bei einem Bummel durch den Ort kommen Sie an verschiedenen alten Häusern vorüber, die oft mit einem Turm und einer Wendeltreppe versehen sind. Auch die Schule und die Kirche sind in diesem Stil gebaut. Durch dieses Nebeneinander von runden Türmchen und strengen geraden Fassaden erhält das Dorf einen ganz besonderen Reiz.

    Verkehrsamt: 03 86 29 32 20

▲ »Maison de la vigne« mit einer Sammlung historischer Werkzeuge • Domherrenhaus • Stiftskirche Saint-Léger
✳ Markt: sonntags
✻ Le Relais Fleuri: 03 86 29 84 57
    (G. sonn. ab. und mon.)

Cuzy
✻ L'Estaminet: 03 86 29 33 42 (G. dien.)

Schleuse Châtillon (Nr. 35)
▲ Gemälde- und Skulpturenausstellung

Monceaux-le-Comte. Hier sehen Sie die Ruinen eines Schlosses aus dem 13. Jh. Ganz in der Nähe liegt das alte Kloster Réconfort, das in ein Schloss umgebaut wurde und ebenfalls einen Besuch wert ist.

▲ Atelier von Monsieur Pessin, der Bleiverglasungen herstellt, Tel. 03 86 22 04 93
✻ Auberge du Centre: 03 86 22 08 02 (k. Ruhetag)

Ruages
✻ Le Poteau: 03 86 22 00 52 (k. Ruhetag)
    2 km weiter in Richtung Ruages

Dirol. Pont-levis de Thoury.

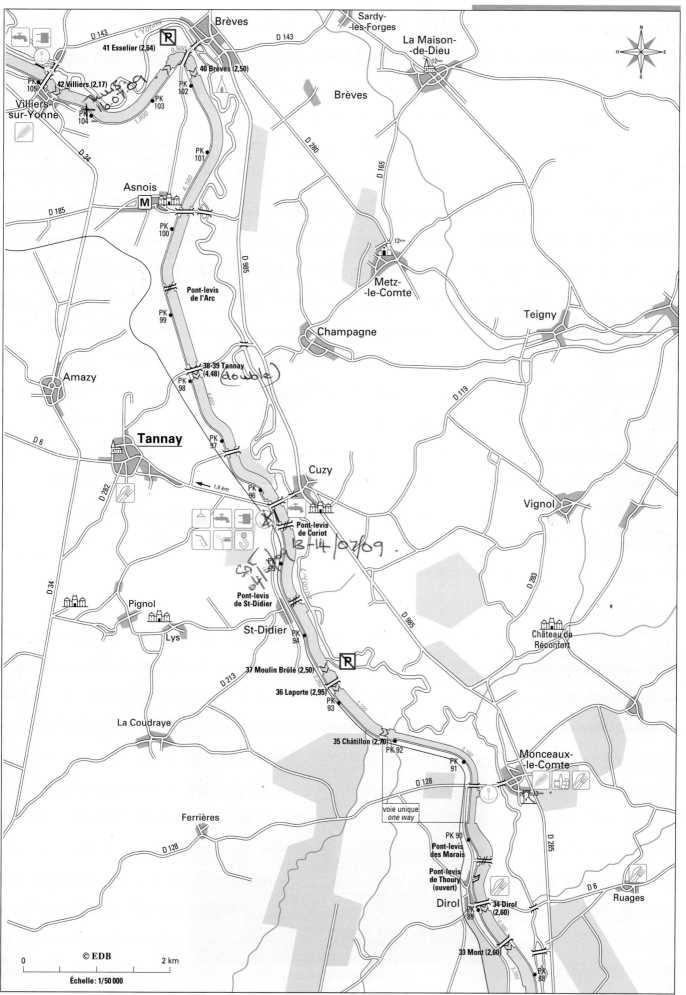

⊡ Alors que le canal reprend sa largeur normale, vous aurez à franchir les deux ponts-levis de Dirol, dont l'un est particulièrement pittoresque. Pensez à ceux qui peuvent se trouver du mauvais côté et n'oubliez pas de rabattre le tablier après votre passage.

Chitry-les-Mines. N'ayez pas d'inquiétude à l'énoncé du mot « mine ». Ce nom ne fait pas référence à un quelconque bassin houiller, mais tout simplement à de petites veines argentifères qui étaient exploitées à la Renaissance. Le grand homme du lieu n'est autre que le célèbre Jules Renard qui naquit au village, en fut le maire, y écrivit et y repose désormais.
Si vous avez le moindre problème technique, Ted Johnson, qui gère le port de Chitry, est sûr de vous trouver la pièce mécanique qu'il vous faut et peut assurer la réparation.

Réparations, Marine Diesel : 03 86 20 23 04

▲ Le beau château de Chitry, visible du canal, se visite les après-midi sur rendez-vous, madame de Nadaillac, tél. : 03 86 20 11 48.
✳ Le Snack (sur le port) : 03 86 20 23 04 (F. mer.)

Corbigny. À proximité immédiate de Chitry, la ville de Corbigny mérite que l'on s'y attarde. Au XVIIᵉ siècle, Corbigny était fortifié et défendu par cinq portes et quatorze tours. Il ne reste plus aujourd'hui que l'une de ces dernières que l'on peut voir sur le chemin qui mène de la rivière à l'ancienne abbaye Saint-Léonard.
Le propriétaire de la tuilerie de la Chapelle, qui fabrique encore artisanalement, propose sur rendez-vous une visite de ses installations (M. Garnier-Monot, tél. : 03 86 20 10 53).

Office du tourisme : 03 86 20 02 53

▲ Ancien hôtel des échevins • Ancien grenier à sel • Tour de la Madeleine • Tour des Quatre Vents • Ancienne abbaye Saint-Léonard
✳ Marché : vendredi matin et le 2ᵉ mardi du mois
✳ Hôtel de l'Europe : 03 86 20 09 87
✳ Le Marode : 03 86 20 13 55 (7/7)
✳ Pizzeria Barolino : 03 86 20 24 48 (7/7)

Non loin de là, le **château de Fourneau-Lantilly** abrite un centre équestre à l'atmosphère familiale et agréable. Les propriétaires font également table d'hôtes (M. et Mᵐᵉ Ramillon : 03 86 20 18 85).

⊡ *As the canal returns to its normal width, you will go through the two Dirol drawbridges, one of which is particularly picturesque. Think of those who could be stranded on the wrong side and don't forget to lower the bridge after going through.*

Chitry-les-Mines. *Don't be alarmed by the mention of the word "mine". This name does not refer to any kind of coal basin, but quite simply to the small silver veins which were worked during the Renaissance.*
The great man of the area is the famous author, Jules Renard, who was born in the village, was its mayor, wrote there and now rests in peace there.
If you have a mechanical problem, Ted Johnson, who manages the port of Chitry, is sure to find the part you need and can also carry out the necessary repairs.

Repairs, Marine Diesel, tel.: 03 86 20 23 04

▲ *The attractive chateau of Chitry, which you can see from the canal, can be visited in the afternoon by appointment, call Mme de Nadaillac, tel.: 03 86 20 11 48.*
✳ *Le Snack (at the port): 03 86 20 23 04 (C. Wed.)*

Corbigny. *Quite close to Chitry, the town of Corbigny is worth a visit. In the 17th century, Corbigny was fortified and defended by five gates and fourteen towers. The only one of these towers still left today can be seen on the road which leads from the river to the old Saint Léonard abbey.*
The manager of the la Chapelle tile factory will, if you make an appointment, allow you to look round his installations (Mr. Garnier-Monot: 03 86 20 10 53).

Tourist Office: 03 86 20 02 53

▲ *Former deputy mayor's mansion • Old salt loft • Madeleine Tower • Tower of Four Winds • Ancient abbey of Saint-Léonard*
✳ *Market: Friday and the 2nd Tuesday in the month*
✳ *Hôtel de l'Europe: 03 86 20 09 87*
✳ *Le Marode: 03 86 20 13 55 (7/7)*
✳ *Pizzeria Barolino: 03 86 20 24 48 (7/7)*

*Not far from Corbigny, in the **Fourneau-Lantilly château,** you will find an equestrian centre with a pleasant family atmosphere. The owners also offer meals (Mr. and Mrs. Ramillon: 03 86 20 18 85).*

⊡ Nun hat der Kanal wieder seine normale Breite und Sie fahren unter den beiden Klappbrücken von Dirol durch. Denken Sie daran, dass andere Boote auf der falschen Seite liegen könnten und vergessen Sie nicht, nach Ihrer Durchfahrt die Brücke wieder herunterzulassen.

Chitry-les-Mines. Das Wort »Mines« darf Sie nicht verschrecken, es deutet nicht etwa auf Kohlenbergwerke hin, sondern nur auf einige kleine Silberbergwerke, die hier in der Renaissancezeit betrieben wurden. Die berühmteste Persönlichkeit des Ortes ist kein Geringerer als der Schriftsteller Jules Renard. Er ist hier geboren, war Bürgermeister des Ortes, schrieb hier seine Romane und ist auch hier begraben.
Beim geringsten technischen Problem wird Ted Johnson ganz sicher das nötige Ersatzteil für Sie auftreiben und auch die erforderlichen Reparaturen vornehmen.

Schiffsreparatur, Marine Diesel: 03 86 20 23 04

▲ Das schöne Schloss von Chitry, das vom Kanal aus zu sehen ist, kann jeden Nachmittag nach Voranmeldung besichtigt werden: Madame de Nadaillac, Tel: 03 86 20 11 48.
✳ Le Snack (im Hafen): 03 86 20 23 04 (G. mitt.)

Corbigny. Das direkt neben Chitry liegende Corbigny verdient einen längeren Aufenthalt. Im 17. Jh. war die Stadt stark befestigt, mit fünf Stadttoren und vierzehn Wehrtürmen. Heute ist nur noch ein Turm erhalten, der auf dem Weg vom Fluss zum Kloster Saint-Léonard zu sehen ist. Die Ziegelei »Tuilerie de la Chapelle« stellt auch heute noch Ziegel nach handwerklicher Technik her und kann nach Voranmeldung besichtigt werden (Monsieur Garnier-Monot, Tel: 03 86 20 10 53).

Verkehrsamt: 03 86 20 02 53

▲ Ehem. Haus der Schöffen • Ehem. Salzspeicher • Tour de la Madeleine • Tour des Quatre Vents • Ehem. Kloster Saint-Léonard
✳ Markt: freitags morgens und am 2. Dienst. im Monat
✳ Hôtel de l'Europe: 03 86 20 09 87
✳ Le Marode: 03 86 20 13 55 (k. Ruhetag)
✳ Pizzeria Barolino: 03 86 20 24 48 (k.Ruhetag)

Nicht weit von hier steht das **Château de Fourneau-Lantilly,** in dem heute ein Reitzentrum in familiärer und freundlicher Atmosphäre eingerichtet ist. Die Inhaber bieten auch Unterkunft und Verpflegung an (M. und Mᵐᵉ Ramillon: 03 86 20 18 85).

Écluse n° 15, Champ Cadoux.

Locaboat - Penichette

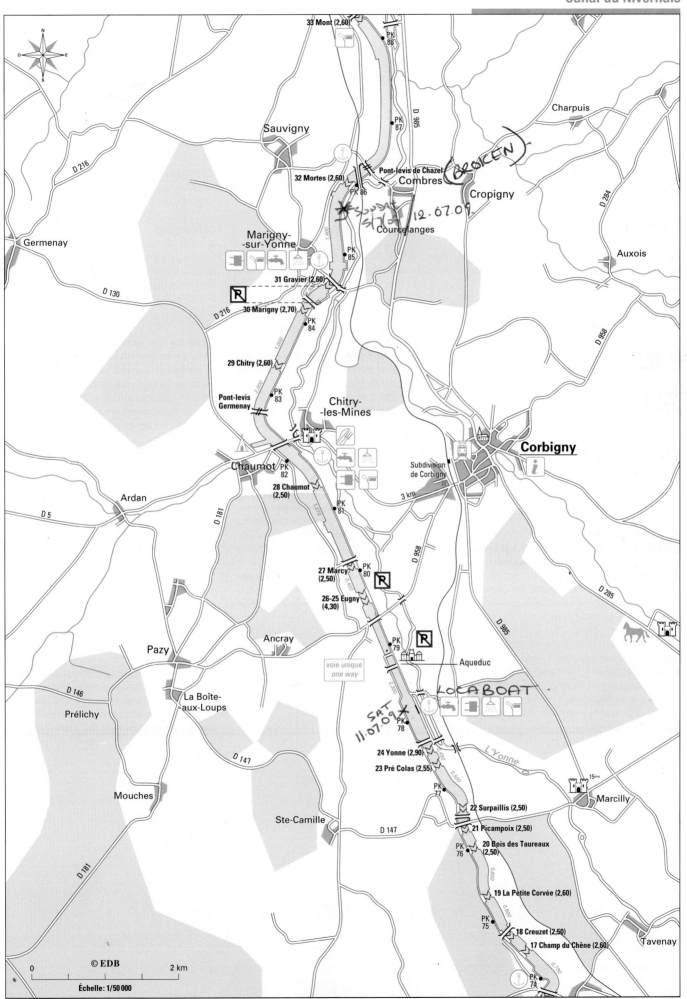

33 Mont (2,60)

PK 88

PK 87

D 985

Charpuis

Sauvigny

32 Mortes (2,60)

PK 86

Pont-levis de Chazel
Combres

(BROKEN)

Cropigny

Courcelanges

12.07.09

D 284

Auxois

Germenay

Marigny-
-sur-Yonne

D 130

PK 85

R

31 Gravier (2,60)

30 Marigny (2,70)

D 216

D 958

PK 84

29 Chitry (2,60)

PK 83

Pont-levis
Germenay

Chitry-
-les-Mines

Corbigny

i

Chaumot

PK 82

Subdivision
de Corbigny

Ardan

D 5

D 181

28 Chaumot
(2,50)

PK 81

3 km

D 958

27 Marcy
(2,50)

PK 80

R

26-25 Eugny
(4,30)

D 285

Pazy

Ancray

PK 79

R

voie unique
one way

Aqueduc

LOCABOAT

D 146

La Boîte-
aux-Loups

Prélichy

SAT
11.07.09

PK 78

L'Yonne

Mouches

D 147

24 Yonne (2,90)

23 Pré Colas (2,55)

Marcilly

15ème

Ste-Camille

D 147

PK 77

22 Surpaillis (2,50)

21 Picampoix (2,50)

20 Bois des Taureaux
(2,50)

PK 76

19 La Petite Corvée (2,60)

D 181

PK 75

18 Creuzet (2,50)

17 Champ du Chêne (2,60)

Tavenay

0   2 km
© EDB

Échelle: 1/50 000

PK 74

101

Au fil des écluses, les biefs raccourcissent, prélude à l'échelle de Sardy qui regroupe 16 sas. Rassurez-vous, cette série n'est absolument pas fastidieuse à passer, tant il est vrai que le site est agréable. Certaines maisons éclusières longtemps délaissées sont désormais occupées par de jeunes artisans qui proposent des expositions.

Un éclusier itinérant vous accompagnera tout au long de votre progression. Ne manquez pas de l'aider si votre effectif le permet.

Sardy-lès-Épiry
▲ Tour Vauban • Manoir de Montauté

Épiry. Ce petit village situé à 3 km de Sardy possède un des rares restaurants de la région. Le propriétaire viendra vous chercher en voiture.

✳ À la Porte du Morvan : 03 86 22 41 70 (F. mer.)

Les tunnels. Le passage des tunnels de La Collancelle, de Mouas et de Breuilles est réglé par des feux situés à chaque extrémité. Il ne présente pas de danger particulier mais vous devez néanmoins suivre ces quelques consignes :
• en partant de Baye ou de Port Brûlé, vous devez signaler aux éclusiers votre intention de passer les tunnels car les feux ne sont pas automatiques ;
• il est interdit d'accoster dans les tunnels ou dans les tranchées d'approche. Une fois engagé, ne vous arrêtez pas ;
• allumez vos feux de navigation pendant le passage ;
• éteignez votre cuisinière et toute autre flamme pendant le passage car la fumée dans un tunnel peut être très dangereuse ;
• en cas de panne ou d'autre incident, empruntez le marchepied situé au sud des trois tunnels et équipé d'une main courante. Le marchepied parfois présent de l'autre côté n'est pas continu ;
• les trois tunnels ont la même section (voir dessin ci-contre). Notez les hauteurs disponibles et restez au milieu du bateau lors du passage.

Baye. Au port de Baye, la société Aqua Fluvial offre tous les services habituels d'un chantier fluvial. Elle dispose d'une grue de 8 tonnes et d'une rampe de mise à l'eau qui permet de sortir des bateaux de 15 tonnes. Une machine à laver est également à la disposition des plaisanciers de passage. Prix du stationnement : 4,5 € la nuit. Tél. : 03 86 38 90 70.

▲ La maison des ingénieurs

Écluse de Chavances
✳ Auberge des Saules : 03 86 78 10 02 (F. dim. soir)

As you climb towards the summit, the pounds become shorter, a prelude to the Sardy lock staircase which groups together 16 chambers. Despite appearances, the passage through these locks is far from tedious as the site is so pleasant. Added interest is provided by the lock cottages, most of which, once abandoned, are now occupied by artists and craftsmen. You will find several exhibitions.

An itinerant lock-keeper will accompany you. You must help him if there are enough of you on board.

Sardy-lès-Épiry
▲ Vauban Tower • Montauté Manor

Épiry. This little village, 3 km from Sardy, has one of the few restaurants in the region. The owner will come and collect you by car.

✳ À la Porte du Morvan: 03 86 22 41 70 (C. Wed.)

The Tunnels. Your passage through the tunnels of La Collancelle, Mouas and Breuilles is regulated by red lights situated at each extremity of the approach cutting. The tunnels do not present any particular problem but you must respect the following rules:
• whether you are leaving from Baye or Port Brûlé, you should advise the lock-keeper of your intention to go through as the lights are manually operated;
• it is forbidden to moor in the tunnels or the approach cutting. Once you are under way, do not stop;
• put on your navigation lights;
• put out your gas cooker and any other flame. Smoke in the confined space of a tunnel can be very dangerous;
• in the event of a breakdown or other incident, you can use the footpath situated on the southern side of the three tunnels. It is now equipped with a hand rail over its whole length. The footpath on the opposite side is not continuous;
• all three tunnels have the same dimensions (see drawing of tunnel profile opposite). Note the available height and stay in the middle of the boat as you go through.

Baye. At the port of Baye, the company Aqua Fluvial offers all the usual boatyard services. It has a 8 ton crane and a slipway for boats of up to 15 tons. A washing machine is available to passing boaters. Mooring fees 4.5 € per night. Tel.: 03 86 38 90 70.

▲ The Engineers' House

Écluse de Chavance
✳ Auberge des Saules: 03 86 78 10 02 (C. Sun. eve.)

Mit jeder Schleuse werden die Haltungen kürzer, sozusagen als Einstimmung auf die Schleusentreppe von Sardy, die 16 Kammern aufweist. Aber keine Sorge, diese Treppe ist gar nicht so schlimm und außerdem liegt sie landschaftlich sehr schön. In einigen Schleusenwärterhäusern, die lange leergestanden haben, leben heute junge Künstler und Kunsthandwerker, die ihre Werke ausstellen.

Ein Schleusenwärter begleitet Sie auf der gesamten Schleusentreppe. Sie sollten ihm Ihre Hilfe anbieten, wenn Ihre Crew zahlreich genug ist.

Sardy-lès-Épiry
▲ Wehrturm von Vauban • Herrenhaus Montauté

Épiry. In diesem kleinen Dorf 3 km von Sardy gibt es eines der wenigen Restaurants in dieser Gegend. Der Eigentümer holt Sie mit seinem Auto vom Boot ab.

✳ À la Porte du Morvan: 03 86 22 41 70 (G. mitt.)

Tunnel. Die Fahrt durch die Tunnel von La Collancelle, Mouas und Breuilles wird an der Ein- und Ausfahrt durch Ampeln geregelt. Dies stellt keine besondere Schwierigkeit dar, einige Regeln sind jedoch einzuhalten:
• Wenn Sie aus Baye oder Port Brûlé kommen, teilen Sie bitte den Schleusenwärtern mit, dass Sie die Tunnel passieren möchten, denn die Ampelschaltung erfolgt nicht automatisch.
• Anlegen ist in den Tunneln oder im Einfahrtsbereich untersagt. Halten Sie, nachdem Sie losgefahren sind, nicht mehr an.
• Während der Tunnelfahrt Positionslichter einschalten.
• Gaskocher und jegliche andere offene Flamme ausschalten, da Rauchentwicklung in einem Tunnel sehr gefährlich sein kann.
• Bei einer Panne oder einem Zwischenfall den Notlaufsteg benutzen, der sich auf der Südseite der drei Tunnel befindet und einen Handlauf hat. Der Notlaufsteg auf der anderen Seite ist nicht durchgehend.
• Die drei Tunnel haben die gleichen Abmessungen (siehe untenstehende Zeichnung). Beachten Sie die Durchfahrtshöhe und bleiben Sie im Tunnel stets in der Mitte Ihres Bootes.

Baye. Im Hafen von Baye bietet die Firma Aqua Fluvial alle üblichen Serviceleistungen einer Werft: 8-Tonnen-Kran und einen Slipway für Boote bis 15 Tonnen. Für Freizeitschiffer steht auch eine Waschmaschine zur Verfügung. Liegegebühren: 4,5 € pro Nacht. Tel: 03 86 38 90 70.

▲ Ingenieur-Haus

Écluse de Chavance
✳ Auberge des Saules: 03 86 78 10 02 (G. sonn. ab.)

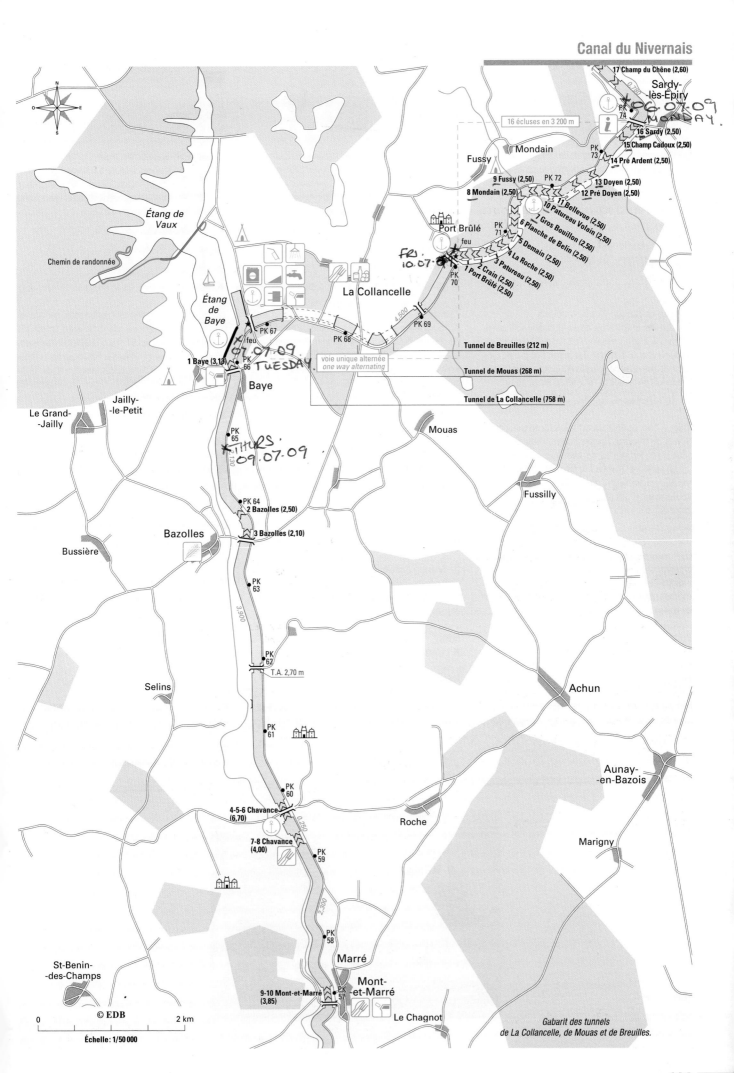

17 Champ du Chêne (2,60)

Sardy-lès-Épiry

06.07.09 MONDAY.

PK 74

16 Sardy (2,50)

15 Champ Cadoux (2,50)

16 écluses en 3 200 m

Mondain

PK 73

14 Pré Ardent (2,50)

Fussy

13 Doyen (2,50)

9 Fussy (2,50)

PK 72

12 Pré Doyen (2,50)

8 Mondain (2,50)

11 Bellevue (2,50)

10 Patureau Volain (2,50)

7 Gros Patureau (2,50)

6 Planche de Belin (2,50)

Port Brûlé

PK 71

5 Demain (2,50)

feu

4 La Roche (2,50)

FRI. 10.07.09

3 Patureau (2,50)

PK 70

2 Crain (2,50)

1 Port Brûlé (2,50)

La Collancelle

4.500

PK 69

PK 68

Étang de Vaux

Chemin de randonnée

Étang de Baye

PK 67

feu

PK 66

1 Baye (3,13)

07.07.09. TUESDAY.

Baye

Tunnel de Breuilles (212 m)

voie unique alternée
one way alternating

Tunnel de Mouas (268 m)

Mouas

Tunnel de La Collancelle (758 m)

Le Grand--Jailly

Jailly--le-Petit

PK 65

THURS. 09.07.09

1.130

Fussilly

PK 64

2 Bazolles (2,50)

3 Bazolles (2,10)

Bazolles

Bussière

PK 63

3.900

PK 62

T.A. 2,70 m

Selins

Achun

PK 61

Aunay--en-Bazois

PK 60

4-5-6 Chavance (6,70)

0.750

7-8 Chavance (4,00)

Roche

Marigny

PK 59

2.300

PK 58

Marré

St-Benin--des-Champs

Mont--et-Marré

9-10 Mont-et-Marré (3,85)

PK 57

Le Chagnot

0   © EDB   2 km

Échelle: 1/50 000

*Gabarit des tunnels
de La Collancelle, de Mouas et de Breuilles.*

Mont-et-Marré
* La Béroalde : 03 86 84 02 40 (F. lun.)

Châtillon-en-Bazois. À la sortie de Châtillon vous apercevrez un beau château qui domine le canal. En été, entre le 16 juillet et la fin du mois d'août, on peut visiter ses parcs et jardins et même ses salons. Contactez M. Moreau, tél. : 03 86 84 12 15.

  Office du tourisme : 03 86 84 14 76
* Marché le jeudi matin
* Hôtel de France : 03 86 84 13 10
  (F. dim. soir, lun.)
* Auberge du Bazois : 03 86 84 10 66 (F. lun. soir)

Tamnay-en-Bazois. Plusieurs artisans : des potiers, un bourrelier et une école de maréchalerie sont installés dans le village de Tamnay à 5 km de Châtillon. Dans le même village, la Maison des métiers du monde rural présente une collection d'outils qui évoquent les métiers d'autrefois de la région. Tél. : 03 86 84 06 18.

▲ Église romane du xvᵉ siècle • Château de Passy

Alluy. À 2 km de Châtillon sur la D 978, en direction de Nevers, se trouve la Maison du Bazois. Dans un beau bâtiment en forme d'écluse, avec même ses portes en fer, un personnel dévoué à la promotion du canal vous renseignera sur celui-ci et la région du Bazois. Vous y trouverez aussi des produits du terroir et, en été, une exposition d'œuvres d'art dans le hall d'entrée.

* La Grangée : 03 86 84 08 92

⚠ À partir de Châtillon, le canal entame une série de méandres particulièrement serrés. Attention, ces virages peuvent être traîtres. Arrondissez bien les courbes et naviguez lentement pour éviter tout risque de collision.

Brinay
* L'Ancien Café : 03 86 84 90 79 (F. dim. soir)

Fleury. Ici le canal est suivi et alimenté par la petite rivière Aron. À côté de l'écluse vous remarquerez un barrage équipé d'aiguilles en bois pour réguler le débit. Ce barrage construit en 1837 a été restauré en 1987.

Mont-et-Marré
* *La Béroalde: 03 86 84 02 40 (C. Mon.)*

Châtillon-en-Bazois. *Leaving Châtillon, you can't fail to notice an imposing château which overlooks the canal. In Summer, between 16th July and the end of August you can visit the château, its parks and gardens as well as the interior. Contact Mr. Moreau, tel.: 03 86 84 12 15.*

  Tourist Office: 03 86 84 14 76
* *Market: Thursday morning*
* *Hôtel de France: 03 86 84 13 10*
  (C. Sun. eve., Mon.)
* *Auberge du Bazois: 03 86 84 10 66 (C. Mon. eve.)*

Tamnay-en-Bazois. *Several craftsmen: potters, a leather-worker and a school of horse shoeing are installed in the town of Tamnay, 5 km away from Châtillon. There is also a museum, the house of rural trades, with a collection of tools used by workers in this region in times gone by. Tel.: 03 86 84 06 18.*

▲ *15th century Romanesque church •*
Château of Passy

Alluy. *Two kilometres from Châtillon on the D 978, direction Nevers, is the House of the Bazois. In a striking building shaped like a lock, complete with its steel gates, a team entirely devoted to the promotion of the canal will inform you about the canal and the surrounding Bazois region. You will also find local products for sale and, in Summer, an art exhibition in the entry hall.*

* *La Grangée: 03 86 84 08 92*

⚠ *Leaving Châtillon, the canal follows a series of tight curves. Take care, they can be treacherous. You should stay wide and proceed slowly in order to avoid any risk of collision.*

Brinay
* *L'Ancien Café: 03 86 84 90 79 (C. Sun. eve.)*

Fleury. *Here the canal is followed by the river Aron which also supplies its water. Opposite the lock, you will see a weir with wooden "needles" to regulate the flow. This weir was made in 1837 and restored in 1987.*

Mont-et-Marré
* La Béroalde: 03 86 84 02 40 (G. mon.)

Châtillon-en-Bazois. Wenn Sie Châtillon verlassen, sehen Sie ein schönes Schloss am Kanal. Im Sommer, vom 16. Juli bis Ende August, können Sie die Schlossanlage, den Park und sogar die Säle besichtigen. Rufen Sie M. Moreau an: 03 86 84 12 15.

  Verkehrsamt: 03 86 84 14 76
* Markt: donnerstags morgens
* Hôtel de France: 03 86 84 13 10
  (G. sonn. ab., und mon.)
* Auberge du Bazois: 03 86 84 10 66 (G. mon. ab.)

Tamnay-en-Bazois. Mehrere Handwerker, darunter einige Töpfer, ein Sattler und eine Hufschmied-Schule, gibt es im Dorf Tamnay, das 5 km von Châtillon entfernt liegt. Im gleichen Dorf ist im »Haus der Berufe auf dem Lande« eine Sammlung von Werkzeugen ausgestellt, die an die Berufe erinnert, die früher in dieser Region ausgeübt wurden. Tel: 03 86 84 06 18.

▲ Romanische Kirche (15. Jh.) • Château de Passy

Alluy. Auf der Straße D 978, 2 km von Châtillon entfernt in Richtung Nevers, befindet sich die »Maison du Bazois«: ein schönes Gebäude in Form einer Schleuse, das sogar Eisentore hat. Das Personal, das dem Kanal sehr verbunden ist, erzählt Ihnen hier alles über den Kanal und die Bazois-Region. Hier finden Sie auch lokale Spezialitäten, und im Sommer werden in der Eingangshalle Kunstwerke ausgestellt.

* La Grangée: 03 86 84 08 92

⚠ Nach Châtillon hat der Kanal eine Reihe von ganz besonders engen Mäandern. Achtung, diese Biegungen können tückisch sein. Fahren Sie immer schön an der Außenseite der Biegungen entlang und nicht zu schnell, um Kollisionen zu vermeiden.

Brinay
* L'Ancien Café: 03 86 84 90 79 (G. sonn. ab.)

Fleury. Hier verläuft der Kanal neben dem Flüsschen Aron und wird auch von ihm gespeist. Neben der Schleuse sehen Sie ein Wehr mit hölzernen Querbalken, die zum Regulieren der Wassermenge dienen. Dieses Wehr wurde 1837 gebaut und 1987 restauriert.

Châtillon-en-Bazois.

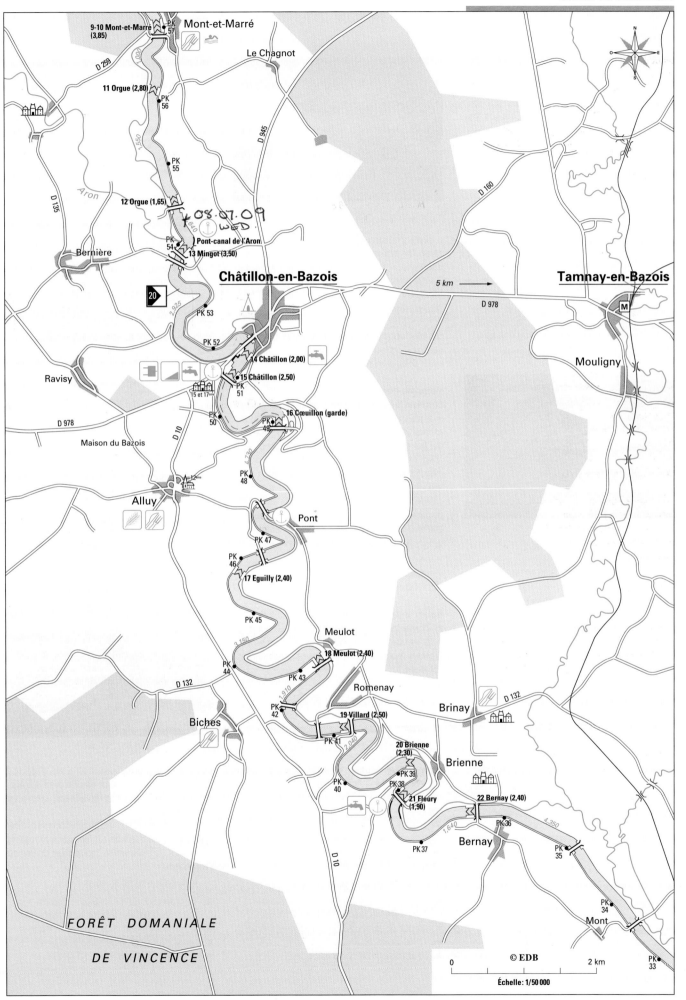

9-10 Mont-et-Marré (3,85)
Mont-et-Marré
PK 57
Le Chagnot
D 259
11 Orgue (2,80)
PK 56
D 945
PK 55
Aron
D 135
12 Orgue (1,65)
08.07.09 WED
PK 54
Pont-canal de l'Aron
13 Mingot (3,50)
Bernière
Châtillon-en-Bazois
20
PK 53
5 km →
D 978
Tamnay-en-Bazois
M
PK 52
Mouligny
14 Châtillon (2,00)
Ravisy
15 Châtillon (2,50)
PK 51
15 et 17
PK 50
16 Cœuillon (garde)
PK 49
D 978
Maison du Bazois
PK 48
D 10
Alluy
PK 47
Pont
PK 46
17 Eguilly (2,40)
PK 45
Meulot
18 Meulot (2,40)
PK 44
PK 43
Romenay
D 132
PK 42
Brinay
D 132
19 Villard (2,50)
Biches
PK 41
20 Brienne (2,30)
Brienne
PK 39
PK 40
PK 38
21 Fleury (1,90)
22 Bernay (2,40)
PK 36
PK 37
Bernay
D 10
PK 35
PK 34
Mont
FORÊT DOMANIALE
PK 33
DE VINCENCE
© EDB
0   2 km
Échelle: 1/50 000

L'écluse n° 24 (Anizy) est l'une des plus fleuries de tout le canal. L'éclusière, Mme Vermenot, vous invite à découvrir son « sentier des éclusiers », une piste ombragée, bordée de nombreux arbres et arbustes. S'il vous manque une salade pour votre déjeuner, l'écluse possède aussi un beau jardin potager.

⊡ Après l'écluse 24, le canal emprunte une partie du cours de l'Aron. Tout au long de ce bief, restez bien du côté du chemin de halage.

Panneçot. Pour atteindre le petit port de Panneçot, respectez bien le balisage ou vous vous échouerez. Pour un prix forfaitaire de 8 € par bateau et par jour vous aurez accès au camping et à ses services y compris le terrain de tennis. Tél. : 03 86 84 27 99.
Tout près du port se trouve le **château d'Anizy** qui se visite du mois de juin à la fin du mois de septembre. Vous pouvez admirer l'extérieur du château et, avec l'accord du propriétaire, voir l'intérieur avec sa charpente en forme de bateau. M. Desjardins : 03 86 84 90 33.

✱ L'Auberge de Panneçot : 03 86 84 33 08

Panneçot.

Vandenesse
✱ L'Auberge du Bécassier : 03 86 30 70 30

Isenay. En stationnant aux abords de l'écluse 28, vous pourrez gravir le chemin qui monte au village. Le panorama que vous y découvrirez est splendide. Non loin de là, le château du Tremblay vaut le coup d'œil bien qu'il ne se visite pas.

✱ Restaurant de Mme Couraud :
  03 86 30 71 91/ 06 73 24 57 98
  (sur appel téléphonique, Mme Couraud viendra
  vous chercher en voiture à n'importe quelle écluse
  entre Chaumigny et Panneçot, 7/7)

Cercy-la-Tour. À Cercy, le canal emprunte à nouveau, et sur quelques centaines de mètres, le cours de l'Aron. Surtout, ne vous écartez pas du chenal, vous vous échoueriez à coup sûr.
La ville est agréable et vous aurez sans doute plaisir à gravir les petites ruelles qui mènent à la terrasse. De là, vous aurez une vue large et étendue sur le village et la vallée.

  Office du tourisme : 03 86 50 59 53

▲ Tour de l'ancien château • Château de Coddes •
  Fontaine Saint-Pierre • Église romane du XIIe siècle
✱ Marché : les 2e et 4e jeudis du mois
✱ Le Val d'Aron : 03 86 50 59 66 (7/7)
✱ La Flambée de Cercy : 03 86 50 08 33

Écluse n° 24, Anizy.

Lock No. 24 (Anizy) is one of the prettiest on the whole canal. The lock-keeper, Mme. Vermenot invites you to discover her "path of the lock-keepers", a walkway planted with trees and shrubs. If you need a lettuce for your lunch, the lock also possesses a very good vegetable garden.

⊡ After lock 24, the canal joins the Aron river. In this section you should stay close to the towpath side to avoid going aground.

Panneçot. When going into the little port of Panneçot, be careful to stay on the correct side of the buoys otherwise you will run aground. For a price of 8 € per day and per boat you will have access to the camping ground and the use of its various services which include a tennis court. Tel.: 03 86 84 27 99.
Near the port is the **Château of Anizy** which can be visited from June to September. You can admire the exterior of this attractive château and, with the owner's permission, visit the interior with its roof shaped like an upturned ship. Mr. Desjardins, Tel.: 03 86 84 90 33.

✱ L'Auberge de Panneçot : 03 86 84 33 08

Vandenesse
✱ L'Auberge du Bécassier: 03 86 30 70 30

Isenay. If you moor up near lock 28, climb the road which leads up to the village. The panorama which will greet you there is a splendid one. Not far from here the Tremblay château is worth a look even though you cannot visit it.

✱ Restaurant de Mme Couraud:
  03 86 30 71 91/ 06 73 24 57 98
  (telephone the restaurant and Mme Couraud will
  come to collect you by car from any of the locks
  between Chaumigny and Panneçot, 7/7)

Cercy-la-Tour. At Cercy, the canal once again follows the course of the Aron for a few hundred metres. Be careful not to move out of the channel as you will - certainly run aground.
The town is a pleasant one and you will undoubtedly enjoy climbing up the little streets which lead to the terrace. From there you will have an extensive view over the village and the valley.

  Tourist office: 03 86 50 59 53

▲ Tower of the old château • Coddes Château •
  Saint-Pierre Fountain • 12th century church
✱ Market: on the 2nd and 4th Thursday of the month
✱ Le Val d'Aron: 03 86 50 59 66 (7/7)
✱ La Flambée de Cercy: 03 86 50 08 33

Die Schleuse Nr. 24 (Anizy) ist, was den Blumenschmuck betrifft, eine der schönsten auf dem gesamten Kanal. Die Schleusenwärterin Madame Vermenot lädt Sie ein, ihren »Schleusenwärter-Pfad« kennenzulernen: einen schattigen, mit vielen Bäumen und Büschen bestandenen Weg. Wenn Ihnen noch ein Salat zum Mittagessen fehlt: die Schleuse hat auch einen schönen Gemüsegarten.

⊡ Hinter der Schleuse 24 verläuft der Kanal teilweise durch das Flussbett des Aron. Bleiben Sie hier immer gut auf der Seite, auf der der Treidelpfad verläuft.

Panneçot. Wenn Sie in den kleinen Hafen von Panneçot einfahren möchten, sollten Sie sich genau an die Bebakung halten, sonst laufen Sie auf Grund. Für 8 € pro Boot und pro Tag haben Sie Zugang zum Campingplatz und den dazugehörigen Anlagen, einschließlich Tennisplatz. Tel: 03 86 84 27 99.
Ganz in der Nähe des Hafens liegt das **Château d'Anizy,** das von Juni bis Ende September besichtigt werden kann. Sie dürfen das Schloss von außen bewundern und sich mit Zustimmung des Eigentümers auch im Schloss das Balkenwerk in Bootsform ansehen. M. Desjardins.

✱ L'Auberge de Panneçot: 03 86 84 33 08

Vandenesse
✱ L'Auberge du Bécassier: 03 86 30 70 30

Isenay. Wenn Sie bei der Schleuse 28 anlegen, können Sie über den kleinen Weg zum Dorf hinaufgehen. Der Talblick von dort ist prächtig. Nicht weit davon steht das sehr sehenswerte Schloss „Château du Tremblay", allerdings nicht zu besichtigen.

✱ Restaurant de Mme Couraud:
  03 86 30 71 91/ 06 73 24 57 98 (auf Anruf holt
  Mme Couraud Sie mit dem Auto an irgendeiner
  Schleuse zwischen Chaumigny und Panneçot ab.)

Écluse n° 28, Isenay.

Cercy-la-Tour. In Cercy verläuft der Kanal wieder über mehrere hundert Meter durch das Flussbett des Aron. Halten Sie sich also genau an die Fahrrinne, sonst laufen Sie mit Sicherheit auf Grund.
Der Ort ist sehr freundlich, und sicherlich macht es Ihnen Spaß, die kleinen Gassen bis zur Terrasse hinaufzugehen, von der aus Sie einen weiten Blick auf den Ort und das Tal genießen.

  Verkehrsamt: 03 86 50 59 53

▲ Turm der alten Burg • Château de Coddes •
  Saint-Pierre Brunnen • Romanische Kirche 12. Jh.
✱ Markt: jeden 2. und 4. Donnerstag im Monat
✱ Le Val d'Aron: 03 86 50 59 66 (k. Ruhetag)
✱ La Flambée de Cercy: 03 86 50 08 33

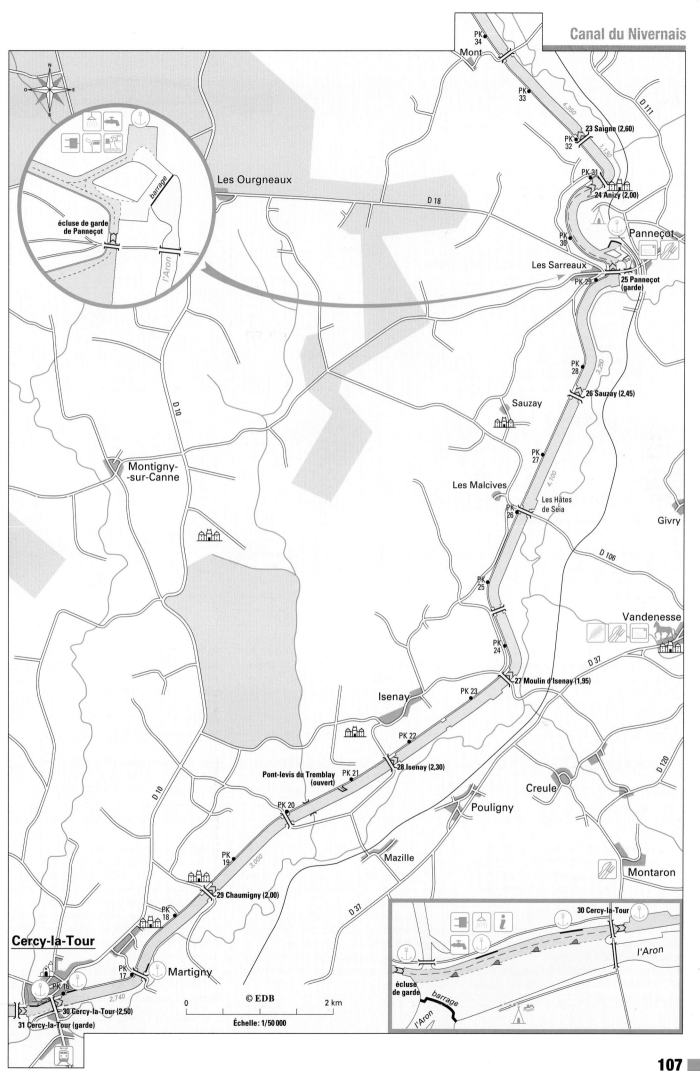

PK 34
Mont

PK 33

23 Saigne (2,60)
PK 32

4,350

D 111

PK 31

24 Anizy (2,00)

Les Ourgneaux

D 18

PK 30

Pannecot

Les Sarreaux

PK 29

25 Pannecot (garde)

écluse de garde de Pannecot

barrage

l'Aron

PK 28

3,450

26 Sauzay (2,45)

Sauzay

PK 27

4,100

Les Malcives

Les Hâtes de Seia

PK 26

Givry

D 10

D 106

Montigny-sur-Canne

PK 25

Vandenesse

PK 24

D 37

27 Moulin d'Isenay (1,95)

Isenay

PK 23

PK 22

Creule

Pont-levis du Tremblay (ouvert)

PK 21

28 Isenay (2,30)

Pouligny

PK 20

Mazille

Montaron

PK 19

3,000

D 37

29 Chaumigny (2,00)

PK 18

D 10

30 Cercy-la-Tour

l'Aron

Cercy-la-Tour

PK 17

Martigny

écluse de garde

barrage

l'Aron

PK 16

2,740

30 Cercy-la-Tour (2,50)

31 Cercy-la-Tour (garde)

0   © EDB   2 km

Échelle: 1/50 000

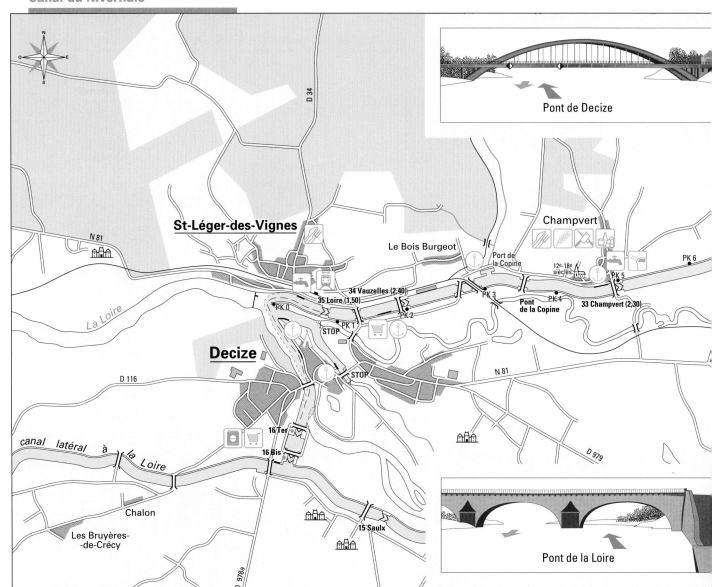

Pont de Decize

Pont de la Loire

Au PK 10, vous pourrez amarrer pour partir à la découverte des richesses architecturales de **Verneuil :** l'église romane du XIIᵉ siècle à la nef ornée de fresques et le château du XVᵉ.

Champvert

✳ Restaurant de l'Écluse : 03 86 25 17 58

Saint-Léger-des-Vignes. Derrière la halte (PK 0,5) vous verrez, posé par terre, le toueur qui servait jusqu'en 1975 à faire traverser les bateaux entre Decize et Saint-Léger.

✳ Restaurant du Barrage : 03 86 25 11 45 (7/7)

⊡ Maintenant vous allez naviguer sur un bief de la Loire devant le grand barrage de Decize. Suivez bien le chenal, rive gauche sur la Vieille Loire et rive droite sur la Loire et ne vous écartez pas car les hauts-fonds sont nombreux.
En arrivant à l'écluse de Decize, serrez la rive gauche car un banc de sable se forme chaque année à 20 m environ en aval de l'écluse. L'endroit est balisé entre le mois de juin et le mois d'octobre.
Pour faire fonctionner l'écluse, tirer sur la corde située près de l'entrée de l'écluse. Un seul feu vert indique que l'écluse est prête.

*At PK 10, you can moor up and go off and explore the architectural treasures of **Verneuil:** the 12th century Romanesque church with a nave decorated with frescoes and the 15th century château.*

Champvert

✳ *Restaurant de l'Écluse: 03 86 25 17 58*

Saint-Léger-des-Vignes. Behind the mooring point (PK 0.5) you will see, placed on the quay, the chain tug which was used until 1975 to tow barges between Decize and Saint-léger.

✳ *Restaurant du Barrage: 03 86 25 11 45 (7/7)*

⊡ *You are now going to navigate on a stretch of the Loire in front of the big Decize barrage. Follow the channel carefully, left bank on the Old Loire and right bank on the Loire itself, and do not stray as there are numerous sand banks.*
As you reach the Decize lock, hug the left bank as a shoal forms each year about 20 m down from the lock. The bank is buoyed from June to October.
To work the Decize lock, pull on the cord situated near the lock entrance. A single green light indicates that the lock is ready.

Bei PK 10 können Sie anlegen, um die architektonischen Schätze von **Verneuil** zu entdecken: romanische Kirche aus dem 12. Jh. mit freskengeschmücktem Kirchenschiff, Schloss aus dem 15. Jh.

Champvert

✳ Restaurant de l'Écluse: 03 86 25 17 58

Saint-Léger-des-Vignes. Hinter der Anlegestelle (PK 0,5) sehen Sie an Land den Schiffsschlepper, der bis 1975 dazu diente, die Schiffe zwischen Decize und Saint-Léger von einem Ufer zum anderen zu ziehen.

✳ Restaurant du Barrage: 03 86 25 11 45 (k. Ruhetag)

⊡ Nun fahren Sie auf einer Wasserhaltung der Loire vor dem großen Staudamm von Decize. Folgen Sie gut der Fahrrinne, linkes Ufer auf dem Altarm der Loire und rechtes Ufer auf der Loire, und lassen Sie sich nicht abtreiben, da hier zahlreiche Untiefen sind.
An der Decize-Schleuse unbedingt nah am linken Ufer fahren, da sich jedes Jahr etwa 20 m unterhalb der Schleuse eine Sandbank bildet. Warnschilder stehen dort von Juni bis Oktober.
Um die Schleusung einzuleiten, bitte an der Leine an der Schleuseneinfahrt ziehen. Ein einziges grünes Licht zeigt an, dass die Schleuse bereit ist.

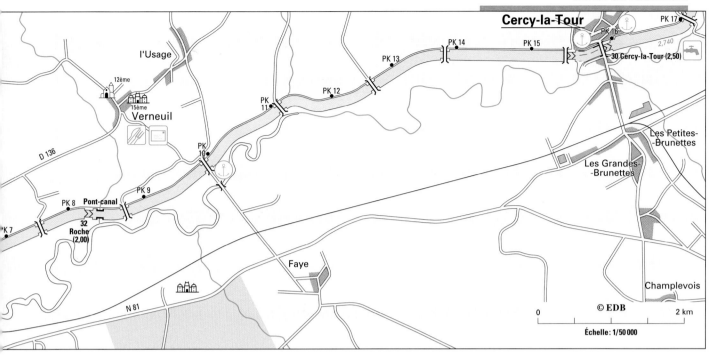

Cercy-la-Tour

l'Usage

12ème

Verneuil

15ème

D 136

PK 11
PK 10
PK 9
PK 8 Pont-canal
K 7
32
Roche
(2,00)

PK 12
PK 13
PK 14
PK 15
PK 16
PK 17

2,740

30 Cercy-la-Tour (2,50)

Les Petites-
Brunettes

Les Grandes-
Brunettes

Faye

Champlevois

N 81

0   2 km
© EDB
Échelle: 1/50 000

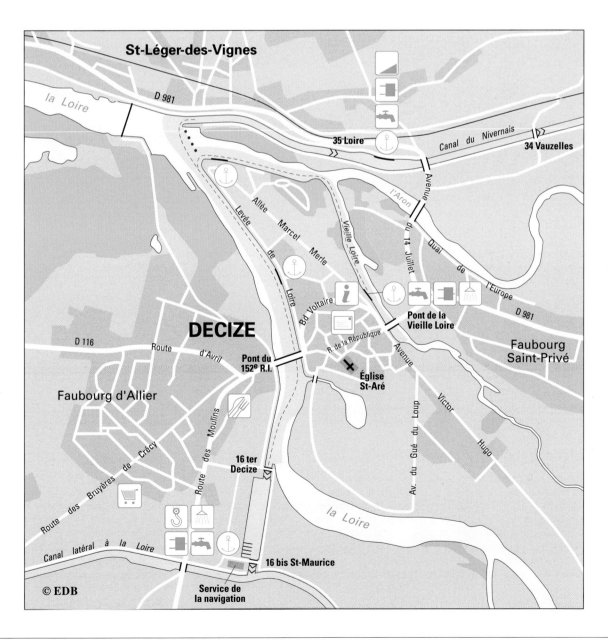

St-Léger-des-Vignes

la Loire

D 981

35 Loire

Canal du Nivernais

34 Vauzelles

Allée
Levée
de
Marcel
Merle
Vieille Loire
l'Aron

Avenue
du 14 Juillet

Quai
de
l'Europe

D 981

Loire

Bd Voltaire

R. de la République

DECIZE

D 116

Route   d'Avril

Pont du
152e R.I.

Pont de la
Vieille Loire

Faubourg
Saint-Privé

Faubourg d'Allier

Église
St-Aré

Avenue

Victor

Hugo

Av. du Gué du Loup

Route   des   Moulins

Route   des   Bruyères   de   Crécy

16 ter
Decize

Canal latéral à la Loire

16 bis St-Maurice

© EDB

Service de
la navigation

la Loire

Remerciements

Les Éditions du Breil tiennent à remercier chaleureusement toutes les personnes
et organismes qui ont prêté leur concours et leurs compétences à la mise à jour de ce guide et plus particulièrement
M. Rafaitin de la subdivision Navigation de Montargis, Mme Argaillot de la subdivision de Briare-Saint-Satur,
M. Bridet de la subdivision de Montceau-les-Mines, M. Alibeu de la subdivision de Corbigny,
Jean-Marc Voyot du syndicat du canal du Nivernais, Alain Charmetant et Charles Berg, capitaine du *Berrichon*.

Bibliographie

Roland RABARTIN, *Le Canal d'Orléans au fil du temps,* Conseil général du Loiret, 1993.
Jacques DE LA GARDE, *Les Canaux du Loing, de Briare, d'Orléans,* Éditions Sauvegarde des monuments, 1993.
René CHAMBEREAU, Christelle JAMOT-ROBERT, *Le Canal de Berry,* Éditions Associées de France, 1998.
Cyriaque GAVILLON, *De Loire en Seine,* Musée des Deux Marines, 2004.
G. TOUCHARD-LAFOSSE, *La Loire historique,* Éditeur Lecesne, 1851.

Cartographie : Joffray Malassigné, Michel Faynot et Julien Hodent.
Traduction allemande : Petra Westphal.
Photos : Charles Berg, Catherine Challot, Éditions du Breil.

Les voies d'eau sont en perpétuelle évolution. Si vous remarquiez, en cours de croisière,
quelque erreur ou omission, n'hésitez pas à nous en avertir.
Ce guide et les cartes qui le composent ont fait l'objet de tous nos soins.
Néanmoins, l'éditeur décline toute responsabilité quant aux inexactitudes
qui auraient pu s'y glisser et à leurs éventuelles conséquences.

© Éditions du Breil
Domaine de Fitou, Le Breil, 11400 Castelnaudary (France)
Tél. : 04 68 23 51 35   Fax : 04 68 23 56 59   E-mail : editionsdubreil@wanadoo.fr
Site Web : www.france-waterways.com

ISBN 2-913120-00-8